# TRAITÉ DES SAISIES ET DES CONTRAINTES.

T. II.

## *On trouve à la même adresse :*

*Formulaire général* des Actes Ministériels, extrajudiciaires et de Procédure, impérieusement commandés par les Codes civil et de Procédure, aux Juges de Paix, aux Arbitres, aux Avoués, Huissiers, etc., etc., pour l'instruction et la suite des Actions à intenter en Justice, ou pour l'exécution des Jugemens des Tribunaux, et des Actes de Juridiction volontaire, susceptibles d'exécution sans intervention du Juge. Le tout absolument conforme aux diverses dispositions de ces Codes, pour tous les cas distincts et séparés où ces actes doivent avoir lieu. Suivi d'une Table alphabétique des matières; par *A. G. Daubanton*, Ex-Juge, Suppléant de Juge de Paix à Paris. Auteur des *Dictionnaire du Code Civil* et du *Code de Procédure*, etc. Un très-fort volume in-8°., grande justification, caractère de *philosophie*. Prix, 7 fr. 25 c. broché.

*Nouveau Manuel pratique des Juges de Paix, de leurs Greffiers et Huissiers*, contenant tous les Actes ordinaires de cette Juridiction ou d'attribution consentie par les parties et autres de leur ministère, pour Tutelle et Avis de Parens, Emancipations, Adoptions, etc., etc., avec les nouvelles Formules de tous ces Actes; le tout exactement conforme aux Codes Civils et de Procédure; terminé par le Tarif des Frais et Dépens des Actes et Vacations des Juges de Paix, de leurs Greffiers et Huissiers, décrété le 16 février 1807; par *A. G. Daubanton*, Ex-Juge, Suppléant de Juge de Paix à Paris, etc. Un vol. in-12, broché, 2 fr. 50 c.

*Nouveau Manuel* ou *Style des Huissiers*, exactement conforme aux textes du Code Civil et à celui de Procédure, pour tous les Actes de leur ministère; dans lequel on trouve aussi toutes les Formules nouvelles propres à chaque espèces d'Actes; terminé par le Tarif des Frais et Dépens (pour ce qui concerne les Huissiers), décrété le 16 février 1807, imprimé sur l'Edition officielle; (cette Ouvrage est approuvé par la Chambre des Huissiers de Paris); par *A. G. Daubanton*, Ex-Juge, etc. Un vol. in-12, *Seconde Édition*. Prix, broché, 2 fr. 50 c.

*Dictionnaire de la Taxe des Frais et Dépens* attribuée aux Notaires, aux Juges de Paix, à leurs Greffiers, aux Avoués de Première Instance et d'Appel, aux Huissiers et autres Fonctionnaires publics, pour tous les Actes de leur ministère. Rédigé sur l'Edition originale et seule officielle des différens décrets y relatifs, donnés par l'Empereur et Roi, au camp de Preussich-Eylan, le 16 février 1807, et terminé par les Décrets sur les Frais et Dépens, imprimés sur les Editions officielles, dans la Forme de leurs promulgations légales; par *A. G. Daubanton*, Ex-Juge, etc. 1 vol. *in*-8°. Prix 3 francs broché.

*Dictionnaire textuel, analytique et raisonné du Code de la Procédure civile et des Articles du Code Civil qui y sont relatifs*, dans lequel le Code de Procédure et tous les Articles du Code Civil y relatifs, sont rangés par ordre alphabétique de Matières, pour en rendre l'usage journalier plus facile à tous les Fonctionnaires Publics qui doivent s'y conformer. On y a joint une Table indicative des Livres, Chapitres, Sections ou Paragraphes auxquels appartient chaque Article de ce Code, sous les lettres auxquelles on aura à recourir pour les consulter à chaque instant du besoin; par *A. G. Daubanton*, Ex-Juge, etc. Deux volumes in-8°, sur caractère neuf de *philosophie* et de *petit-romain* non interlignés, très-grande justification. Prix, broché 7 fr.; relié, 8 fr. 25 c.

*Traité des Saisies et Contraintes*; 2 vol. *in*-8°. Prix, 7 francs broché.

# TRAITÉ DES SAISIES ET DES CONTRAINTES;

CONTENANT CE QUI CONCERNE,

1°. Les différentes SAISIES MOBILIÈRES, savoir : la *Saisie-Arrêt* ou *Opposition*, la *Saisie-Exécution*, la *Saisie-Brandon*, la *Saisie des Rentes*, la *Saisie-Gagerie*, la *Saisie Foraine*, la *Saisie-Revendication*, et la DISTRIBUTION PAR CONTRIBUTION *du Prix des Immeubles*;

2°. La SAISIE IMMOBILIÈRE, ou la *Vente des Biens par* EXPROPRIATION FORCÉE, et la *Distribution du Prix des Immeubles par* ORDRE D'HYPOTHÈQUES;

3°. La SAISIE PERSONNELLE, ou la CONTRAINTE PAR CORPS, et le BÉNÉFICE DE CESSION.

Ouvrage où les Principes du Code Civil, et les Formalités prescrites par le Code Judiciaire sur ces divers Objets, sont exposés méthodiquement, éclaircis par la Discussion d'un grand nombre de Difficultés, et rendus sensibles par des Formules d'Actes, auxquels est appliquée la Taxe des Frais et Dépens.

PAR P. LEPAGE,

Ancien Avocat au Parlement de Paris, Auteur du *Nouveau Style de la Procédure Civile*, des *Questions sur le Code Judiciaire*, etc.

TOME SECOND.

A PARIS,

Chez F. BUISSON, Libraire, rue Gît-le-Cœur, n°. 10, ci-devant rue Haute-Feuille, n°s. 20 et 23.

1807.

Les Contrefacteurs ou Débitans de Contrefaçons, seront poursuivis. En conséquence, deux Exemplaires de cet Ouvrage ont été déposés à la Bibliothèque Impériale. Paris, ce 20 Juillet 1807.

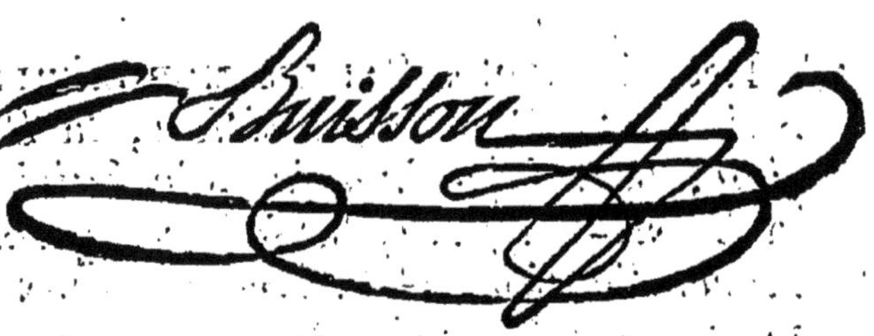

Libraire, rue Gît-le-Cœur, nº. 10.

# TRAITÉ DES SAISIES.

## SECTION DEUXIÈME.

### *De la Saisie immobilière, ou de l'Expropriation forcée.*

La poursuite d'un créancier contre les immeubles de son débiteur est la saisie immobilière. On la nommait autrefois saisie réelle ; mais les meubles ayant une existence aussi réelle que les immeubles, la dénomination consacrée par le Code judiciaire est plus exacte.

Mais pour saisir un immeuble, il faut connaître ce que c'est que cette sorte de biens ; dans quelles circonstances certains meubles sont considérés comme objets immobiliers à cause de leur rapport avec l'immeuble sur lequel ils se trouvent. Il est nécessaire aussi de savoir quand on a le droit de saisir un immeuble : tous ces principes sont énoncés dans le Code civil, sous le titre de l'*Expropriation forcée*. De là il suit que cette dernière expression désigne l'action qu'on exerce lorsqu'on attaque les biens immeubles de son débiteur ; et la procédure qu'il faut suivre pour parvenir à exproprier le débiteur est la saisie immobilière.

Pour traiter tout ce qui concerne cette espèce de contrainte, il faut d'abord expliquer ce qui peut y avoir rapport dans le Code civil, afin de mieux entendre les règles établies par le Code judiciaire, tant pour saisir les immeubles que pour en distribuer le prix par ordre d'hypothèques. Cette section sera divisée en quatre chapitres, où on verra successivement,

1°. Les principes du Code civil qui ont rapport à la saisie immobilière;

2°. Comment on procède par voie de saisie immobilière;

3°. Les incidens qui peuvent survenir pendant la poursuite de saisie immobilière;

4°. La distribution par ordre d'hypothèques.

## CHAPITRE PREMIER.

*Principes du Code civil, concernant la Saisie immobilière.*

Ce qu'on trouve dans le Code civil, relativement à la saisie immobilière, se divisera en quatre articles. Le premier dira quels sont les biens qu'on peut attaquer par voie de saisie immobilière. Le second fera connaître contre qui les poursuites peuvent être dirigées. Le troisième indiquera en vertu de quel titre, pour quelle somme et dans quel tribunal on peut suivre une saisie immobilière. Le quatrième enseignera ce qui doit précéder toute poursuite de saisie immobilière.

### ARTICLE PREMIER.

*Quels sont les Biens susceptibles de Saisie immobilière.*

Le Code civil désigne par expropriation forcée, la saisie exercée contre les immeubles.

Pour connaître quels sont les biens susceptibles de la saisie immobilière, il faut donc voir en quoi consistent les immeubles et les accessoires qui en font partie.

Les immeubles sont les biens qui ne sont pas susceptibles de mobilité, et qui, par conséquent, ne peuvent pas être changés de place.

Les biens sont immeubles, ou par leur nature, ou par leur destination, ou par l'objet auquel ils s'appliquent. *Code civ.*, *art.* 517.

Expliquons ces trois sortes d'immeubles dans les trois paragraphes suivans.

## §. Ier.

### *Des Biens qui sont Immeubles par leur nature.*

Fonds de terre. Il est évident que les fonds de terre ne peuvent être transportés d'un lieu à un autre; ils sont donc immeubles; et, puisqu'ils tiennent leur immobilité de la nature même, ce sont des objets immobiliers par leur nature.

Batimens. On ne connaît sous le nom de *bâtimens* que les constructions qui ont leurs fondations dans la terre, et qu'on ne peut déplacer sans les détruire. Voilà pourquoi la loi désigne également comme immeubles par leur nature, les bâtimens quelconques qui sont adhérens aux fonds de terre. *Cod. civ.*, *art.* 518.

Moulins. Les moulins à vent ou à eau sont-ils des immeubles?

S'ils sont assis sur des piliers fondés en terre, ce sont de vrais bâtimens; ils sont donc de nature immobilière. *Ibid.*, *art.* 519.

Au contraire, les moulins établis sur bateaux

peuvent changer de place sans être détruits. Il en est de même de toutes les usines qui ne sont pas fixées sur des piliers fondés en terre ; ce ne sont pas des objets inhérens à la bâtisse ; ils sont par conséquent meubles. *Cod. civ.*, *article* 531.

MATÉRIAUX. Les matériaux qui proviennent d'une maison, ou qui sont rassemblés pour la construire, sont-ils meubles où immeubles ?

D'après le principe général qui ne considère comme immeubles que les objets qui tiennent aux fonds de terre, il est évident que les matériaux qui ne sont pas encore employés, ou qui ont été séparés du bâtiment, sont de nature mobilière. *Ibid.* ; *art.* 532.

Que doit-on décider à l'égard des matériaux qui ne sont séparés du bâtiment que pour en faciliter les réparations, et que l'on conserve pour les replacer ?

Exemple : Une pièce principale de la charpente qui couvre une maison, a besoin d'être remplacée par une autre. On est forcé, pour cette opération, de détacher les tuiles, les chevrons et d'autres objets qui tiennent à la couverture. On les range avec ordre dans un endroit où on doit les prendre, pour les remettre en place après que la réparation sera achevée. Pendant les travaux, un créancier procède à l'expropriation de la maison. Les matériaux mis de côté, avec intention de les replacer comme ils étaient, seront-ils considérés comme faisant partie essentielle de l'immeuble ?

A ne s'en tenir qu'à la lettre de la loi, il faudrait décider négativement ; car elle dit que tous matériaux, sans distinction, qui proviennent d'un bâtiment, sont meubles.

Cependant il nous semble plus conforme à l'esprit de la loi, de ne pas regarder comme séparés de la maison, des matériaux qui n'en ont été enlevés que momentanément, pour rendre possibles les réparations, et que le propriétaire est dans l'intention de replacer. D'abord cette interprétation est conforme à la loi romaine: *Ea quæ in ædificio detracta sunt, ut reponantur, ædificii sunt. L.* 17, §. 10 *ff. de Actionib. empt. et vendit.* En second lieu, on verra bientôt que des objets naturellement mobiliers deviennent immeubles par leur destination, quoiqu'ils ne soient pas inhérens à la terre; à plus forte raison, doit-on considérer comme immeubles des matériaux qui font essentiellement partie d'un bâtiment, lorsqu'ils n'en sont séparés que pour le temps des réparations, et pour être bientôt replacés.

Récoltes et Fruits. Conformément au principe général qui met dans la classe des immeubles tout ce qui tient au fonds de terre, les récoltes, tant qu'elles sont sur leurs racines, et les fruits des arbres non encore recueillis, sont de nature mobilière.

Au contraire, dès que les grains sont coupés, dès que les fruits sont détachés, ils deviennent meubles, quoique non encore enlevés de dessus la terre qui les a produits.

Par conséquent, lorsqu'une partie seulement de la récolte est coupée, elle est seule de nature mobilière; le surplus, inhérent au sol, reste immobilier jusqu'au moment où il en sera détaché.

Ces dispositions sont textuellement écrites au *Cod. civ.*, *art.* 520.

On objectera peut-être que le Code judiciaire, au titre de la *Saisie-brandon*, autorise la saisie et la vente des fruits pendans par les racines, comme s'ils étaient déjà meubles.

Cette difficulté avait été prévue par les législateurs, et plusieurs voulaient que l'exception, à l'égard des fruits pendans par les racines, fût exprimée ; mais d'autres ont observé que le Code civil ne classait les fruits non encore récoltés, que pour régler les droits dans une succession, et qu'il fallait laisser le Code de procédure décider ce qui concerne la saisie. Par cette explication, que l'on trouve au procès verbal des discussions du Code civil, séance du 20 vendémiaire an 12, la disposition de l'article 520 est facile à interpréter.

Au reste, le pricipe général, qui ne rend les fruits meubles que quand ils sont coupés, ne reçoit l'exception établie par le Code judiciaire, que dans le cas où on a droit de contraindre un débiteur; encore ne peut-on faire saisir séparément, et comme simples meubles, les fruits tenant aux racines ou aux arbres, que dans les six semaines qui précèdent la maturité des fruits: avant cette époque, il n'est pas permis de les considérer autrement que comme parties intégrantes du fonds de terre. *Cod. jud.*, *art.* 626.

COUPES DE BOIS. Les bois et forêts sont bien sûrement immeubles, comme la terre à laquelle les arbres tiennent, et dont ils ne pourraient être séparés sans cesser de participer à la végétation qui leur donne la vie. Mais le profit que l'on retire des bois et forêts consiste à les couper soit en taillis, soit en futaies, à des époques déterminées par la nature des arbres et du terrain. On demande donc si les coupes de bois, soit en taillis, soit en futaie, lorsque le temps ordinaire de les exploiter est arrivé, sont meubles ou immeubles ?

Quand était venu l'âge fixé pour la coupe ordinaire d'un bois, on la regardait comme objet mobilier, sans qu'il fût nécessaire qu'elle eût été abattue. Il y a tant de diversité dans la manière de régler l'âge des coupes, qui varie souvent dans le même pays, qu'on n'aurait pas pu conserver cette ancienne jurisprudence, sans inconvénient, dans une loi destinée à régir toute la France. Les coupes de bois sont donc soumises au principe général qui ne considère les fruits comme meubles, que quand ils sont séparés de la terre. Chaque arbre d'une coupe de bois, soit en taillis, soit en futaie, ne perd donc sa qualité d'immeuble qu'au moment où il est séparé de la terre dans laquelle il a vécu. *Cod. civ., art.* 521.

TUYAUX POUR LES EAUX. On ne peut pas douter, d'après tout ce qu'on vient de dire, que les tuyaux, servant à la conduite des eaux dans une maison ou dans tout autre héritage, ne soient de leur nature immeubles, puisqu'ils sont inhérens au fonds de terre. Au surplus, la loi le décide formellement; c'est afin qu'il ne puisse s'élever aucune difficulté, de quelque manière que se trouvent placés les tuyaux, soit intérieurement, soit extérieurement, soit dans l'enceinte même du bâtiment, soit allant au loin chercher ou déposer les eaux. *Code civil, article* 523.

On doit appliquer aux tuyaux ce que nous avons dit de toute espèce de matériaux; ils sont meubles tant qu'ils ne sont pas encore posés, ou quand ils font partie des démolitions. Mais, s'ils ne sont déplacés que pour être réparés, ils conservent leur nature immobilière qu'ils ont prise en devenant partie intégrante des constructions.

§. II.

*Des Biens qui sont Immeubles par destination.*

On entend parler ici des objets qui, de leur nature, sont meubles; mais qui, à cause de leur utilité essentielle pour le fonds de terre, ne peuvent en être séparés, sans le déprécier considérablement.

Ce principe serait trop général; il donnerait lieu à trop de contestations, si la loi n'avait pas spécifié les choses qu'elle regarde comme devenues immeubles par destination.

ANIMAUX SERVANT À LA CULTURE. Les premiers objets qui ont fixé l'attention des législateurs, sont les animaux qui servent à la culture des terres. Avant le Code civil, il y avait peu de pays, en France, où l'on considérât, comme faisant partie d'un immeuble, les animaux employés à son exploitation; dans le droit commun, ils étaient classés et traités comme meubles. Il est facile de sentir quel désavantage il en résultait au préjudice de l'agriculture et de l'industrie; aujourd'hui, leur destination est regardée comme une sorte d'incorporation avec l'immeuble, et ils sont régis selon les mêmes principes.

Cependant, on ne doit pas considérer comme objets immobiliers tous les animaux indistinctement qui se trouvent sur un bien-fonds; la loi n'accorde cette qualité qu'à ceux qui y sont destinés à la culture par le propriétaire.

Cette destination est expresse, quand elle résulte d'une convention par laquelle le propriétaire livre au fermier des animaux pour la culture, avec ou sans estimation. *Code civil, article* 522.

Ces sortes de conventions, qui concernent les animaux, se nomment *cheptels ;* il y en a de différentes sortes. Tous ceux qui sont faits entre le propriétaire et celui à qui il confie la culture de sa terre, ont l'effet de rendre immeubles les animaux qui en sont l'objet.

Il n'en serait pas de même d'un cheptel qui aurait lieu entre le fermier d'une terre et tout autre que le propriétaire de cette terre ; les animaux, quoique employés à la culture, ne deviendraient pas immeubles ; il faut, pour opérer la fiction autorisée par la loi, que la destination procède du propriétaire, et concerne des animaux placés sur sa terre. Ainsi, non seulement les animaux confiés au fermier d'une terre, par un autre que le propriétaire, ne sont pas immobilisés ; mais encore, lorsqu'un fermier achète des animaux pour servir à son exploitation, ils ne sont pas considérés comme immeubles. Dans l'un et l'autre cas, la fiction ne peut avoir lieu, parce que les animaux n'appartiennent pas au propriétaire du fonds sur lequel ils sont placés. *Ibid.*

L'immobilisation des animaux compris dans le cheptel fait entre le maître et son fermier, présentait une grande difficulté dans le cas où les animaux avaient été estimés ; on disait qu'alors le fermier devenait l'acquéreur des animaux, et que le propriétaire n'était plus que le créancier du prix porté dans le cheptel. Mais le Code, dans l'article cité, décide que l'estimation, dans un pareil bail, ne peut faire passer la propriété des animaux dans les mains du fermier ; ils n'en appartiennent pas moins au propriétaire de la terre ; par conséquent, qu'il y ait eu ou non estimation lors du cheptel, les animaux qui en sont l'objet se trouvent immobilisés.

Toutes les fois que la destination du propriétaire est expresse, l'immobilisation des animaux est soumise aux conditions arrêtées entre lui et son fermier ; par conséquent, le temps que doit durer le cheptel, est le seul pendant lequel la fiction doit avoir lieu : donc, après l'expiration de la convention, les animaux pour lesquels elle avait été faite, reprennent leur nature mobilière. *Code civ.*, *art.* 522.

La destination du propriétaire est tacite, quand il a placé sur sa terre des animaux qui servent à la culture ; le seul usage auquel ils sont destinés, les rend immeubles pour tout le temps qu'ils y restent. Ce principe s'étend à tous les cas où il n'y a pas de convention. *Ibid.*, *art.* 524, §. 2.

Ainsi, lorqu'un propriétaire exploite lui-même son bien, ou lorsqu'il le donne à ferme, sans convenir d'aucun cheptel, les animaux qu'il a attachés à la culture sont supposés immeubles. S'il augmente le nombre de ces mêmes animaux, pour donner plus d'activité à la culture de ses terres, ou si les animaux qu'il a sont remplacés par d'autres, l'immobilisation fictive est opérée par l'effet de la destination tacite.

Quoique le Code civil, dans l'*art.* 522 et dans le §. 2 de l'*art.* 524, semble décider la même chose, il est aisé de voir que l'une de ces dispositions s'applique aux cheptels de toutes les sortes, quand ils sont convenus entre le propriétaire et son fermier ; tandis que l'autre embrasse d'une manière générale tous les cas où, sans qu'il y ait cheptel, le propriétaire attache des animaux à la culture de ses terres.

Animaux ne servant pas a la culture. Outre les animaux attachés à la culture d'une terre, il en est d'autres que la loi considère comme immeubles par destination : tels sont les pigeons, les lapins, les mouches à miel et les poissons, lorsqu'ils ont été placés par le propriétaire, pour employer les productions de la terre, et y trouver naturellement et d'eux-mêmes tant leur gite que leur nourriture.

Ainsi, toutes les sortes de pigeons ne sont pas compris dans cette disposition ; elle n'est applicable qu'à ceux qui habitent librement des colombiers. A l'égard des pigeons de volière, élevés dans la captivité, ils n'ont aucun rapport direct avec les produits de la terre. *Code civil, art.* 524, §. 5.

On doit dire la même chose des lapins qui sont élevés en captivité, et connus sous le nom de *clapiers :* la loi n'immobilise que les lapins de garennes, sans distinguer les garennes fermées de celles qui ne le sont pas ; parce que, dans l'une et l'autre espèce de garenne, les lapins sont en liberté et réunis par les soins du propriétaire comme un des produits de son héritage. *Ibid.*, §. 6.

Quant aux lapins des champs, ils ne font pas partie des biens, ils ne deviennent susceptibles de propriété que quand ils ont été pris à la chasse, et alors ils sont meubles.

Semblable décision a lieu pour ce qui concerne les poissons. Ceux qui vivent en liberté dans une eau, soit courante, soit dormante, sont immobilisés comme formant un des produits du bien-fonds dont la rivière ou l'étang fait partie. *Code civil, art.* 524, §. 8.

Cette destination du propriétaire, pour l'exploitation de sa terre, et à laquelle la loi attache l'immobilisation fictive, n'a pas lieu à l'égard des poissons réunis dans des barques ou bateaux ; ils sont dans le même cas que les lapins clapiers ; ils ne servent point à exploiter la terre ; c'est-à-dire, à y mettre à profit tout ce qu'ils y trouvent de convenable à leurs besoins, comme lorsqu'ils sont laissés en liberté.

Quant aux poissons de fleuves et des rivières navigables, ou flottables, ils ne sont la propriété de personne ; et, comme l'usage des eaux de ce genre est réglé par le Gouvernement, c'est à lui, par conséquent, qu'appartient la faculté d'affermer le droit d'y pêcher, et le poisson qui s'y trouve ne devient propriété que quand il est pris ; alors, il est évidemment objet mobilier.

Les mouches à miel n'étaient pas considérées comme pouvant faire partie de l'immeuble, parce qu'elles sont renfermées dans des ruches susceptibles d'être transportées. Cependant on ne voit pas pourquoi l'immobilisation, résultant de la destination du propriétaire, ne s'appliquerait pas aux mouches à miel, qui sont placées sur un fonds de terre, avec intention d'en augmenter le produit, puisque ces animaux y trouvent d'eux-mêmes ce qui est nécessaire pour leur subsistance ; aussi, le Code civil a-t-il introduit fort raisonnablement un droit nouveau sur ce point : il décide que les ruches à miel peuvent devenir immeubles par destination. *Ibid.*, §7.

Instrumens aratoires. La destination du propriétaire rend-elle immeubles les instrumens qu'il a placés sur son fonds, pour servir à la culture? Ils ont pour but direct l'utilité de ce bien; ils sont d'une nécessité absolue pour en tirer des produits. Rien donc de plus naturel que d'appliquer le principe de l'immobilisation fictive aux instrumens aratoires, tant qu'ils restent sur l'immeuble. *Ibid.*, §. 3.

Les échalas qui soutiennent les vignes, sont-ils au nombre des instrumens aratoires?

La raison indique assez qu'il faut répondre pour l'affirmative; car ils servent très-directement à la culture. Il serait fort contraire à l'intention de la loi, que les créanciers du propriétaire d'un vignoble fissent saisir-exécuter comme simples meubles les échalas qui s'y trouvent; on ne doit pas les séparer du bien auquel ils sont destinés; on ne peut donc les saisir qu'avec les vignes qui leur ont communiqué leur nature immobilière par l'effet de la destination du propriétaire.

Mais, pendant l'hiver, lorsque les échalas sont levés et mis en dépôt, ne peut-on pas les considérer comme meubles, puisqu'ils ne tiennent plus à la vigne?

Nous ne le pensons pas; et nous déciderons à leur égard, comme nous l'avons fait à l'égard des matériaux qui ne sont déplacés d'un bâtiment que pour le temps des réparations. La destination du propriétaire est la même: quand les échalas sont en dépôt, c'est pour faciliter le labourage et la taille des vignes, ils seront remis en place aussitôt que le temps le permettra.

Au reste, si on avait besoin d'une autorité pour appuyer cette opinion, on citerait le droit romain ; il dit que les échalas qui n'ont point encore servi, quoique déjà préparés, sont meubles ; il ajoute qu'ils sont immeubles, quand ils ont été employés, quoiqu'ils se trouvent levés et mis en dépôt ; il suffit, pour qu'ils conservent leur immobilisation fictive, qu'ils soient destinés à être replacés dès que la saison arrivera : *Pali qui vineæ causâ parati sunt, antequàm collocentur, fundi non sunt ; sed qui exempti sunt, ut collocentur, fundi sunt. L. 17. ff. de act. empti et venditi*, §. 17.

Les échalas que le fermier d'un bien vignoble a fournis, et qui, par conséquent, lui appartiennent, ne font pas partie de l'immeuble ; la destination de ces objets ne vient pas alors du propriétaire de la terre : ainsi, les créanciers du fermier peuvent saisir-exécuter les échalas que ce dernier a placés dans une vigne dont il ne jouit qu'à titre de bail.

SEMENCES. Les grains que le propriétaire livre à son fermier pour ensemencer, sont immeubles par destination, dès qu'ils sont dans la ferme. On ne peut donc pas les saisir comme objets mobiliers, sous prétexte qu'ils ne sont pas encore employés.

Remarquez que les semences fournies une première fois, se renouvellent tous les ans ; c'est-à-dire, que sur chaque récolte on a soin de réserver la même quantité qui a été mise en terre, afin de la semer l'année suivante ; elle prend le même caractère d'immeuble. Dans les pays où il est d'usage, pour ensemencer, d'échanger des grains de la récolte, contre de pareils grains venant d'un autre pays, ceux qui rentrent dans la ferme, en échange de ceux qui en sortent, sont immobilisés, puisqu'ils représentent les grains donnés pour la semence, et qu'ils doivent servir au même usage. *Code civil, art.* 524, §. 3.

Au surplus, la fiction par laquelle les semences sont immobilisées, ne peut avoir lieu que quand elles ont été une première fois fournies par le maître du fonds; car, par leur renouvellement annuel, elles continuent d'être sa propriété.

Si donc les semences appartenaient au fermier, elles seraient susceptibles d'être saisies sur lui, comme objets mobiliers.

Pareillement, l'immobilisation étant l'effet de la destination, tous les grains qui excèdent la quantité nécessaire pour semer, ne participent point à la nature immobilière, quoiqu'ils appartiennent au propriétaire du fonds.

La destination produit son effet sur toutes les espèces de semences, sans distinguer si le propriétaire cultive par lui-même, ou s'il a fourni les semences à son fermier. Peu importe également que ce fermier tienne sa jouissance à bail, ou qu'il l'exploite à condition d'en partager les récoltes avec le maître. C'est cette dernière espèce de cultivateurs que la loi désigne par *colons partiaires*; ils sont très-communs dans plusieurs parties de la France.

PAILLES ET ENGRAIS. De tout temps, les engrais ont été regardés comme faisant partie intégrante de l'immeuble, même avant que de les employer, pourvu qu'ils fussent destinés à l'être. Bien plus, les pailles réservées pour former les fumiers ont toujours été considérés comme les engrais eux-mêmes. Par le Code civil, cette jurisprudence est devenue une loi fort utile pour l'agriculture. *Code civil, art.* 524, §. 11.

Comme la destination opérée par le propriétaire est le seul motif de la loi, il faut nécessairement, pour qu'il y ait immobilisation, que les pailles et engrais appartiennent au maître du fonds. Observez que ceux qu'il a livrés à son fermier au commencement du bail, sont remplacés chaque année par les pailles nouvelles, et par les fumiers qui en résultent; en sorte qu'il doit toujours être employé annuellement sur le bien, au moins la même quantité de pailles et engrais que celle fournie originairement par le maître; et cette quantité est constamment immobilisée.

Le fumier qui serait acheté par le fermier au dehors pour se procurer une plus grande masse d'engrais ne serait pas immobilisé; il pourrait être saisi-exécuté comme meuble avant d'être employé, parce que ce fumier n'appartiendrait pas au maître du fonds.

Pareillement les pailles et les engrais destinés à être vendus, et qui, par conséquent, excèdent les besoins de la terre sur laquelle ils se trouvent, ne sont point immobilisés, quand même le tout appartiendrait au propriétaire du fonds.

USTENSILES. Le même principe de la destination immobilise les ustensiles et les machines qui ont été placés par le propriétaire, pour l'utilité de son exploitation, soit qu'il la dirige par lui-même, soit qu'il la confie à d'autres.

Ainsi les pressoirs, les cuves, les tonnes, dans les maisons de vignes, sont censés faire partie de l'immeuble, puisque ces objets servent à la récolte. *Ibid.*, §. 9.

Il en est de même des chaudières et des alambics, dans les maisons de vignes où le vin récolté est converti en eau de vie. *Ibid.*

Les forges, les papeteries, et toutes les autres usines, c'est-à-dire tous les établissemens que l'industrie a fondés sur des cours d'eau, ne peuvent être exploités sans les ustensiles qui leur sont propres; en conséquence, ces mêmes ustensiles sont immobilisés par destination. *Ibid.*, §. 10.

Remarquez que l'immobilisation des objets nécessaires à l'exploitation du fonds n'est effectuée que quand ces objets appartiennent au propriétaire de l'immeuble, et qu'ils y ont été placés par lui, tant pour y servir à l'usage qui leur est propre, que pour rendre l'immeuble plus utile.

Donc, si des cuves dans une maison de vigne, si divers autres ustensiles dans une usine, appartenaient au fermier, l'immobilisation n'aurait pas lieu; et ceux de ces objets qui ne seraient pas dépendans de la propriété du fonds, pourraient être saisis-exécutés, comme étant de nature mobilière.

Décidons de même, à l'égard des ustensiles qu'on trouve sur un bien, et qui ne sont pas propres à son exploitation. Par exemple, si, dans une maison de vigne, il y avait des objets utiles à la forge, ils ne seraient pas immobilisés, quoiqu'ils appartinssent au maître du vigoble, parce qu'on ne peut pas dire qu'ils sont destinés à l'exploitation du fonds.

Effets mobiliers. Enfin la destination fait considérer les effets mobiliers comme partie de l'immeuble, lorsque le propriétaire les a attachés à son fonds, dans le dessein de les y laisser à perpétuelle demeure. *Ibid.*, §. 12.

Par l'expression *effets mobiliers*, on entend

généralement tous les objets qui, de leur nature, ne sont pas immeubles; elle est synonyme de *mobiliers*, ou de *biens meubles*: ce sens, auquel on doit donner la plus grande étendue, ne peut pas faire le moindre doute, il est ainsi fixé par la loi. *Code civil*, *art.* 535.

Il fallait qu'il n'y eût plus d'équivoque entre les trois expressions dont on parle, et qu'on ne les confondît pas avec les mots *meubles* et *meubles meublans* dont le Code détermine pareillement la signification dans un sens plus restreint. *Ibid.*, *art.* 533 *et* 534.

Ainsi, tout objet quelconque qui, de sa nature, est mobilier, devient immeuble par destination, quand il a été attaché au fonds par le propriétaire, avec l'intention de l'y laisser perpétuellement.

Le point difficultueux est de reconnaître si l'intention, dans laquelle un objet mobilier a été joint au fonds, est de nature à opérer l'immobilisation. Afin donc d'éviter les contestations, la loi ajoute, en général, qu'un propriétaire est censé avoir attaché à son fonds, des effets mobiliers pour perpétuelle demeure, quand ils y sont scellés en plâtre, soit à chaux, soit à ciment, ou lorsqu'ils ne peuvent être détachés sans être fracturés et détériorés, ou bien sans briser ou détériorer la partie du fonds à laquelle ils sont attachés. *Ibid.*, *art.* 525.

Les circonstances désignées par la loi font présumer l'intention du propriétaire; mais cette présomption doit cesser, lorsque celui-ci s'est clairement exprimé, et lorsqu'il a déclaré son intention sur les objets par lui attachés à son fonds.

Si un testateur, par exemple, lègue sa maison, sans autre explication, on y comprendra nécessairement les armoires et autres boiseries qui sont scellées dans les murs avec plâtre ; car, la présomption *légale* est qu'elles ont été placées à perpétuelle demeure.

Mais si le testateur, en léguant sa maison, en excepte nommément les boiseries qui forment armoires, elles reprendront leur caractère d'objets mobiliers. Dans ce cas, la simple présomption doit céder à la preuve complète qui résulte de l'explication clairement donnée par le testateur.

Remarquez que l'intention de la perpétuelle demeure ne peut résulter que du fait du propriétaire de l'immeuble. Si donc un fermier, ou un locataire, faisait tenir à chaux, à plâtre ou à ciment, des objets mobiliers, ils ne cesseraient pas de lui appartenir ; il est évident qu'il ne les a placés que pour le temps de sa jouissance, et qu'ainsi ils ne sont pas devenus portion du fonds par destination. Le locataire est seulement tenu, en emportant le mobilier qu'il avait attaché si fortement, de rétablir les places dans le même état où elles étaient quand il a pris possession de l'immeuble.

*Question.* Supposons que, dans la vente d'un immeuble, il y ait deux prix, l'un pour le fonds, et l'autre pour les effets mobiliers qu'il contient ; que dans ce dernier prix ayent été compris nommément des objets qui tiennent à plâtre, à chaux ou à ciment ; qu'enfin un des créanciers inscrits hypothécairement, ait formé une surenchère : on demande si les objets mobiliers qui sont attachés avec chaux ou plâtre, et qui sont énoncés dans l'état du mobilier vendu pour un prix séparé, pourront être atteints par l'effet de la surenchère.

La raison de douter est que l'intention manifestée par le propriétaire dans le contrat de vente détruit la simple présomption. Mais ce qui doit décider est l'intérêt des créanciers hypothécaires, dont le gage ne peut pas diminuer par le fait du débiteur. Un immeuble pourrait être d'une valeur beaucoup moindre, si on en détachait tous les effets mobiliers qui y ont été placés pour l'ornement et l'utilité, et qui tiennent à chaux, à plâtre ou à ciment, ou qui ne peuvent en être séparés sans détérioration causée, soit à ces mêmes objets, soit à l'immeuble. Sans doute que la simple présomption doit céder à la déclaration formelle du propriétaire; mais ce n'est pas dans le cas où cette déclaration a pu être dictée au vendeur, en fraude de ses créanciers légitimes.

L'auteur des Pandectes françaises cite un jugement du tribunal de première instance de Paris, confirmé par arrêt, et qui semble prononcer contre notre opinion; mais les circonstances de la contestation écartaient toute idée de fraude à l'égard des créanciers du vendeur; il s'agissait d'une surenchère faite après une seconde vente.

## §. III.

### *Des Biens qui sont immeubles par l'objet auquel ils s'appliquent.*

Dans les principes du droit, on distingue les personnes et les choses. Parmi les choses, il y en a qui sont corporelles; ce sont celles qui ont un corps susceptible d'être apperçu par les sens, comme un champ, une maison, un cheval, une pendule. On appelle *incorporelles* les choses qui n'ont point un corps matériel; telles sont les rentes, les créances, l'usufruit des choses corporelles, les servitudes auxquelles elles sont assujéties, et généralement les droits dont ces choses sont l'objet.

Le Code civil ne s'occupe point de cette première division des choses, qu'il abandonne à la doctrine; il fait deux classes de tous les biens, soit corporels, soit incorporels : dans l'une, il place les meubles; dans l'autre, les immeubles. Les choses corporelles sont, par leur nature, de l'une ou de l'autre classe; les choses incorporelles suivent la nature des objets auxquels elles sont appliquées.

Le droit qu'on a de se faire payer d'une somme qui, de sa nature, est mobilière, se place dans la classe des meubles, tandis que le droit qu'on a de se faire livrer un immeuble est un objet immobilier.

Ce principe général n'a pas paru suffisant; pour plus grande explication, le Code civil a indiqué, parmi les choses incorporelles, celles qui sont réputées immeubles, à cause de l'objet auquel elles se rapportent.

USUFRUIT. On sait que l'usufruit n'est point une partie corporelle, mais un droit de jouir d'une chose pendant un espace de temps convenu; or, si cette chose est immobilière, l'usufruit qui la concerne doit être immobilier. *Cod. civ., art.* 526, §. 1.

SERVITUDES. Une servitude est le droit qu'on a de se servir de la chose d'autrui, ou d'interdire à quelqu'un l'usage d'une chose qu'il possède : *Jus faciendi aut prohibendi aliquid in alieno.* Si ce droit concerne l'usage d'un immeuble ou d'une portion d'immeuble, il est essentiellement de nature immobilière, à cause de l'objet auquel il s'applique. *Code civ.*, *art.* 526, §. 2.

C'est seulement lorsqu'un droit d'usage accordé ou interdit s'applique à un immeuble, qu'on le nomme *servitude* ou *service foncier*; on le désigne de toute autre manière quand il ne concerne que des meubles.

ACTIONS. Enfin, une action qui tend à revendiquer un immeuble est évidemment immobilière, à cause de l'objet auquel elle s'applique, suivant la règle si connue : *Actio ad immobile est immobilis*. On doit s'y conformer non seulement pour les actions en revendication, mais encore pour toutes celles qui tendent à se procurer un objet immobilier auquel on a droit. Ainsi, l'action *ex empto*, que l'acquéreur d'un immeuble peut intenter contre le vendeur, pour avoir livraison de l'objet vendu, est considérée comme un bien immobilier; dans une succession, elle appartiendrait à l'héritier des immeubles. *Ibid.*, §. 3.

Il est assez évident que les choses corporelles qui sont immeubles, soit par leur nature, soit par destination, sont susceptibles de la poursuite par expropriation forcée. Parmi les choses incorporelles, l'usufruit des immeubles paraît le seul objet dont un débiteur puisse être exproprié par ses créanciers. Dans l'usufruit se trouve une jouissance qui peut être saisie et vendue, pour le temps qu'elle dure; de la même manière que serait vendue la jouissance à perpétuité, si l'immeuble appartenait en toute propriété au débiteur. *Ibid.*, *art.* 2204.

A l'égard des servitudes, elles sont des accessoires des immeubles; on ne peut donc pas les considérer séparément, et sans les héritages auxquels elles s'appliquent. L'expropriation ne peut donc s'en faire isolément; mais elles sont comprises dans la saisie des héritages mêmes auxquels elles sont dues.

On sent également qu'une action tendante à se faire livrer un immeuble n'est qu'un droit à exercer, et non pas une chose dont la possession puisse être saisie. Un créancier peut bien faire valoir les droits de son débiteur quand celui-ci les néglige, et qu'il en résulte de quoi payer la dette; mais on ne voit pas qu'il soit possible d'en priver le débiteur par voie d'expropriation.

## ARTICLE II.

### *Contre qui peut se poursuivre l'Expropriation.*

PREMIÈRE RÈGLE. En établissant que l'expropriation peut être poursuivie par un créancier, pour les biens immobiliers et leurs accessoires, le Code civil, *art.* 2204, ajoute que ces objets ne peuvent être saisis que quand ils appartiennent en propriété ou en usufruit au débiteur.

Il faut donc, pour que quelqu'un puisse être exproprié d'un immeuble, qu'il en ait soit l'entière propriété, soit l'usufruit, soit la nue propriété. Dans le premier cas, l'expropriation est entière; dans les deux autres cas, elle ne frappe que sur la nue propriété, ou sur l'usufruit.

De là, il suit qu'un débiteur qui possède un immeuble à titre de fermier, ou de locataire, ne peut pas en être exproprié.

*Quest. I.* On demande si un débiteur peut être exproprié de sa part dans un héritage qui appartient indivisément à plusieurs personnes.

Pour décider cette question, il faut observer que, par l'effet de l'indivision, il n'est pas une seule petite partie de l'immeuble sur laquelle chaque copropriétaire n'ait sa portion. Comment donc concevoir des poursuites d'expropriation contre l'une des parts de la propriété, sans attaquer toutes les autres?

Il n'en est pas de l'indivision comme de l'usufruit et de la nue propriété; ces deux objets, quand ils n'appartiennent pas à la même personne, sont très-distincts. Voilà pourquoi il est possible d'exproprier l'un ou l'autre.

Quant à la part indivise, l'expropriation ne peut pas en être poursuivie, avant que l'immeuble ait été partagé ou licité. Si les copropriétaires ne s'occupent pas du partage, le créancier a le droit de provoquer l'opération qui doit fixer la portion de son débiteur. *Cod. civ., art.* 2205.

Pendant que l'on procède au partage, le créancier, soit qu'il ait été ou non obligé de le provoquer, a le droit d'y intervenir, pour veiller à ce qu'il n'y soit rien fait frauduleusement contre ses intérêts. *Ibid.*

*Quest. II.* Un créancier qui n'a point d'hypothèques sur les immeubles de son débiteur, peut-il l'en exproprier?

La raison de douter est que la loi du 11 brumaire an 7 ne permettait l'expropriation qu'au créancier inscrit. Ce qui décide, c'est que le Code civil ne fait aucune distinction entre les créanciers auxquels il donne le droit d'expropriation; par conséquent, celui qui est porteur d'un titre exécutoire peut poursuivre l'expropriation de son débiteur, sans avoir besoin de se faire inscrire sur les biens de ce dernier. Il est vrai qu'en ce cas le poursuivant ne peut être payé sur le prix des immeubles qu'après les créanciers inscrits, et seulement par contribution avec ceux qui, comme lui, n'ont pas d'hypothèque.

A l'égard de celui dont la créance repose, par hypothèque, sur un seul des immeubles de son débiteur, on conçoit qu'il a également le droit d'expropriation sur tous les autres biens fonds; mais il est à remarquer qu'il doit commencer par l'objet qui lui est hypothéqué : c'est seulement en cas d'insuffisance, qu'il peut attaquer les autres biens immobiliers. *Ibid.*, *art.* 2209.

Cette disposition est fondée sur ce que, maintenant, un immeuble ne peut être frappé d'hypothèque s'il n'a été pris une inscription qui le grève nommément de la dette. Il est donc raisonnable de ne permettre à un créancier l'expropriation des biens qui ne lui sont pas hypothéqués, que quand il ne se trouve pas payé par la vente de ceux qu'il a particulièrement choisis pour gage de sa créance.

Quoique le droit de poursuivre l'expropriation s'étende à tous les immeubles du débiteur, cependant les immeubles situés dans différens arrondissemens ne peuvent être saisis que successivement, à moins qu'ils ne fassent partie d'une seule et même exploitation. *Ibid.*, *art.* 2210.

Cependant, pour que plusieurs immeubles, situés en différens arrondissemens, soient vendus ensemble, comme formant une même exploitation, il faut que le débiteur le requière. Alors, après l'adjudication définitive, on fait la ventilation du prix s'il en est besoin. *Ibid.*, *article* 2211.

Par *ventilation*, on entend la fixation du prix de chaque immeuble en particulier, eu égard au prix total qu'ils ont été vendus tous ensemble. Cette opération est quelquefois nécessaire pour établir l'ordre des créances, selon les priviléges et les hypothèques, quand elles ne frappent pas toutes également sur la totalité des immeubles vendus. La ventilation se fait par experts, ou nommés à l'amiable entre les parties, ou nommés d'office par le tribunal.

Ce qu'on vient de dire des immeubles situés en différens arrondissemens, et formant une seule exploitation, doit s'étendre au cas où les immeubles hypothéqués à la créance du poursuivant, se trouveraient employés à la même exploitation, avec d'autres immeubles qui ne lui seraient pas hypothéqués. La vente des uns et des autres pourrait être poursuivie ensemble, si le débiteur le demandait; sauf à faire ensuite la ventilation du prix. *Cod. civ., art.* 2211.

SECONDE RÈGLE. On peut poursuivre une expropriation contre l'héritier de celui qui s'est obligé ou a été condamné par le titre qu'on fait exécuter, sans qu'il soit besoin de faire déclarer le titre exécutoire contre cet héritier. La seule formalité à observer préalablement, est de faire signifier au domicile, ou à la personne de l'héritier, le titre qu'on veut faire exécuter. Ce n'est que huitaine après cette signification, qu'il est permis de commencer ou continuer contre l'héritier les poursuites d'exécution. *Ibid., article* 877.

Cette exécution, dans tous les cas, ne peut avoir lieu avant l'expiration des délais accordés aux héritiers, pour faire inventaire et pour délibérer. Si le défunt n'a point d'héritier, on fait créer, à la succession vacante, un curateur contre lequel on dirige les poursuites.

Troisième règle. On ne procède que contre ceux qui peuvent se défendre. De là il suit que ce n'est pas contre un mineur, ou un interdit, ou une femme mariée, que l'expropriation de ses biens se poursuit, mais contre le tuteur ou le mari.

Il faut remarquer que le tuteur est, par sa qualité, suffisamment autorisé à défendre contre une saisie des meubles du mineur ou de l'interdit; mais que, s'il s'agit de l'expropriation des immeubles, il est obligé de recourir au conseil de famille, pour y recevoir l'autorisation de défendre contre ce genre de poursuite. *Ibid.*, *art.* 464.

Si le tuteur négligeait ce préalable, la saisie faite sur lui, des biens du mineur ou de l'interdit, serait valable; mais la procédure qui suivrait ne serait pas régulière. Dans ce cas, avant de suivre sur sa saisie, le créancier fait ordonner par le tribunal, que le conseil de famille se rassemblera pour donner au tuteur les pouvoirs nécessaires.

Quand les immeubles qu'on veut saisir appartiennent à une femme mariée, on distingue s'ils font partie de la communauté; alors, c'est contre le mari seul que se dirige la poursuite, même quand la femme se serait personnellement obligée, parce que le mari est maître d'aliéner seul les biens de la communauté. *Ibid.*, *art.* 2208.

A l'égard des immeubles de la femme, qui ne sont pas en communauté, l'expropriation est faite sur le mari et sur la femme, quand ils sont l'un et l'aure majeurs; parce que la femme ne peut paraître en justice, même pour ses seuls intérêts, sans l'autorisation de son mari. *Cod. civ., art.* 215.

Si la femme étant majeure, le mari était mineur; ou si le mari, étant majeur, refusait son assistance à sa femme, elle pourrait se faire autoriser par la justice, qui lui nommerait d'office un tuteur, contre lequel les poursuites seraient dirigées. *Ibid.*

Si la femme négligeait cette formalité, sans laquelle les poursuites ne seraient pas régulières, le créancier pourrait lui-même provoquer l'autorisation de la justice. *Ibid.*

En cas de minorité du mari et de la femme, il est également nécessaire, pour la validité des poursuites, que le tribunal nomme, d'office, à la femme, un tuteur contre lequel on procède. *Ibid.*

### ARTICLE III.

### *En vertu de quel titre, pour quelle somme et dans quel tribunal on peut poursuivre l'Expropriation.*

Dans un premier paragraphe on dira en vertu de quel titre, dans un second pour quelle somme, et dans un troisième devant quels juges on peut poursuivre l'expropriation.

#### §. Ier.

#### *En vertu de quel titre peut-on exproprier.*

Puisque l'expropriation forcée est une contrainte, il s'ensuit qu'elle ne peut se faire qu'en vertu d'un titre exécutoire, et pour une dette certaine et liquide.

Ainsi, une obligation, passée devant notaire, porte que celui qui l'a souscrite fournira la quantité de vin qui sera nécessaire au magasin d'un marchand, pendant une année; l'obligé n'a point satisfait à la condition qu'il s'était imposée : peut-on, en vertu de cet acte dont la grosse est en forme exécutoire, procéder à l'expropriation ? On peut faire la saisie, et toutes les procédures qui conduisent à l'adjudication définitive de l'immeuble; mais on ne pourra pas aller plus loin, parce que la dette n'est encore ni certaine, ni liquide. Il faut donc préalablement faire liquider le montant de l'obligation; c'est quand le résultat en sera fixé à une somme d'argent, par un jugement, ou par un acte authentique et exécutoire, que l'adjudication définitive pourra être prononcée. *Cod. civ., art.* 2213.

On procède légalement à l'expropriation forcée, en vertu d'un jugement dont il ne peut y avoir d'appel, soit parce qu'il est rendu en dernier ressort, soit parce qu'il est passé en force de chose jugée.

La saisie se fait aussi en vertu d'un pareil jugement dont l'appel a été interjeté, s'il est exécutoire par provision; mais alors la procédure n'est conduite que jusqu'à la dernière adjudication qui ne peut être prononcée qu'après l'arrêt définitif. *Ibid., art.* 2215.

De là il suit qu'en vertu d'un arrêt, ou d'un jugement en dernier ressort, quand il est rendu par défaut, on ne peut faire de poursuites, tant que dure le délai accordé pour y former opposition. *Ibid., art.* 2215.

*Question.* Le cessionnaire d'un titre exécutoire peut il faire saisir l'immeuble de la partie qui s'est obligée, comme aurait pu le faire celui de qui il a acquis les droits? Nulle difficulté : on exerce légitimement les actions de celui à qui on succède à titre de cessionnaire ; mais, pour diriger des contraintes en son nom, le nouveau créancier doit, avant tout, faire signifier l'acte de cession au débiteur : c'est une conséquence de ce principe si connu : *Un transport ne vaut s'il n'est signifié*. Cod. civ., art. 2214.

## §. II.

### *Pour quelle somme on peut exproprier.*

Les lois ne fixent point à quelle somme doit se porter une dette, pour qu'elle puisse autoriser l'expropriation forcée. Mais la raison fait assez voir qu'il y aurait trop de dureté à entreprendre l'expropriation d'un débiteur pour une somme trop modique, et pour le paiement de laquelle il aurait évidemment d'autres ressources. L'usage a toujours été, à Paris, de ne point permettre d'expropriation pour une somme moindre de deux cents francs ; cette indulgence n'a pas lieu, quand le débiteur s'en est rendu indigne. On cite, par exemple, le cas où un huissier, ayant été chargé du recouvrement d'un billet, en aurait touché le montant, et l'aurait appliqué à son profit personnel ; la saisie de son immeuble ne serait pas une procédure trop rigoureuse, pour le forcer à restituer une somme dont il n'était que le dépositaire.

De cet usage, il ne résulte pas que la procédure d'expropriation soit nulle pour avoir été faite à cause d'une dette au dessous de deux cents francs ; mais le débiteur peut alors invoquer l'indulgence de la justice, qui vient à son secours, selon que le permettent les circonstances.

*Question.* Une saisie immobilière qui, comme on le verra, est le premier acte de l'expropriation, est-elle valable, quand elle se trouve faite pour une somme plus forte que celle réellement due? La rigueur de l'expropriation avait porté quelques jurisconsultes à une décision favorable au débiteur; mais d'autres, considérant que, quelque dure que soit une pareille contrainte, elle n'en est pas moins juste et nécessaire, n'ont pas vu de nullité dans l'exagération de la créance du saisissant; ce n'est qu'une erreur à rectifier, et indépendamment de laquelle existe le droit du créancier. Cette opinion a été consacrée par la loi : elle dit expressément qu'une poursuite en expropriation ne peut être annullée, sous prétexte qu'elle aurait été commencée, pour avoir paiement d'une somme plus forte que celle qui est due. *Cod. civ., art.* 2216.

## §. III.

### *Dans quel tribunal on procède en Expropriation.*

Quand la saisie réelle se faisait en exécution d'un jugement, la procédure se suivait devant le tribunal qui l'avait rendu; c'était une conséquence du principe qui veut qu'un tribunal connaisse de l'exécution de ses jugemens.

Lorsque la saisie était faite en vertu d'une obligation passée devant notaire, on considérait l'action qui en résultait comme mixte, et pouvant être portée ou devant le tribunal du domicile du débiteur, ou devant le tribunal de la situation des lieux.

L'application de ces principes avait un grand inconvénient; toutes les formalités, concernant les hypothèques, étaient observées sur les lieux de la situation de l'immeuble, tandis que les autres procédures se faisaient dans un tribunal quelquefois fort éloigné de là. Pour rendre la marche des poursuites plus simple et plus rapide, la loi veut que l'expropriation soit poursuivie, en toutes circonstances, devant le tribunal de la situation des biens. C'est ce qu'on voit par le Code civil, qui, en cas de saisie de plusieurs objets situés dans des arrondissemens différens, dit que la procédure se fera devant le tribunal du territoire où est le chef-lieu de l'exploitation; et, à défaut de chef-lieu, devant le tribunal où est située la partie des biens saisis, qui présente le plus grand revenu d'après la matrice du rôle de l'imposition foncière. *Cod. civ.*, *art.* 2210.

Cette décision est adoptée par le Code judiciaire, *art.* 472, où il est parlé de l'exécution des jugemens, confirmés ou infirmés sur l'appel. Il y est expressément dit que les règles établies sur ce point ne sont pas applicables aux jugemens relatifs à l'expropriation forcée, ni aux autres matières dans lesquelles la loi attribue juridiction. Ainsi, une saisie immobilière a été déclarée nulle en première instance; un arrêt a infirmé le jugement, et ordonné la continuation des poursuites. L'exécution de cet arrêt ne peut pas appartenir à la cour d'appel, ni être renvoyée à un tribunal autre que celui qui a connu de l'affaire en première instance; parce que la loi attribue cette espèce de procédure exclusivement, et dans tous les cas, au tribunal de la situation de l'immeuble saisi.

## ARTICLE IV.

### *Ce qui doit précéder toute poursuite en Expropriation.*

Dans un premier paragraphe, nous verrons quand l'expropriation ne peut se faire qu'après la discussion du mobilier du débiteur ; un second paragraphe parlera du commandement qui doit précéder toute poursuite.

### §. 1er.

### *De la Discussion du Mobilier.*

Avant l'ordonnance de 1539, on ne pouvait saisir les biens-fonds d'un débiteur qu'après l'avoir exécuté dans ses meubles, ou avoir constaté qu'il n'en possédait pas. Mais l'abus qui en résultait n'a pas permis d'user par la suite de la même indulgence. Depuis 1539, il était donc permis de saisir les héritages du débiteur, sans être obligé de discuter auparavant ses biens meubles.

Cependant, cette faculté ne s'est point étendue au cas où le débiteur était mineur ; on pensait que cette ordonnance n'avait pas voulu porter atteinte au principe d'après lequel les immeubles des mineurs sont inaliénables, tant qu'il n'y a pas cause nécessaire ; or, la vente en serait faite sans nécessité si le mineur avait des meubles en suffisante quantité pour payer ses dettes.

Cette interprétation a été consacrée par le Code civil ; les immeubles d'un mineur, même émancipé; ainsi que ceux d'un interdit, ne peuvent être mis en vente avant la discussion de son mobilier. *Cod. civ., art.* 2206.

Une question, qui a divisé les anciens jurisconsultes, est celle de savoir si, pour commencer l'expropriation d'un immeuble appartenant à un majeur et à un mineur, il faut que le mobilier de ce dernier soit discuté. Il n'y a pas de difficulté, quand la dette est personnelle à l'un des deux seulement; en effet, si elle ne concerne que le mineur, il faut, avant d'attaquer ses droits immobiliers, discuter ses meubles; la loi le veut impérieusement. Si la dette ne concerne que le majeur, les meubles du mineur n'y sont pas affectés; on n'a pas de titre pour les saisir. A l'égard de sa portion indivise dans l'immeuble, l'intérêt du mineur sera mis à l'abri, comme nous l'avons dit plus haut, en faisant opérer préalablement le partage ou la licitation; en sorte que la poursuite ne pourra plus frapper sur ce qui sera devenu la portion du mineur.

La question ne présente donc de difficulté que quand la dette est commune au majeur et au mineur; par exemple, lorsqu'étant frères, ils sont obligés à cette dette comme héritiers de leur père: faut-il alors que l'on ait discuté le mobilier du mineur, avant de passer à l'expropriation de l'immeuble indivis? La loi lève tous les doutes sur ce point; elle décide que la discussion des meubles du mineur ou de l'interdit, n'est pas nécessaire pour attaquer un immeuble qu'il possède indivisément avec un majeur usant de ses droits. *Ibid., art.* 2207.

Lorsque la procédure a été commencée contre

un majeur qui vient à décéder, et qu'un mineur lui succède, faut-il, avant de continuer les poursuites, discuter les meubles de l'héritier mineur?

Des arrêts avaient jugé pour l'affirmative, mais l'article qu'on vient de citer dit positivement que, dans le cas prévu, la discussion des meubles du mineur ne doit pas être exigée.

Un immeuble est mis en vente, par expropriation forcée, contre une personne dont l'interdiction est prononcée pendant les procédures : faut-il les suspendre pour faire la discussion des meubles du débiteur qui a cessé de jouir de ses droits? C'est une question absolument semblable à la précédente; elle est décidée de même par la négative. *Ibid.*

Qu'est-ce que discuter les meubles d'un débiteur? C'est, d'après la signification rigoureuse, en faire la recherche; ce qui veut dire, en termes de procédure, les mettre sous la main de justice, pour être vendus.

Quand il ne se trouve point d'objets mobiliers appartenant au débiteur, l'huissier le constate par son exploit, qu'on nomme alors procès verbal de *carence* : ce mot vient du latin CARERE, qui veut dire *être privé, n'avoir pas.*

La discussion des meubles d'un mineur en tutèle, ou d'un interdit, se fait en assignant le tuteur, à fin de rendre compte, et de voir ce qui peut appartenir au mineur ou à l'interdit, en meubles ou en deniers disponibles. Ces objets doivent être d'abord employés au paiement de la dette. S'il est dû des sommes au mineur ou à l'interdit par des tiers, ceux-ci sont poursuivis, au nom du tuteur, à la diligence du créancier qui s'y fait autoriser par le tribunal, quand le tuteur fait difficulté d'agir.

Lorsqu'il est constaté que ces diverses ressources mobilières ne suffisent pas, on peut procéder à l'expropriation des immeubles appartenant au mineur ou à l'interdit.

Comme le mineur émancipé jouit de ses biens mobiliers, on saisit sur lui, soit entre ses mains, par la saisie-exécution, ou la saisie-brandon; soit entre les mains d'un tiers, par la saisie-arrêt, ou la saisie de rentes, les objets mobiliers qui lui appartiennent. S'il ne possède aucun bien meublé, on dresse procès verbal de carence. Après avoir ainsi épuisé les ressources mobilières du mineur émancipé, il est permis d'attaquer ses immeubles.

Une femme mineure, que le mariage a émancipée, doit être discutée dans ses meubles, préalablement à l'expropriation de ses biens-fonds; mais cette discussion se modifie relativement à la puissance maritale et aux conventions matrimoniales.

Dans le cas où il y a communauté de biens, et que les époux sont convenus, comme il est assez d'usage, de payer chacun leurs dettes antérieures au mariage, le créancier de la femme poursuit le mari personnellement, à l'effet, par ce dernier, de payer sur les objets mobiliers que la femme a apportés; si le mari les avait dissipés, il en serait responsable sur tous ses biens. Mais s'il n'avait, ni en mobilier, ni en immeubles, de quoi en répondre; ou, si le contrat de mariage ne constatait aucun mobilier apporté par la femme, la discussion de ses meubles se trouverait faite, et on pourrait l'attaquer dans ses biens-fonds.

Au même cas de communauté, si les époux n'ont pas stipulé la séparation de leurs dettes, celles de la femme deviennent nécessairement personnelles au mari, comme maître de la communauté dont elles sont une charge. Le créancier doit donc poursuivre le mari seul; et ce n'est que quand tous les biens quelconques de ce dernier sont insuffisans, qu'on peut s'en prendre aux immeubles de la femme mineure.

Quand il n'y a pas communauté, et que la femme ne s'est pas réservé la jouissance de ses biens, il n'est pas douteux que la procédure, pour parvenir à la discussion de son mobilier, sera dirigée contre elle et contre son mari; en sorte qu'on ne pourra s'en prendre aux immeubles de la femme mineure que quand ses meubles auront été insuffisans.

*Question.* Lorsque, par le contrat de mariage, la femme s'est réservé la jouissance de ses biens, elle peut disposer de ses revenus et de ses meubles, quoique mineure, car elle est émancipée par le mariage. De là naît la question de savoir si un créancier peut faire la discussion préalable du mobilier en appelant la femme seule, ou bien s'il doit discuter contre le mari et la femme, comme dans le cas précédent.

Nul doute qu'il faille procéder contre la femme et le mari : non pas qu'elle ait besoin d'autorisation pour employer son mobilier à l'acquit de ses dettes, puisque ce n'est là qu'un acte administratif, mais à cause de la puissance maritale à laquelle la faculté de jouir de ses biens ne peut jamais soustraire une femme. Or, un des effets de cette puissance maritale est que la femme, tant en demandant qu'en défendant, ne peut, sans l'assistance de son mari, ester en justice *stare in judicio*; c'est-à-dire, faire aucun acte de procédure. *Cod. civ.*, *art.* 215.

## §. II.

### *Du Commandement Préalable.*

L'expropriation forcée étant une contrainte, elle doit être précédée d'un commandement, afin que le débiteur soit mis en demeure de payer, avant que d'être exécuté dans ses biens.

A la requête du créancier, cet avertissement doit être signifié par un huissier, au domicile ou à la personne du débiteur. *Cod. civ.*, *art.* 2217. Nous avons parlé plus haut, dans l'article 11, de ceux contre qui on peut poursuivre l'expropriation, lorsque le débiteur est mineur, ou interdit, ou en puissance de mari : c'est à la personne ou au domicile de ceux contre qui on doit procéder, qu'il faut signifier le commandement.

Le même article renvoye au Code de la procédure civile, pour la forme de cet exploit, parce que c'est là que sont réglées les formalités par lesquelles on parvient à l'expropriation.

Suivant le Code de la procédure civile, le commandement préalable doit, sous peine de nullité, contenir 1°. copie entière du titre exécutoire, en vertu duquel on se propose de poursuivre; 2°. élection de domicile, de la part du créancier, dans le lieu où siège le tribunal qui devra connaître de la saisie, si ce créancier n'y fait pas sa demeure; 3°. déclaration positive que, faute de paiement, il sera procédé à la saisie des immeubles du débiteur. *Art.* 673.

Outre la copie du commandement, laissée à personne ou domicile, l'huissier, dans le même jour, en doit remettre une seconde copie au maire de la commune où la signification est faite, et lui faire viser l'original de l'exploit, sous peine de nullité. *Ibid.*

On était dans l'usage autrefois de faire deux commandemens avant la saisie immobilière ; aujourd'hui, un seul suffit, puisque la loi le décide ainsi ; et cela doit se pratiquer par toute la France, même dans les pays où les coutumes exigeaient deux commandemens préalables : ces dispositions locales sont abrogées par la loi générale.

Un autre usage était d'exiger que l'huissier fît le second commandement en présence de deux témoins, ou, autrement dit, de deux *recors* ; c'est pourquoi les praticiens disaient qu'une saisie immobilière devait être précédée d'un commandement *recordé*. Aucune loi n'avait prescrit cette formalité : en sorte que, dans certains pays, quand elle n'avait pas été remplie, la saisie était déclarée nulle ; tandis que, dans d'autres provinces, on n'attribuait pas au commandement non recordé un effet aussi rigoureux.

La loi nouvelle, à l'article cité, lève à cet égard toute difficulté : elle dit formellement que l'husisier ne se fera pas assister de témoins, en signifiant le commandement préalable ; rien, en effet, ne nécessite cette précaution, puisque le maire ou l'adjoint vise l'original de l'exploit, et qu'une seconde copie lui en est laissée. Il n'est plus à craindre alors que le débiteur ignore le commandement qui lui a été fait ; s'il ne l'apprenait pas, par la personne à qui la première copie a été laissée à domicile, certainement il en serait instruit par le maire ou l'adjoint de sa commune.

Nul délai n'était fixé pour faire la saisie après le commandement ; on la regardait valable, qu'elle fût faite le lendemain, ou plusieurs années après.

La nouvelle loi condamne ces deux extrêmes : d'une part, elle ne permet de procéder à la saisie immobilière, qu'après qu'il s'est écoulé au moins trente jours depuis le commandement préalable : d'un autre côté, quand on a laissé passer plus de trois mois sans faire la saisie, il n'est plus possible d'y procéder qu'après avoir rempli de nouveau la formalité du commandement ; ainsi l'intervalle entre cet exploit et la saisie, n'est jamais moindre que trente jours, ni plus grand que trois mois ; à peine de nullité. *Cod. jud., art.* 674.

La peine de nullité, dans les différens cas auxquels nous l'appliquons, se trouve prononcée par l'*article* 717 du Code judiciaire.

*Quest.* I^re^. Suivant *l'article* 673, le titre en vertu duquel on veut poursuivre un débiteur doit être transcrit en entier dans le commandement préalable, à peine de nullité. On demande si cette copie du titre exécutoire est essentielle, dans le cas où déjà il aurait été notifié soit à la personne, soit au domicile du débiteur ?

Le doute vient de ce que le commandement qui précède la saisie-exécution doit aussi contenir la notification du titre ; mais *l'article* 583 ne l'exige que quand le titre n'a pas encore été signifié. De plus, on conçoit que la copie du titre exécutoire n'est utile que pour en donner connaissance au débiteur ; or, si déjà la signification lui en a été faite, pourquoi serait-on obligé de recommencer ? Ce serait occasionner des frais sans nécessité ; ce que le nouveau Code cherche surtout à éviter.

Ce qui décide en cette occasion, est la volonté formelle de la loi : elle s'exprime d'une manière si claire et si positive, qu'il n'est pas possible de manquer à la formalité dont il s'agit, sans s'exposer à la nullité. Si elle eût voulu, pour le commandement de la saisie immobilière, dispenser de donner la copie du titre, quand déjà il a été signifié, elle l'aurait exprimé comme elle l'a fait à l'égard du commandement de la saisie-exécution. Des dispositions qui entraînent nullité, comme celle dont nous nous occupons sur la saisie d'immeubles, ne peuvent pas s'interpréter par d'autres dispositions où on trouve des formalités qui ne sont pas ordonnées sous la même peine.

D'ailleurs, une procédure d'expropriation est si importante, et d'une conséquence si fâcheuse pour le débiteur, qu'on a voulu s'assurer qu'il reçoit la copie du titre, et que, sous prétexte d'avoir égaré une précédente signification, il ne puisse pas se plaindre de n'en avoir aucune connaissance.

*Quest.* II. Le délai de trente jours, qu'exige *l'art.* 674, entre le commandement et la saisie, doit-il être augmenté en proportion de l'éloignement du domicile du débiteur, comme le veut en général *l'art.* 1033 ?

Une question semblable a été examinée à l'occasion du délai d'un jour que *l'art.* 583 exige entre le commandement et la saisie-exécution. Quelque considérable que soit la différence entre l'intervalle d'un jour et celui d'un mois, ils ont l'un et l'autre le même but ; on a voulu donner au débiteur le tems d'user de toutes ses ressources, et d'éviter, s'il lui est possible, les rigueurs d'une saisie. Quand il s'agit seulement d'objets mobiliers, il lui est accordé un tems très-court ; lorsque la saisie concerne des immeubles, le délai est beaucoup plus grand, mais c'est toujours en faveur du débiteur. L'orateur du gouvernement a dit au corps législatif que la partie dont les immeubles sont saisis doit trouver « dans les délais sagement mé» nagés, un tems raisonnable pendant lequel, s'il » doit, il pourra user de ses ressources pour em» pêcher, par le paiement, une expropriation » qui le ruinerait. ».

Il est donc certain que ce qui a été dit, à l'occasion du délai à observer après le commandement qui précède la saisie-exécution, convient entièrement ici : nous renvoyons pour ne pas nous répéter, aux deux questions qui sont examinées, l'une page 87 et l'autre page 90.

*Quest. III.* Comment se comptent les trois mois qui, d'après l'*art.* 674, sont l'intervalle le plus long qu'on puisse mettre entre le commandement et la saisie immobilière?

Par exemple, le commandement ayant été fait le 12 juin, quel jour finiront les trois mois; sera-ce le 12 septembre, ou bien sera-ce après un espace de trois fois trente jours, qui finit au 10 septembre? La différence entre ces deux manières de calculer vient de ce que le mois de juin n'est que de trente jours, tandis que chacun des mois de juillet et août sont formés de trente-un jours. Cette question, qui semble d'abord futile, n'est pas sans importance, quand on considère que l'intervalle de trois mois ne pourrait pas être excédé, dans le cas dont il s'agit, sans entraîner la nullité de ce qui serait fait, si le commandement n'était pas recommencé.

Les uns pensent que l'*art.* 674 ayant fixé trente jours pour le moindre intervalle du commandement à la saisie, c'est d'un nombre de trente jours qu'il faut composer chacun des trois mois qui forment le plus grand intervalle. D'ailleurs, c'est la véritable manière de rendre uniformes toutes les procédures du même genre; autrement, ce plus grand délai serait tantôt plus long, tantôt plus court, selon l'époque du commandement. Enfin, en matière aussi rigoureuse que la saisie, tout doit s'interpréter en faveur du débiteur; or, en prenant pour chaque mois un espace de trente jours seulement, on diminue l'intervalle de quelques jours, ce qui est à l'avantage du saisi, qui peut faire déclarer nulles les poursuites faites au-delà du terme fixé.

D'autres disent que c'est précisement parce que l'*art.* 674 a exprimé le plus court intervalle par le nombre de jours, et le plus long par le nombre de mois, que le calcul de ce dernier ne peut pas se faire par jour. On ne doit chercher à interpréter une disposition légale que quand elle présente un sens indéterminé; mais lorsqu'elle s'explique avec clarté, comme celle dont il s'agit, il faut la suivre à la lettre, sans aucune considération pour l'avantage des parties. Il est expressément dit que le temps entre le commandement et la saisie doit être au moins de trente jours : rien de si positif; il ne peut pas être plus long que trois mois : rien encore de si précis. Le premier intervalle se compte donc par jours, et le second par mois. Or, l'espace d'un mois s'entend nécessairement depuis le premier d'un mois jusqu'au premier de l'autre, sans distinguer si cet espace de temps comprend plus ou moins de trente jours; par conséquent, il y a un mois depuis le 15 d'un mois quelconque jusqu'au 15 du mois suivant. Ainsi, quand la loi fixe trois mois, c'est de cette manière qu'il faut les compter ; en sorte que, dans l'exemple cité, les trois mois commencés au 12 de juin finissent au 12 septembre.

Au surplus, dans ce calcul, outre qu'il est conforme à la lettre de la loi, on trouve plus de facilité à reconnaître tout de suite si la saisie est faite avant ou après l'expiration des trois mois.

## CHAPITRE II.

### *De la Poursuite par voie de Saisie immobilière.*

Ce chapitre se divise en six articles, où on verra dans le premier, les formalités de la saisie immobilière; dans le second, les effets de cette saisie; dans le troisième, les procédures pour parvenir à la vente; dans le quatrième; ce qui concerne les adjudications; dans le cinquième, ce que c'est que la surenchère ; et dans le sixième, des modèles d'actes de procédures pour la saisie immobilière.

### ARTICLE I.

#### *Des Formalités de la Saisie immobilière.*

Dans une saisie immobilière, il faut considérer le procès verbal, sa transcription sur divers registres, et la dénonciation qui en est faite: ce qui va être expliqué dans trois paragraphes.

Il faut avertir ici, que si nous parlons souvent d'une formalité comme prescrite sous peine de nullité, quoique cette peine ne se trouve pas écrite dans l'article qu'on cite à l'appui, c'est qu'elle est prononcée dans l'*art.* 717, où ont été récapitulées toutes les dispositions du titre de la *Saisie immobilière*, dont l'inobservation entraîne la nullité.

## §. Ier.

### *Du Procès verbal de Saisie immobilière.*

La saisie immobilière se fait par le ministère d'un huissier qui met le bien saisi sous la main de justice. Cet acte doit donc avoir toutes les formes communes à tous les exploits. *Art* 675.

De plus, le procès verbal de saisie immobilière doit contenir 1°. l'énonciation du jugement ou du titre, dont copie entière a été donnée nécessairement avec le commandement; 2°. mention que l'huissier s'est transporté sur les biens saisis; 3°. la désignation de l'extérieur de ces mêmes biens, de l'arrondissement et de la commune où ils sont situés; 4°. l'extrait de la matrice du rôle des contributions foncières, pour chaque article saisi; 5°. l'indication du tribunal où la saisie sera portée; 6°. constitution d'avoué, chez lequel, par conséquent, le domicile du saisissant se trouve élu de droit. *Ibid.*

Outre ces conditions auxquelles doit satisfaire tout procès verbal de saisie, quel que soit l'immeuble qui en fait l'objet, il est encore nécessaire, sous peine de nullité, quand il s'agit d'une maison, de désigner, non seulement l'arrondissement et la commune où elle se trouve, mais encore les tenans et aboutissans, et la rue où elle est située. *Ibid.*

Si c'est un bien rural, après avoir indiqué l'arrondissement, la commune, on doit de plus désigner les bâtimens, s'il y en a; la nature de chaque pièce de terre, si elles sont en bois, vignes, prés, terres labourables, étangs; leur étendue, au moins approximative; deux au moins de leurs tenans et aboutissans, et le nom de ceux qui les exploitent. *Ibid.*

Une copie entière du procès verbal de la saisie immobilière est laissée, avant l'enregistrement de cet exploit, au greffier du juge de paix du canton où est situé l'immeuble saisi. Une autre copie est remise également au maire ou à l'adjoint de la commune d'où dépend l'immeuble. L'original est visé tant par le greffier de la justice de paix que par l'officier municipal : chacun d'eux doit mentionner qu'une copie du procès verbal de saisie lui a été laissée. *Art.* 676.

S'il s'agit de biens ruraux dont les divers articles sont situés en différentes communes, on s'adresse, pour remplir cette double formalité, au greffier du juge de paix et au maire de la situation des bâtimens ; et s'il n'y en a pas, à ceux de la situation de la partie des biens saisis, à laquelle la matrice du rôle des contributions foncières attribue le plus de revenus. *Ibid.*

Ces diverses remises de copies, et le visa sur l'original, par les fonctionnaires publics désignés, sont exigés, sous peine de nullité du procès verbal de saisie. *Art.* 717.

*Quest.* Le procès verbal de saisie immobilière doit-il énoncer le jour de la première publication ; et le manque de cette énonciation cause-t-il une nullité ?

Ceux qui soutiennent l'affirmative se fondent sur l'*art.* 681, qui, après avoir ordonné de dénoncer la saisie au débiteur, ajoute : *elle contiendra la date de la première publication.* Ici, disent-ils, le pronom *elle* se rapporte à la saisie, par conséquent, l'exploit qui la constate doit contenir le jour de la première publication. En effet, ajoutent-t-ils, cette précaution est nécessaire; car, dans les trois jours de la transcription de la saisie au greffe, l'extrait du procès verbal doit être inséré au tableau de l'auditoire, et, suivant l'*art.* 682, cet extrait doit indiquer le jour de la première publication; or, comment le greffier pourrait-il comprendre dans son extrait l'indication de ce jour, s'il ne la trouvait pas dans le procès verbal lui-même?

Dans l'opinion contraire, on pense que le jour de la première publication peut bien n'être pas indiqué dans l'exploit de saisie immobilière, puisque l'*art.* 675, qui prescrit les formalités de cette saisie n'en parle pas. L'*art.* 676, s'occupe des copies qu'il faut laisser de l'exploit de saisie; et par les *art.* 677, 678, 679 et 680, les deux transcriptions de la saisie sont prescrites. Vient ensuite l'*art.* 681, qui veut que la saisie immobilière, enregistrée comme il est dit plus haut, soit dénoncée au débiteur dans le délai de quinzaine, à compter de la transcription faite au bureau des hypothèques, et avec une augmentation d'un jour par trois myriamètres, pour la distance qu'il y a entre le domicile du débiteur et la situation des biens: *elle contiendra*, ajoute le même article, *le jour de la première publication.* Cette formalité s'applique évidemment à l'acte qu'il faut signifier au débiteur; elle n'est prescrite que dans l'article uniquement consacré à la dénonciation. Grammaticalement la rédaction de cette disposition pouvait être plus régulière; mais elle dit assez clairement que l'obligation d'indiquer la première publication, commence à l'acte de dénonciation. La saisie sera dénoncée, et en outre *elle*, c'est-à-dire cette saisie dénoncée contiendra le jour de la première publication ; ce qui signifie que ce jour sera indiqué par l'exploit de dénonciation.

Après cette explication du sens littéral de la loi, il reste à répondre à l'argument tiré de ce que l'*art.* 682 exige, que l'extrait qui sera fait de la saisie, et qui sera placé au tableau de l'auditoire, contienne le jour de la publication. Ceux qui défendent l'opinion dont nous rendons compte ne trouvent plus d'objection lorsqu'ils voyent que l'*art.* 104 du tarif des frais et dépens, alloue une vacation à l'avoué du saisissant, pour faire l'extrait qui doit être inséré au tableau de l'auditoire. On ne doit plus demander maintenant comment le greffier connaîtra le jour de la première publication, si ce jour n'est pas énoncé dans le procès verbal de saisie. La fonction du greffier n'est pas de faire l'extrait, mais de le placer au tableau tel que l'avoué poursuivant le lui remet ; ensorte que si cet extrait était entaché de nullité, ce serait l'avoué, et non pas le greffier qui en serait responsable.

Avec raison, ajoute-t-on, la loi n'a pas voulu exiger que le procès verbal de saisie énonçât le jour de la première publication ; car, ce procès verbal est l'ouvrage d'un huissier, souvent pris au hasard, sur les lieux de la situation des biens, dans un moment où le créancier est fort pressé d'être le premier saisissant ; c'est quand il s'est assuré de la saisie immobilière, qu'il en confie les suites à son avoué. Celui-ci, à compter du jour de la transcription de la saisie au bureau des hypothèques, a quizaine pour la dénoncer au débiteur, et par conséquent pour calculer tous les délais convenables, et avant l'expiration desquels la première publication ne peut pas avoir lieu. On sent que l'huissier qui ne doit savoir que dresser un procès verbal de saisie, n'a pas dû être chargé de déterminer l'époque importante de la première publication, époque d'où dépendent tous les autres délais de la procédure. D'ailleurs, pour fixer la première publication, il faut connaître tous les jours d'audiences du tribunal, ceux surtout consacrés à la vente des immeubles saisis, ce que tous les huissiers ne sont pas à portée de savoir.

De ces différentes réflexions qui concernent la question proposée, les défenseurs de la dernière opinion concluent qu'il n'est pas nécessaire d'indiquer le jour de la première publication dans le procès verbal de saisie; que cette formalité n'est exigée sous peine de nullité que dans l'exploit de dénonciation faite de la saisie au débiteur, et dans l'extrait remis au greffier par l'avoué, pour être placé au tableau de l'auditoire, pour être ensuite placardé et inséré dans un des journaux imprimés dans le département.

## §. II.

### *Des Transcriptions de la Saisie immobilière.*

Indépendamment de l'enregistrement auquel tous les actes sont assujétis pour constater leur date, un procès verbal de saisie immobilière, doit, sous peine de nullité, être transcrit sur un registre tenu à cet effet au bureau des hypothèques établi dans l'arrondissement où les biens sont situés *Art.* 677.

Si le bien saisi consiste en plusieurs parties situées en plusieurs arrondissemens, la transcription du procès verbal se fait, pour chaque article, dans le bureau de l'arrondissement où il est situé. *Ibid.*

A l'instant où un acte de saisie est présenté au bureau des hypothèques, si le conservateur n'a pas le tems de le transcrire, il fait, sur l'original de l'exploit, mention de l'heure, du jour, du mois et de l'an où on le lui remet. Cet original lui est laissé pour n'être retiré qu'après la transcription effectuée. S'il y avait concurrence de saisie sur le même bien, la première présentée serait transcrite. *Art.* 678.

De là il suit qu'un immeuble ne peut être frappé que d'une seule saisie à la fois. Lors donc qu'il existe déjà une saisie, le conservateur des hypothèques refuse de transcrire celles qu'on présente postérieurement. Son refus est par lui constaté à la marge de l'original de la saise tardive, avec énonciation, 1° de la date de la précédente; 2° des noms, professions et demeures tant du saisissant que du saisi; 3° du tribunal qui doit en connaître; 4° du nom de l'avoué du saisissant; 5° de la date de la transcription faite de cette précédente saisie au même bureau des hypothèques. *Art.* 679.

Averti de cette manière, le créancier qui a fait la seconde saisie ne peut pas la suivre; il ne doit plus s'occuper qu'à conserver ses droits sur le prix de la vente, comme on le verra par la suite.

Si la seconde saisie présentée était plus ample que la première, le refus du conservateur frapperait sur les objets compris dans la saisie précédente, et il enregistrerait la seconde pour les objets nouveaux qu'elle contiendrait.

Après qu'une saisie immobilière a été présentée au conservateur des hypothèques, il faut encore la faire transcrire sur un autre registre, tenu à cet effet au greffe du tribunal où doit être vendu l'immeuble saisi.

Ce dernier enregistrement doit être effectué, à peine de nullité, dans la quinzaine qui suit la transcription au bureau des hypothèques, avec une augmentation d'un jour pour trois myriamètres de la distance qu'il y a entre le lieu où sont situés les biens et celui où siège le tribunal. *Art.* 680.

Le lieu de la situation de l'immeuble, quand ses diverses parties se trouvent en des communes différentes, est, pour le calcul de la distance dont il s'agit, celui des bâtimens ; et s'il n'y en a pas, celui où est la portion dont le revenu paraît le plus considérable, d'après la matrice du rôle des impositions foncières.

Le greffier fait, sur l'original de l'exploit, mention du jour où il a effectué la transcription, afin que le saisissant ait en main la preuve qu'il a rempli cette formalité.

On ne recevrait pas, pour être transcrite au greffe, une saisie au bas de laquelle serait le refus du conservateur des hypothèques. Mais si ce refus ne portait que sur une partie des biens compris en cette saisie, elle serait transcrite au greffe du tribunal, pour les objets à l'égard desquels elle aurait été transcrite au bureau des hypothèques.

*Quest I.* Aucun délai n'est fixé par l'*article* 677 pour faire transcrire la saisie immobilière au bureau des hypothèques : on demande si un long intervalle ne serait pas regardé comme un abandon des poursuites ?

Le créancier a la faculté de faire transcrire sa saisie au bureau des hypothèques, après tel délai qui lui convient.

Néanmoins, s'il tardait plus de trois ans, nous pensons que la saisie serait sujette à la péremption comme toutes les procédures dirigées devant un tribunal. Autrefois, la saisie d'un immeuble ne pouvait plus se périmer, quand le commissaire aux saisies réelles y avait été établi, parce qu'alors le débiteur était dépossédé. Aujourd'hui qu'il conserve la jouissance de sa propriété jusqu'à l'adjudication définitive, comme on le verra par la suite, rien n'empêche que les procédures, depuis la saisie jusqu'à l'expropriation achevée, ne puissent s'éteindre par l'effet de la péremption.

*Quest. II.* Pour remplir au bureau des hypothèques, en vertu de l'*article* 677, et au greffe du tribunal, en vertu de l'*article* 680, la formalité de l'enregistrement qui y est ordonné, faut-il écrire en entier, sur le registre à ce destiné, le procès verbal de saisie, ou bien suffit-il d'y mentionner cet acte par extrait?

Ceux qui ne veulent pas que la transcription ordonnée s'entende d'une copie entière, disent que les *art.* 681 *et* 682, en rappelant cette formalité, la nomment enregistrement. Or, un enregistrement n'est pas une copie entière, mais un simple extrait; donc, la transcription est de même un simple extrait.

Il nous semble qu'on raisonne plus conséquemment, dans l'opinion contraire, quand on dit que, par l'expression d'enregistrement, on entend en général une écriture mise sur un registre. Il y a donc des enregistremens par extrait, comme il peut y en avoir par copie entière. Or, les enregistremens que rappellent les *art.* 681 *et* 682, sont ceux mentionnés aux *articles* 677 *et*

680, lesquels disent expressément que le procès verbal de saisie sera transcrit sur un registre à ce destiné, soit au bureau des hypothèques, soit au greffe du tribunal : on ne peut donc pas se dispenser de copier entièrement cet acte, lorsqu'on en fait les enregistremens dont il s'agit ; ne le mentionner aux registres que par extrait, ne serait pas en faire la transcription, ce serait aller formellement contre la loi.

Au surplus, ce n'est pas sans motif qu'il est ordonné de mettre la copie entière sur le registre des hypothèques et sur celui du greffe ; on veut donner à tous ceux qui sont intéressés d'une manière quelconque à la vente de l'immeuble, toute facilité de connaître les plus petits détails de la saisie. Or, le seul moyen de ne rien omettre, et de ne pas faire une mention tantôt plus, tantôt moins étendue, selon qu'il plairait au préposé, ou selon qu'il serait plus ou moins intelligent, c'est de transcrire le procès verbal tout entier ; en un mot, c'est d'obéir à la loi, qui exige, non pas un simple extrait, mais une transcription, sous peine de nullité.

## §. III.

## *De la Dénonciation de la Saisie immobilière.*

Pour saisir des immeubles, l'huissier se transporte sur les lieux où ils sont situés, afin de les désigner convenablement ; mais le propriétaire bien souvent n'y a pas sa demeure. De là vient la nécessité de lui faire savoir que, faute par lui d'avoir satisfait au commandement préalable, les biens ont été saisis, comme on l'en avait menacé par ce même commandement.

C'est pourquoi la saisie doit être dénoncée au

débiteur, à peine de nullité, par exploit dans la quinzaine, à compter de la transcription faite au greffe, avec une augmentation d'un jour par trois myriamètres, de la distance qui se trouve entre la demeure du saisi et la situation des biens mis sous la main de justice. *Art.* 681.

Que l'huissier, en signifiant cette dénonciation, ait trouvé ou non quelqu'un au domicile du débiteur, l'original de l'exploit n'en doit pas moins être visé dans les vingt-quatre heures, sous peine de nullité, par le maire ou l'adjoint de la commune dans laquelle le débiteur a son domicile. *Ibid.*

Cet exploit de dénonciation doit contenir la date de la première publication qui aura lieu et dont on parlera bientôt; il doit aussi être enregistré au bureau des hypothèques, dans la huitaine, à compter du visa donné par le maire ou adjoint, en y ajoutant un jour pour trois myriamètres de la distance qu'il y a du domicile du saisi, au lieu où est établi le bureau des hypothèques. *Ibid.*

En marge de la transcription qui a été faite de la saisie dans ce même bureau, doit être mentionnée la dénonciation. *Ibid.*

Si, à raison de la situation des divers objets mis sous la main de justice, la saisie a été transcrite dans différens bureaux d'hypothèques, comme on l'a expliqué au paragraphe précédent, la dénonciation sera susceptible du même nombre d'enregistremens, dans les mêmes bureaux; alors l'augmentation du délai de huitaine, à raison de la distance, sera calculée séparément pour chaque bureau.

Ainsi, une portion des biens saisis est-elle située dans un arrondissement dont le bureau des hypothéques est à trois myriamètres du domicile du saisi ? la dénonciation sera enregistrée à ce bureau, dans le délai de huitaine, plus un jour d'augmentation. Une autre portion des biens saisis est-elle dans un arrondissement dont le bureau des hypothèques est placé à six myriamètres du domicile du saisi ? la même dénonciation sera enregistrée à cet autre bureau, dans le délai de huitaine, plus deux jours d'augmentation.

Ces détails sont d'autant plus nécessaires, que les formalités de la dénonciation sont prescrites à peine de nullité de la saisie. *Art.* 717.

*Quest. I.* Quand le débiteur ne demeure pas sur le continent français, la saisie ne peut pas être signifiée au domicile du débiteur, et l'original de la dénonciation ne peut pas être visé par le maire du domicile de ce débiteur, conformément à l'*art.* 681. On demande comment il faut, en pareil cas, se conformer à ce qui est ici prescrit à peine de nullité?

Il a été posé en principe général, par l'*art.* 69, §. 9, que tout exploit, qu'il s'agit de signifier à quelqu'un qui demeure hors du continent de France, est porté au domicile du procureur impérial près du tribunal où se fait la poursuite. Ce principe ne reçoit d'exception que dans les cas où elle est prononcée, comme on en voit un exemple dans l'*art.* 560, où il s'agit d'une saisie-arrêt, et dans l'*art.* 639 pour la saisie des rentes constituées sur particuliers. Pareille exception n'est pas admise en matière de saisie immobilière, parce qu'en effet il n'y a pas alors nécessité de prévenir un tiers ; par conséquent on doit suivre ce qui est prescrit pour les ajournemens. L'original de la dénonciation est donc visé par le procureur impérial, à qui la copie signifiée est remise, et il n'en est pas moins, dans le délai fixé, enregistré au bureau des hypothèques.

*Quest. II.* Si la dénonciation de la saisie n'est pas faite dans la quinzaine qui suit l'enregistrement au greffe du tribunal, elle devient nulle, suivant l'*art.* 681. C'est pour cette raison qu'on a senti la nécessité d'augmenter ce délai d'un jour par trois myriamètres de la distance qui sépare le lieu où sont situés les biens, et celui qu'habite le débiteur. Le même article ne parle pas du cas où ce débiteur serait domicilié hors du continent français : on demande quelle augmentation proportionnelle il faut donner en pareille circonstance au délai de quinze jours dont il s'agit?

Ce qu'on a dit sur la question précédente tend à décider celle-ci. En effet, puisque l'*art.* 69, §. 9, veut que tout exploit destiné pour les pays étrangers, ou pour les colonies, soit porté au domicile du procureur impérial près du tribunal où se fait la poursuite, la signification de la saisie doit être remise à ce magistrat, dans le délai de quinzaine augmenté d'un jour par trois myriamètres de la distance qu'il y a de son domicile au lieu où sont situés les biens.

*Quest. III.* Peut-on dénoncer la saisie en même temps que le procès verbal d'affiche?

On sait que, conformément à l'*art.* 681, le créancier est tenu de dénoncer la saisie au débiteur, dans la quinzaine qui suit la transcription faite au greffe du tribunal. On verra par la suite que, d'après l'*art.* 682, le greffier est obligé, dans les trois jours de cet enregistrement, d'insérer au tableau de l'auditoire l'extrait de la saisie.

Pareil extrait est placé en forme de placards aux différens endroits indiqués par l'*art.* 684 ; et le procès verbal de l'apposition des placards est signifié au débiteur. Aucun délai n'est prescrit pour afficher, ni pour faire signifier le procès verbal d'affiche. Il est donc possible que les affiches soient posées dans la quinzaine qui suit la transcription de la saisie au greffe. D'un autre côté, cette même quinzaine est accordée pour faire la dénonciation de la saisie au débiteur ; par conséquent, si, le jour où on veut faire cette dénonciation, on est en état de signifier le procès verbal d'affiche, rien n'empêche que le même exploit porte la double notification.

## ARTICLE II.

### *Des Effets de la Saisie immobilière.*

Après la saisie d'un immeuble, on établissait autrefois un commissaire chargé de régir et administrer le bien, au nom de la justice. D'abord, on confia cette charge à celui que l'huissier nommait. Par la suite, il fut créé, pour chaque juridiction, un commissaire aux saisies réelles ; et c'était à lui exclusivement que les biens-fonds saisis étaient remis en garde. Dès que ce commissaire était établi, soit par le procès verbal de saisie, soit par un exploit postérieur, le propriétaire de l'objet saisi était dépossédé, tous ses droits sur l'immeuble étaient exercés par le commissaire jusqu'à la vente.

Aujourd'hui, la partie saisie reste en possession jusqu'à ce que l'expropriation soit effectuée ; il n'y a donc ni gardien, ni commissaire à établir. Mais les effets de cette possession pendant la saisie sont modifiés selon les circonstances.

Ou bien, l'immeuble, lors de la saisie, est régi par le propriétaire, ou bien il est affermé. Ces deux cas seront examinés dans les deux premiers paragraphes ; un troisiéme parlera de la vente que le propriétaire fait de son immeuble pendant la saisie. Enfin, dans un quatrième, nous verrons le cas où le bien saisi est en état de produire, en une année, de quoi payer la dette.

## §. Ier.

### *Du Cas où l'Immeuble saisi n'est pas loué ou affermé.*

Au moment où un immeuble est mis sous la main de la justice, s'il n'est pas loué ou affermé, et conséquemment si c'est le débiteur qui le régit ou l'habite, il en conserve la possession jusqu'à la vente ; c'est lui qui est le séquestre judiciaire de la propriété saisie sur lui. *Art.* 688.

Par cette disposition, la loi n'a entendu donner à la saisie immobilière d'autre effet que de frapper sur la propriété ; et non sur la jouissance. Depuis le jour de la saisie jusqu'à la vente, le débiteur perçoit donc les fruits de son bien, et en dispose comme d'une chose à lui appartenante.

Mais dira-t-on, le Code est donc plus favorable au débiteur que ne l'était l'ancienne loi ? Non ; car la saisie immobilière ne portait autrefois que sur la propriété, comme aujourd'hui. Pour priver le débiteur de la perception des fruits, il fallait établir un commissaire : sans cela, il n'était pas dépossédé. Mais l'abus qui en résultait par les frais auxquels cette formalité donnait lieu, le peu d'utilité qu'en retiraient les créanciers ; enfin, comme la ruine du débiteur en était souvent la suite, le Code l'a supprimée : il a décidé que, pour s'assurer des fruits de l'immeuble devenu leur gage, les créanciers avaient la faculté de les faire couper et vendre, comme une suite nécessaire de la saisie. *Art.* 688.

Si donc les procédures d'une saisie duraient assez de temps pour que plusieurs saisons de fruits arrivassent, les créanciers pourraient, à chaque époque, s'en emparer, pour les faire vendre, soit sur pied, soit après leur récolte.

Au reste, si la faculté de disposer des fruits, à mesure qu'il mûrissent, n'était pas une précaution suffisante pour la sûreté des créanciers, l'un d'eux pourrait adresser ses réclamations au tribunal; selon les circonstances, on laisserait au débiteur saisi la possession de l'immeuble, ou bien il en serait privé, ou enfin telles autres mesures convenables seraient ordonnées. *Ibid.*

De là il résulte que, si le tribunal, sur la réclamation d'un ou plusieurs créanciers, ne dispose pas expressément de la possession de l'immeuble saisi, elle reste entre les mains du débiteur, qui, par l'effet de la saisie, est devenu séquestre judiciaire, sans qu'il soit besoin de commissaire aux saisies, ni de bail judiciaire.

Qui donc recevra ce qui peut être dû à cause du bien saisi? Qui donc paiera les charges que ce même bien peut devoir? Qui donc enfin fera les réparations, s'il en survient? Autrefois, le commissaire aux saisies était tenu de tous ces soins; et c'est parce qu'il s'en acquittait d'une manière trop onéreuse, qu'on a supprimé ses fonctions. Le propriétaire est encore plus propre à veiller à l'immeuble, quoiqu'on ne puisse pas espérer de lui le même soin qu'avant la saisie.

Lorsqu'on ne lui laisse pas percevoir assez de fruits pour subvenir aux besoins de l'immeuble, il se fait autoriser à prélever sur le prix de la vente des fruits ce qui est nécessaire pour acquitter les charges et faire les réparations.

Suppose-t-on que le débiteur néglige ces divers soins ? les créanciers ont toujours le droit de faire ordonner ce qui est utile à la bonne administration et à la conservation de l'objet saisi.

Ajoutez que la loi, en constituant le débiteur comme séquestre judiciaire de sa propriété saisie, l'oblige à y veiller, sous les peines prononcées contre tous dépositaires nommés par justice; ce qui entraîne la contrainte par corps.

C'est sur ce fondement, qu'il est défendu au débiteur de faire aucune coupe de bois, ni dégradation, sur son immeuble saisi, à peine de dommages-intérêts auxquels il serait condamné par corps, et même à peine d'être poursuivi par la voie criminelle, suivant la gravité des circonstances. *Art.* 690.

Avec ces précautions, les frais de saisie immobilière sont beaucoup moins considérables, le bien saisi est mieux conservé.

## §. II.

### *Du Cas où l'Immeuble est loué ou affermé.*

Lorsque le bien saisi est loué ou affermé, on distingue si le bail a une date certaine avant le commandement préalable, ou si sa date n'est que postérieure.

Dans le premier cas, le bail est maintenu, et les créanciers ont la ressource de saisir-arrêter les loyers ou fermages. *Art.* 691.

Au second cas, lorsque le bail est fait postérieurement au commandement préalable, ou, lorsqu'étant fait avant, sa date n'est devenue certaine que postérieurement, les créanciers peuvent en demander la nullité; mais elle ne peut être provoquée, ni par le débiteur, ni par le fermier ou locataire. *Ibid.*

Quand les créanciers jugent convenable à leurs intérêts de laisser subsister le bail, ils se contentent de saisir-arrêter les fermages ou loyers. Ont-ils, au contraire, obtenu la nullité du bail? ils peuvent faire la coupe et la vente des fruits, en vertu de la saisie immobilière, conformément à l'*art.* 688.

Celui à qui le bien saisi a été adjugé peut également demander la nullité d'un pareil bail; mais il est libre de l'exécuter, et le locataire ne peut pas s'y refuser. *Ibid.*

## §. III.

### *Du Cas où le Saisi vend son Immeuble.*

On a vu que le débiteur saisi devient séquestre judiciaire de la propriété de son immeuble mis sous la main de justice. Il ne peut donc plus disposer de cette propriété, quoiqu'il en conserve la possession, et qu'il en perçoive les fruits. C'est pourquoi il est défendu au débiteur de vendre son immeuble, à compter du jour où la saisie lui en a été dénoncée. *Art.* 692.

Autrefois que la garde du bien saisi était confiée à un commissaire, le débiteur pouvait vendre ce bien tant qu'il n'y avait pas de bail judiciaire. Mais, comme il n'y a plus lieu à cette espèce de bail, la faculté que le débiteur a de vendre sa propriété, cesse du jour où la saisie lui en a été dénoncée. Il ne serait même pas besoin de faire prononcer la nullité de la vente qui aurait été consentie en contravention à cette défense; une pareille vente serait nulle de plein droit. *Ibid.*

Néanmoins, cette incapacité du débiteur n'est occasionnée que par la saisie ; en sorte que, s'il disposait de son immeuble, de telle manière que les créanciers dont ce bien est le gage fussent désintéressés, il serait juste de donner à la vente tout son effet. C'est aussi ce que décide *l'art.* 698, qui approuve l'aliénation de l'immeuble saisi, lorsque l'acquéreur a déposé somme suffisante pour acquitter, en principaux, intérêts et frais, toutes les créances inscrites au bureau des hypothèques sur l'objet vendu. Pour que le dépôt soit valable, il doit être réalisé, et l'acte en doit être signifié aux créanciers inscrits, avant l'adjudication définitive. Cette signification est mise au nombre des exploits de première classe; sa taxe est donc comme celle du commandement préalable; voyez ci-après, aux modèles. *Tarif*, *art.* 29.

Si l'acquéreur avait emprunté les deniers ainsi déposés, le prêteur aurait hypothèque seulement après les créanciers inscrits, dont l'acquittement peut seul opérer la validité de l'acquisition. *Ibid.*

Cette bienveillance de la loi, envers le débiteur qui vend l'objet saisi, ne doit pas tourner en abus ; ce qui arriverait si, sous prétexte que le dépôt exigé va bientôt s'effectuer, on pouvait ralentir les poursuites, et différer l'adjudication définitive. Voilà pourquoi l'*art.* 694 dit que, faute d'avoir fait le dépôt, avant le jour indiqué pour l'adjudication, elle ne pourra être retardée, quel que soit le motif qui ait empêché de désintéresser jusqu'alors les créanciers inscrits.

*Question.* Tant que l'adjudication n'est pas prononcée, l'*art.* 693 autorise le débiteur à consigner ce qui est dû aux créanciers ; et alors est valable l'aliénation qu'il a faite de l'immeuble, même depuis la dénonciation de la saisie. On demande de quelle adjudication il s'agit ici : est-ce de l'adjudication préparatoire, ou de celle qui est définitive ?

Ce qui porte à croire que la loi entend l'adjudication préparatoire, c'est que celui à qui elle est faite est véritablement propriétaire, sous la seule condition qu'il ne s'élèvera pas d'enchère au-dessus de la sienne, lors d'une seconde adjudication. Cette chance est la seule qu'il ait consenti à courir, et la seule qui soit stipulée par le titre de son adjudication ; on ne peut donc pas, sans porter atteinte à son droit, le priver de l'immeuble, pour autre cause que celle qui a été convenue.

Suivant d'autres, l'adjudication préparatoire est faite sous toutes les conditions qui sont de droit. Il est vrai que cette première adjudication ne tiendra pas, si, par la seconde, il survient des enchérisseurs ; mais il y est dit aussi que le propriétaire saisi, en désintéressant ses créanciers, peut disposer de son immeuble, tant que la vente n'en est pas consommée. Le titulaire de l'adjucication préparatoire a dû prévoir ce second cas, comme le premier ; il n'a rien avancé, rien risqué, on ne lui fait aucun tort ; son droit d'acquisition n'est qu'éventuel ; une des conditions prévues étant arrivée, il n'a plus rien à prétendre.

S'il était vrai que la loi eût, sur le point dont il s'agit, quelque chose d'obscur, elle serait facilement éclaircie par le seul sentiment de l'équité naturelle, qui ne permet pas de priver le débiteur de sa propriété, quand il paye tous ses créanciers avant que personne ait obtenu un titre définitif et irrévocable pour le déposséder. Concluons donc que la loi, en parlant de l'adjudication dans les *articles* 693 *et* 694, entend seulement l'adjudication définitive.

Il y aurait plus de difficulté, s'il avait été fait une surenchère dans la huitaine de l'adjudication définitive, en vertu de l'*art.* 710; car alors l'adjudicataire et le surenchérisseur sont les seuls admis à concourir pour avoir l'immeuble, ainsi que le dit l'*art.* 712. Il semble donc que le débiteur a cessé d'être propriétaire; et quoique l'objet vendu définitivement soit indécis entre l'adjudicataire et le surenchérisseur, il n'en est pas moins certain que l'immeuble appartient définitivement à l'un ou à l'autre.

Néanmoins, nous pensons que, même dans le cas de la surenchère, le débiteur serait autorisé à consigner somme suffisante, aux termes de l'*art.* 693, pour conserver sa propriété. En effet, le but principal de la saisie est de procurer le paiement des créanciers: ce n'est qu'à regret, et après bien des ménagemens, des délais, que la justice se détermine à prononcer l'expropriation. Ainsi, tant que les choses sont encore entières, tant que le débiteur est encore en possession de l'objet saisi, tant que celui qui doit lui succéder est encore indéterminé, tant que personne n'a encore un droit irrévocable sur l'immeuble, il nous paraît aussi juste que raisonnable de permettre au débiteur de profiter d'une dernière ressource qui lui survient, pour désintéresser ses créanciers, et faire par là cesser la concurrence qui s'est élevée entre l'adjudicataire et le surenchérisseur ; ni l'un ni l'un ni l'autre n'en peuvent souffrir aucun préjudice. Enfin, la faveur due à la libération de tout débiteur achèvera de ramener à notre opinion tous ceux à qui il resterait encore des doutes.

Ce que nous venons de dire du cas de surenchère s'applique bien mieux à celui de folle enchère, où l'immeuble est remis en vente comme s'il n'y avait pas eu d'adjudication.

## §. IV.

### *Du Cas où les Revenus de l'Immeuble, pendant une année, suffisent à l'acquittement des dettes.*

L'expropriation forcée est une voie si rigoureuse, que tout ce qui peut l'éviter, sans préjudicier aux créanciers, est adopté par la loi. On en a vu un exemple dans le paragraphe précédent, en parlant du cas où la vente que fait le débiteur, malgré la saisie, est valable : le Code civil, en l'*art.* 2212, en fournit un second.

Les procédures d'une saisie immobilière, quelle que soit l'activité du poursuivant, entraînent souvent plus d'une année ; ce serait donc une dureté peu utile aux créanciers, de refuser au débiteur le terme d'une année pour faire cesser les causes de la saisie.

Cette faveur s'accorde seulement quand il y a évidence que, pendant le délai d'un an, l'immeuble produira somme suffisante pour acquitter tout ce qui est dû. A cet effet, le débiteur, par des baux authentiques, doit prouver que le revenu net et libre de l'immeuble saisi suffit, pendant une année, pour le paiement de la dette en capital, intérêts et frais. *Ibid.*

Ce n'est pas assez ; le débiteur doit encore offrir à son créancier la délégation de ce même revenu : sans cette dernière condition, le saisissant ne serait pas assuré que le prix des baux lui serait remis. *Ibid.*

Quand ces circonstances se réunissent, les juges peuvent ordonner que les poursuites seront suspendues jusqu'à l'entière exécution de la délégation. Il est réservé toutefois au saisissant la faculté de reprendre la procédure, s'il survient quelqu'obstacle au paiement des sommes déléguées. *Ibid.*

Comme une pareille indulgence est fondée sur la certitude que le produit net d'une année peut suffire à l'acquittement de la dette, il en résulte que, quand même des baux authentiques promettraient un prix satisfaisant, la suspension des poursuites ne serait pas accordée, s'il était constant que les locataires ou fermiers ne sont pas solvables.

Par la même raison, le débiteur ne serait pas écouté à réclamer le sursis d'un an, si son immeuble n'était pas loué ou affermé : inutilement établirait-il que les fruits de l'année courante seront plus que suffisans pour solder les causes de la saisie. En effet, quelque apparence qu'il y ait d'une bonne récolte, elle laisse toujours de l'incertitude jusqu'à ce qu'elle ait été faite et vendue.

Au reste, la loi, en disant que les juges peuvent, dans le cas prévu, suspendre les poursuites, laisse à leur prudence de se déterminer, suivant les circonstances, en faveur du saisi ou du saisissant.

## ARTICLE III.

## *Procédures pour parvenir à la vente.*

Cinq formalités sont nécessaires, pour parvenir à vendre l'immeuble saisi ; on va les faire connaître dans les cinq paragraphes suivans.

### §. Ier.

### *Des Annonces.*

Comme il est intéressant, pour toutes les parties, que l'immeuble saisi soit vendu avantageusement, la loi a voulu que tous les moyens de faire venir des enchérisseurs fussent employés. Le premier est de prévenir le public par des annonces qui s'exposent dans l'auditoire, et sont insérées dans les journaux, comme nous allons l'expliquer.

On a vu que la saisie immobilière doit être transcrite, dans un certain délai, sur un registre, au greffe du tribunal où doit se faire la vente ; or, dans les trois jours de cette formalité, l'avoué poursuivant remet au greffier un extrait du procès verbal de saisie pour être inséré en un tableau placé à cet effet dans l'auditoire. *Art.* 682.

Le même article dit que cet extrait doit contenir :

1°. La date de la saisie et des divers enregistremens ;

2°. Les noms, professions et demeures tant du saisi que du saisissant et de son avoué ;

3°. Les noms de l'arrondissement, de la commune et de la rue où est situé le bien saisi, quand c'est une maison.

S'il s'agit de biens ruraux, l'extrait contient leur désignation sommaire ; les noms des communes et des arrondissemens où chaque partie est située.

Chaque article contient seulement la nature et la quantité des objets, ainsi que les noms de ceux qui les exploitent.

Si plusieurs portions des immeubles saisis, quoique situées dans la même commune, sont exploitées par plusieurs personnes différentes, il faut en faire autant d'articles qu'il y a d'exploitations séparées.

4°. Le même extrait indique le jour où doit se faire la première publication, dont on parlera par la suite;

6°. Les noms des maires et greffiers de juges de paix, auxquels des copies du procès verbal de saisie auront été laissées, doivent y être mentionnés.

L'extrait composé, comme on vient de le dire, outre qu'il est placé au tableau, dans l'auditoire, par le greffier, doit aussi, à la diligence du saisissant, être inséré dans celui des journaux qui est destiné à recevoir ces sortes d'annonces, et qui est imprimé dans le lieu où siége le tribunal devant lequel la saisie se poursuit. *Art.* 683.

S'il n'existe pas de journal de cette nature, l'annonce dont il s'agit est faite par l'un des journaux qui s'impriment dans le département. Au reste, on serait dispensé de cette formalité, s'il ne se faisait point de journal de cette espèce, dans tout le département. *Ibid.*

Le placement de l'extrait du procès verbal de saisie dans l'auditoire étant confié au greffier, cette formalité est suffisamment constatée par la mention qu'il en fait au bas de la pièce même exposée au tableau.

A l'égard de l'insertion de la même annonce dans l'un des journaux, elle est justifiée, par un exemplaire de la feuille contenant l'extrait dont il s'agit; cet exemplaire est revêtu de la signature de l'imprimeur, légalisée par le maire de sa commune. *Ibid.*

La formalité de l'annonce au tableau de l'auditoire, et dans l'un des journaux, quand il y en a, est ordonnée sous peine de nullité. *Article* 717.

*Quest. I.* Combien de temps l'extrait du procès verbal de saisie doit-il rester au tableau de l'auditoire? Si, dans les trois jours de l'enregistrement qu'il a fait de ce procès verbal, le greffier ne remplit pas l'insertion au tableau, conformément à l'*art.* 682, que doit-il arriver?

Sur la première partie de cette question, la loi ne s'est pas expliquée, mais son intention est manifeste. Il s'agit de donner à la vente la plus grande publicité; un des moyens d'y parvenir est d'insérer l'annonce de cette vente au tableau de l'auditoire; ce qui est ordonné sous peine de nullité. Mais, le tems que doit durer l'exposition de cet extrait n'étant pas limité, il en résulte qu'on doit laisser l'annonce à la vue du public, tant que l'immeuble n'est pas adjugé, puisque, jusqu'à l'entière consommation de la vente, cet avertissement est utile. S'il en était autrement, à quelle époque cesserait la nécessité de l'exposition dans le tableau, et en vertu de quelle autorisation pourrait-on retirer du tableau un extrait qui doit y être placé, à peine de nullité?

A l'égard de l'obligation où est le greffier, d'insérer l'extrait de la saisie au tableau de l'auditoire, elle lui est imposée d'une manière précise. Si donc il manque de la remplir dans le délai fixé, quand l'avoué du poursuivant lui a remis ce même extrait en tems utile, on ne peut pas douter qu'il ne soit responsable de sa négligence, et par conséquent tenu des dommages-intérêts des parties.

*Quest. II.* L'extrait inséré au tableau de l'auditoire doit contenir, suivant l'*art.* 682, d'abord la date de la saisie et des enregistremens, à peine de nullité : on demande s'il faut entendre seulement les transcriptions qui sont faites de la saisie au bureau des hypothèques et au greffe, ou bien s'il s'agit aussi de l'enregistrement commun à tous les actes, et destiné à constater leur date ? Toutes les fois qu'un acte est relaté, la mention de l'enregistrement ne doit pas être oubliée ; elle est prescrite par la loi du 22 frimaire an 7, rendue sur l'enregistrement des actes. Mais si, dans l'extrait de la saisie, cette mention était omise, et s'il n'y était parlé que des transcriptions faites au bureau des hypothèques et au greffe, y aurait-il nullité ?

Pour l'affirmative, on dit que l'*art.* 682, ayant parlé des enregistremens, sans aucune distinction, on doit les comprendre tous dans sa disposition. D'ailleurs, ajoute-t-on, les procès verbaux des huissiers sont soumis à l'enregistrement ordinaire des actes, à peine de nullité ; exiger que la mention de ce même enregistrement soit faite, à peine de nullité, dans l'extrait de la saisie, ce n'est qu'une conséquence de la législation établie par la loi du 22 frimaire an 7.

La négative est appuyée sur ce que la mention

de l'enregistrement ordinaire n'est pas exigée sous peine de nullité. Quand un acte d'huissier, par exemple, n'est pas enregistré dans les délais ordinaires, il est nul; mais quand cet acte, dûment enregistré, est relaté dans un autre, et que la mention de l'enregistrement a été oubliée il n'y a point de nullité; l'officier est seulement passible d'une amende. Or, la saisie dont il est ici question n'est pas défectueuse; elle a été soumise à l'enregistrement ordinaire : on suppose seulement que la mention de cette formalité n'a pas été faite dans l'extrait inséré au tableau de l'auditoire. Cette omission, d'après la loi sur l'enregistrement, ne produit aucune nullité; reste donc à savoir si le Code judiciaire est plus rigoureux. Il ordonne, sans doute, par l'*art.* 682, la mention des enregistremens, à peine de nullité; mais ces enregistremens sont évidemment ceux dont il est parlé un peu plus haut, c'est-à-dire, les transcriptions faites au bureau des hypothèques et au greffe. Si l'enregistrement ordinaire eût été compris dans cette disposition, il y aurait été spécialement rappelé, parce que jamais la peine de nullité ne s'étend d'un cas à un autre, sous le prétexte d'une expression qui peut être prise généralement; au contraire, dans l'interprétation des dispositions pénales, on doit toujours prendre le sens le plus restreint.

## §. II.

### *Des Placards.*

Tous ceux qui sont dans la possibilité d'acquérir l'immeuble saisi, ne vont pas dans la salle de l'audience; souvent ils ne lisent pas les journaux. C'est pourquoi la loi exige encore que l'extrait de la saisie, tel qu'on l'a expliqué dans le paragraphe précédent, soit rendu public par des placards imprimés. *Art.* 684.

Sur le nombre des placards, et les places où il faut les attacher, on doit suivre ce qui est ordonné par le même article : il veut que des placards imprimés soient affichés :

1°. A la porte du domicile de la partie saisie ;

2°. A la principale porte des édifices saisis, quand il y a des bâtimens parmi les objets mis sous la main de justice ;

3°. A la place principale de la commune où la partie saisie est domiciliée ;

4°. A la place principale de la commune où les biens sont situés ; en sorte que, s'il s'en trouvait sur plusieurs communes, il faudrait des placards dans chacune des principales places de ces communes ;

5°. A la place principale de la commune où siége le tribunal devant lequel se font les poursuites ;

6°. Au principal marché des communes dont on vient de parler ; si, dans les communes désignées, il n'y a pas de marché, on affiche aux deux marchés les plus voisins ;

7°. A la porte de l'auditoire du juge de paix de la situation des bâtimens du domaine saisi ; et, s'il n'y a pas de bâtimens, la vente sera affichée à la porte de l'auditoire de la justice de paix où se trouve située la majeure partie des objets saisis ;

8°. A la porte extérieure du tribunal du domicile du saisi ;

9°. A la porte extérieure du tribunal de la situation des biens ;

10°. Enfin, à la porte extérieure du tribunal où la vente est poursuivie.

L'intention de la loi étant de donner la plus grande publicité à la vente, on conçoit que les difficultés qui se présenteraient sur le placement des placards, doivent toujours s'interpréter en faveur du plus grand nombre d'affiches ; c'est un des cas où non-seulement ce qui abonde ne vicie pas, mais encore devient utile.

Pour constater que les placards ont été affichés dans tous les lieux désignés, un huissier, sans être assisté de témoins, dresse son procès verbal d'apposition, auquel un exemplaire imprimé du placard est annexé. Par cet exploit, il doit se contenter d'attester simplement que la vente a été affichée dans les lieux désignés par la loi ; le détail de ces mêmes lieux ne doit pas être fait ; comme aussi, sur les exemplaires des placards affichés, on ne met pas la copie du procès verbal de leur apposition. *Art.* 685.

Toujours, dans la même intention de réduire les frais, la loi défend de mettre en écriture dite *grosse*, sous aucun prétexte, soit le placard, soit le procès verbal d'apposition. *Art.* 686.

L'original de ce procès verbal doit être visé par le maire de chacune des communes dans lesquelles la vente est affichée. Ce même procès verbal, avec copie du placard, est notifié au débiteur saisi, par exploit donné à personne ou domicile. *Art.* 687.

Ce qui concerne le contenu aux placards, leur apposition, les lieux où ils doivent être apposés, est exigé à peine de nullité. *Art.* 717.

*Quest. I.* Parmi les endroits où les placards doivent être affichés, conformément à l'*art.* 682, on remarque la porte du domicile du saisi, la principale place et le principal marché de la commune où il demeure, et la porte extérieure du tribunal de son domicile. On demande comment remplir ces formalités, ou comment éviter la peine de nullité, quand le saisi demeure hors du continent français?

Quelque rigoureuse que soit la loi en matière d'expropriation forcée, elle n'exige pas l'impossible; en sorte qu'elle dispense nécessairement d'afficher hors de France. Il nous semble que c'est ici le cas d'appliquer la règle générale établie par l'*art.* 69, §. 9, pour les ajournemens. Les exploits adressés aux personnes qui ne sont pas sur le continent français, sont remis au domicile du procureur impérial près du tribunal où se poursuit l'affaire. Par la même raison, pour ce qui concerne l'affiche d'un placard, on peut considérer le domicile du procureur impérial comme étant celui du débiteur, et par ce moyen satisfaire, autant qu'il est possible, à l'apposition des quatre placards destinés aux différentes places du lieu habité par le saisi.

Quelques personnes pensent que ces quatre exemplaires doivent être remis au procureur impérial, pour qu'il les envoie, suivant le même *art.* 69, §. 9, au ministre des relations extérieures ou de la marine, selon que la partie demeure sur le continent ou au-delà des mers. D'autres regardent cette précaution comme inutile, parce que l'on en doit user ainsi pour la copie du placard qu'il faut signifier au saisi, avec le procès verbal d'apposition, conformément à l'*art.* 687, et qu'il leur paraît inutile d'envoyer au saisi, dans le même temps, cinq exemplaires du placard, lorsqu'un seul peut suffire.

*Quest. II.* Peut-on afficher un nombre de placards plus grand que celui nécessaire aux places désignées par l'*art.* 684?

Ceux qui soutiennent l'affirmative disent qu'il y aurait, au plus, douze placards, si on se bornait strictement au nombre suffisant pour remplir les places indiquées. Il y aurait sans doute nullité, si l'on avait omis de placarder à l'un des endroits que la loi a déterminés; mais elle n'empêche pas qu'on ne fasse plus qu'elle n'exige. D'ailleurs, il est de l'intérêt commun du débiteur et des créanciers que la vente soit annoncée par de nombreuses affiches; et certainement, en employer douze seulement, c'est infiniment peu pour la plupart des immeubles, et surtout pour ceux d'une valeur considérable.

Dans l'opinion contraire, on convient que la nullité prononcée, en cas d'inexécution de l'*article* 684, n'a lieu que quand il y a moins de placards que ce texte n'en exige, et non pas lorsqu'il s'en trouve un plus grand nombre. On croit néanmoins que la loi ne permet pas d'afficher plus de placards qu'il n'est prescrit, parce qu'il ne dépend pas du poursuivant d'augmenter les frais de procédure. Si donc il fait afficher une plus grande quantité de placards, il n'y aura pas nullité, mais l'excédant ne passera pas en taxe et sera à sa charge.

A la considération tirée de l'utilité qu'il y a de faire connaître la vente, on répond que la voie des journaux suffit pour étendre la publicité autant qu'il est besoin, au-delà de ce que peut faire le nombre des douze placards. Les législateurs, frappés de l'abus énorme qu'on faisait des affiches dans l'ancienne procédure, au détriment de toutes les parties, ont eu spécialement en vue de tarir cette source de frais énormes et inutiles. Ils ont donc fixé non seulement ce que doit contenir le placard, mais encore le nombre d'exemplaires qu'il en faut afficher. Rien n'autorise à excéder la quantité désignée; en pareille matière, tout est de rigueur: le poursuivant ne peut donc pas espérer de répéter le coût des placards qu'il ferait afficher aux autres places que celles marquées par la loi.

## §. III.

### *De la Notification aux créanciers inscrits.*

Lorsque, sur l'immeuble saisi, il y a des inscriptions hypothécaires prises par des créanciers, autres que le saisissant, celui-ci doit les prévenir de ses poursuites. Pour cela, il fait notifier à chacun un exemplaire imprimé du placard; ce qui s'exécute par un huissier qui met copie de son exploit de dénonciation au bas de l'exemplaire qu'il laisse au domicile élu par chaque inscription. *Art.* 695.

Cette signification doit précéder de huit jours francs, au moins, la première publication, dont on parlera bientôt. A ce délai de huitaine on ajoute un jour, par trois myriamètres, pour la distance qu'il y a entre le domicile élu dans l'inscription, et le tribunal où se fait la vente. *Ibid.*

La notification faite aux créanciers inscrits, doit être enregistrée au même bureau des hypothèques, en marge de la saisie qui y a été transcrite. *Art.* 696.

Du jour que la notification faite aux créanciers a été enregistrée au bureau des hypothèques, ils sont devenus parties dans l'instance; et la saisie ne peut plus être rayée sans leur consentement, ou sans un jugement rendu contre eux. *Art.* 696.

De là il suit nécessairement que le poursuivant, avant cet enregistrement, est libre de renoncer à sa saisie, par suite d'arrangemens pris avec le débiteur. Mais aussitôt que la dénonciation des poursuites a été consignée sur le registre des hypothèques, rien ne peut plus être réglé avec le débiteur, sans le concours des créanciers inscrits.

Les formalités de la dénonciation aux créanciers sont prescrites à peine de nullité. *Art.* 717.

## §. IV.

### *Du Cahier des charges.*

Quand les formalités des annonces, des placards et de la dénonciation ont été remplies, le poursuivant met au greffe un acte d'avoué, que l'on nomme le *Cahier des charges*, parce qu'il indique les charges auxquelles est faite la vente. Suivant l'*art.* 697 il doit contenir :

1°. L'énonciation du titre en vertu duquel on procède ;

2°. L'énonciation du commandement préalable qui a commencé les poursuites ;

3°. L'énonciation du procès verbal de saisie ;

4°. L'énonciation des actes ou jugemens qui ont pu être faits ou rendus pendant les poursuites ;

5°. La désignation des objets à vendre, telle qu'elle se trouve dans le procès verbal de saisie ;

6°. Les conditions de la vente qui aura lieu ;

7°. Une mise à prix de la part du poursuivant, ou, autrement dit, la première enchère à laquelle il porte les biens saisis.

Observez d'abord qu'il ne s'agit que de l'énonciation du titre de créance, de l'exploit de saisie, du commandement, des actes et jugemens qui ont pu suivre ; par conséquent il ne faut pas que le cahier des charges contienne des copies de ces différens actes ; ce serait multiplier les frais contre le vœu de la loi.

Remarquez, en second lieu, que l'enchère doit être mise au greffe par le poursuivant, au moins quinze jours avant la première publication dont on parlera dans le paragraphe suivant. Il faut que tous ceux à qui il conviendrait d'acquérir l'immeuble, et qui sont avertis par les annonces et placards, ayent le temps de prendre au greffe communication des conditions de la vente, et les renseignemens qui leur sont nécessaires.

Pareillement, il est raisonnable de laisser aux parties intéressées le temps de préparer leurs observations. Lorsqu'il en survient, elles sont proposées à l'audience ; et si elles sont accueillies, le greffier les écrit à la suite de l'enchère et sur le même cahier, à peine de nullité. *Articles* 699 et 717.

Enfin, la mise à prix de l'immeuble par le poursuivant, l'oblige à en devenir adjudicataire pour la somme par lui fixée, dans le cas où il ne se présenterait pas des surenchérisseurs lors de l'adjudication. Cette disposition est nouvelle ; mais elle a paru nécessaire pour assurer que l'immeuble sera vendu, et qu'on ne sera pas obligé de prolonger les procédures, comme il arrivait quelquefois, quand on ne trouvait pas d'enchérisseur. *Art.* 698.

## §. V.

### *Des Publications.*

On sent l'utilité des annonces, des placards, de la notification aux créanciers inscrits, et du cahier des charges. Autrefois, il y avait en outre des *criées ;* c'est-à-dire, qu'un huissier, pendant plusieurs dimanches, à l'issue de l'office divin, proclamait que tel immeuble était saisi, et allait être vendu. Comme les coutumes avaient attaché beaucoup d'importance à la formalité des criées, il fallait qu'un jugement eût décidé qu'elles avaient été faites régulièrement ; et ce jugement s'appelait *certification de criées.*

Autant les criées étaient nécessaires dans des siècles où peu de personnes savaient lire, autant elles deviennent inutiles aujourd'hui : le public est bien mieux averti par les annonces et les placards. Aussi le Code nouveau a-t-il supprimé tout ce qui concerne les criées. Quand le cahier des charges a été mis au greffe, on laisse passer au moins quinzaine, pour donner le temps à ceux qui veulent acquérir de se présenter, ainsi qu'aux créanciers inscrits, et à la partie saisie de faire leurs observations ou réclamations.

Après le délai de quinze jours, on fait la première *publication.* On appelle ainsi la formalité par laquelle le cahier des charges, tel qu'on l'a expliqué au paragraphe précédent, est lu à haute voix, à l'une des audiences consacrées à la vente des immeubles.

C'est le jour de cette première publication qui, comme on l'a dit plus haut, doit être indiqué dans l'extrait du procès verbal de saisie, servant d'annonces et de placards; c'est aussi cette première publication que doit précéder de huit jours au moins, plus un jour, par trois myriamètres de distance, la notification de la saisie aux créanciers inscrits, comme on l'a vu plus haut. Enfin, c'est quinzaine avant cette publication que le cahier des charges doit être mis au greffe par le poursuivant, ainsi que nous l'avons dit.

On voit que l'époque pour chaque acte de la procédure, concernant la saisie des immeubles, dépend de la première publication; il faut donc déterminer le temps où cette formalité doit avoir lieu.

Elle ne peut pas être faite, sous peine de nullité, avant qu'il se soit écoulé au moins l'espace d'un mois, depuis la notification, faite à la partie saisie, du procès verbal d'apposition de placards. Il faut bien un certain temps pour que les annonces et les affiches produisent leurs effets. *Art.* 700.

D'un autre côté, si on laissait passer un temps trop long, les annonces et affiches perdraient leur utilité; c'est pourquoi le délai, entre la notification du procès verbal d'affiches et la première publication, ne doit pas être de plus de six semaines, sous peine de nullité. *Art.* 701 *et* 717.

Si donc, par suite de quelque incident, le délai de six semaines était écoulé sans que l'enchère ait été publiée, il faudrait recommencer la formalité des annonces et placards, afin que l'intervalle, entre la notification du procès verbal d'affiches et la première publication, ne soit ni moindre qu'un mois, ni plus long que six semaines.

Quinzaine après la première publication, il s'en fait une seconde; et quinzaine après la seconde, il s'en fait une troisième. Il peut même y en avoir un plus grand nombre, selon les circonstances; mais jamais, sous peine de nullité, le cahier des charges ne doit être publié moins que trois fois successivement de quinzaine en quinzaine, et toujours à l'audience. *Art.* 702 *et* 717.

Chaque publication est constatée par le greffier à la suite du cahier des charges, *art.* 699, sous peine de nullité, *art.* 717.

*Quest. I.* Suivant les *articles* 700 et 701, qui doivent être observés, à peine de nullité, la première publication ne peut se faire qu'un mois au moins après la notification du placard à la partie saisie, et pourtant elle ne peut pas se faire plus tard que six semaines après cette même notification. On demande si ce délai est susceptible de l'augmentation légale, proportionnellement aux distances, comme le veut la règle générale écrite dans l'*art.* 1033.

Pour la négative, on dit que les délais prescrits pour la saisie immobilière sont de rigueur; ceux auxquels la loi a voulu accorder l'augmentation en raison des distances sont désignés formellement, comme on le voit dans les *art.* 680, 681, 695 et 703.

D'ailleurs, les délais accordés sont assez multipliés et assez longs pour que le débiteur le plus éloigné ait le temps soit de venir soit d'envoyer sur les lieux où se fait la vente, avant qu'elle ait été consommée. En effet, depuis le commandement préalable jusqu'au jour de la saisie, il a dû se passer au moins un mois ; depuis la saisie jusqu'à la notification du placard, le délai n'est pas fixé, il est vrai, mais il ne peut guère être moindre que quinze jours ; et depuis la notification du placard, jusqu'à la première publication, l'intervalle est au moins d'un mois. Les trois publications se font de quinzaine en quinzaine ; ce qui donne encore un mois jusqu'à l'adjudication préparatoire ; enfin, il faut six semaines au moins entre cette adjudication et celle qui est définitive. On voit qu'il se passe au moins cinq mois depuis le commandement jusqu'à l'entière expropriation ; ce qui est un temps plus que suffisant pour que le débiteur puisse utiliser ses ressources.

Ce qu'il faut bien remarquer, ajoute-t-on, c'est que la présence du débiteur n'est pas d'une nécessité indispensable dans la poursuite de la saisie faite contre lui. Lorsqu'une personne est assignée pour répondre à une demande, il serait contre tous les principes de justice de la condamner sans lui donner le temps de venir se défendre ; mais quand on exécute un jugement ou une obligation, le débiteur n'a pas de défenses à fournir ; il n'est pas averti, soit de la saisie, soit du placard, précisément pour venir contester des procédures que les juges sauront bien régulariser sans lui ; ces diverses notifications lui sont faites pour qu'il sache mettre à profit tous les momens qui lui restent, s'il veut éviter la perte de sa propriété.

Enfin, la loi est si éloignée d'augmenter le délai qui suit la notification du placard, que non-seulement elle l'a fixé à un mois, sans parler des distances, mais qu'elle a défendu que ce même délai fût plus long que six semaines, précaution qu'elle ne prend point à l'égard des délais qui sont susceptibles de l'augmentation proportionnelle ordonnée par l'*art.* 1033.

On convient, dans l'opinion contraire, que les délais prescrits pour la saisie mobilière sont de rigueur, en sorte qu'il faut les observer sous peine de nullité; mais il ne s'ensuit pas que l'augmentation proportionnée aux distances ne puisse leur être appliquée. Les exemples tirés des *art.* 680, 681, 695 et 703, ne sont d'aucune considération, parce que les délais qui y sont réglès concernent des formalités à remplir par le poursuivant sans le concours de son adversaire. Dans la question proposée, le délai dont on parle est d'une autre espèce; il s'agit de celui accordé au débiteur pour être présent aux poursuites faites contre lui. A l'égard du silence de la loi sur l'augmentation du délai, il prouve qu'elle laisse appliquer en cette occasion l'augmentation proportionnelle indiquée d'une manière générale et sans exception par l'*art.* 1033, pour tous les cas où un exploit, signifié à personne ou domicile, fait courir des délais.

Quelque longs et multipliés que soient les différents délais relatifs à la saisie immobilière, il ne s'ensuit pas, dit-on encore, que ceux d'entre eux qui courent par l'effet d'un exploit, ne soient pas compris dans la disposition de l'*art.* 1033, puisque l'exception n'est pas prononcée. D'ailleurs, dans le calcul des cinq mois de délai qu'on oppose, on n'aurait pas dû comprendre celui par lequel la saisie est séparée du commandement préalable; cet acte n'est pas une sommation d'être présent aux poursuites de la saisie ; car elles ne sont pas encore commencées.

Dire que la présence du débiteur n'est pas aussi indispensablement nécessaire dans la procédure d'expropriation, que celle du défendeur assigné pour répondre à une demande, ce n'est pas, ajoute-t-on, un raisonnement soutenable. Il suffit qu'il soit ordonné d'appeler le débiteur, pour qu'il faille lui donner le temps de franchir la distance qui le sépare du lieu où il a droit de comparaître. Dailleurs, n'y aurait-il pas de l'inconséquence dans la loi, si, ayant prescrit, sous peine de nullité, d'annoncer au débiteur saisi le jour de la première publication, elle ne lui accordait pas le temps nécessaire pour y venir ou y envoyer ? Une saisie ne peut-elle pas être fondée sur un titre nul, ou dont l'effet est détruit ? S'il y a un cas où la présence du débiteur est nécessaire pour éclairer les juges, n'est-ce pas lorsqu'il s'agit de l'exproprier ?

D'ailleurs, on ne peut disconvenir que les délais qui s'observent dans la poursuite d'une saisie n'ayent pour but de faciliter au débiteur les moyens d'éviter la vente de son immeuble. Cette vérité a été reconnue solennellement par l'orateur du gouvernement, en présence du corps législatif. Or, il est constant que les ressources, en pareilles circonstances, se trouvent plus facilement sur les lieux où sont situés les biens ; par conséquent, si le débiteur emploie en voyage le temps que la loi lui permet de consacrer à des arrangemens, les délais lui auront été accordés en vain, surtout lorsque son domicile se trouvera fort éloigné du lieu de la saisie.

On ne paraît pas arrêté davantage par la dernière objection, fondée sur ce que l'*article* 701 défend de mettre plus de six semaines entre la notification du placard et la première publication. Cette défense d'excéder six semaines est en faveur des créanciers inscrits, qui ne peuvent pas attendre indéterminément le résultat des poursuites, que le saisissant pourrait prolonger à volonté, sans cette disposition. Mais la fixation du délai d'un mois, au moins, est faite pour le débiteur; c'est le temps le plus court qu'on est tenu de lui donner pour user de ses ressources. Il ne peut en exiger davantage; mais il ne fera courir ce mois que du jour de son arrivée; ou plutôt il ne calculera ce mois qu'en y ajoutant l'augmentation proportionnelle accordée en général pour franchir les distances. Si les créanciers se plaignent que la première publication ne s'est pas faite dans les six semaines, on leur répondra que dans le délai fixé en leur faveur il ne faut pas comprendre le temps nécessaire au débiteur pour venir ou envoyer sur les lieux.

S'il en était autrement, il est évident que le débiteur qui demeure fort loin du lieu de la saisie ne pourrait pas trouver, dans le mois accordé, le temps d'arriver pour la première publication; ce qui paraît contre le vœu de la loi. Ce n'est pas, en effet, seulement pour l'adjudication définitive que le débiteur est appelé; on est tenu de lui faire connaître le jour où se fera la première publication, parce que c'est ce jour-là que la saisie sera portée pour la première fois à l'audience. On doit donc regarder la notification du placard comme un ajournement donné pour comparaître dans le délai d'un mois. Or, à tout délai qui a pour but d'appeler une partie à jour fixe on doit ajouter le temps nécessaire pour faire le chemin qui la sépare du lieu où elle doit comparaître.

Ceux qui défendent cette dernière opinion soutiennent donc que l'intervalle d'un mois au moins, et de six semaines au plus, exigé par l'*art.* 701, sous peine de nullité, entre la notification du placard au saisi et la première publication, est susceptible de l'augmentation proportionnelle ordonnée par l'*art.* 1033. En conséquence, ils veulent que, dans la dénonciation de la saisie, dans l'extrait du procès verbal de saisie, qui est inséré au tableau de l'auditoire et au journal, et qui sert de placard, le jour de la première publication soit indiqué de manière, que depuis la notification du placard, il se soit écoulé au moins un mois, plus une augmentation de délai, proportionnément à la distance qui sépare le domicile du saisi et le lieu où se fait la vente.

*Quest. II.* Dans la question précédente, on a examiné si l'augmentation proportionnelle ordonnée pour les délais en général, par l'*art.* 1033, pouvait s'appliquer au temps qui doit s'écouler, suivant l'*art.* 701, entre la notification du placard et la première publication. Dans le système de ceux qui veulent que l'augmentation proportionnelle soit observée, il naît une difficulté résultant de ce que la disposition de l'*art.* 1033, qui fixe l'augmentation à un jour pour trois myriamètres de distance, n'est praticable que quand le débiteur demeure en France. On leur demande donc en quoi consiste l'augmentation du délai, lorsque le débiteur habite hors du continent français.

Ils répondent que le mois d'intervalle, exigé entre la notification du placard et la première publication, doit être augmenté des délais proportionnels fixés, par l'*art.* 73, pour les ajournemens donnés aux personnes qui ne demeurent pas en France.

Quelques uns d'entre eux disent qu'il faut seulement observer les délais marqués par cet article, mais qu'il ne convient pas de les ajouter au mois prescrit par l'*art.* 701. En effet, à la place du délai ordinaire de huitaine, augmenté d'un jour par trois myriamètres de distance, et réglé pour les ajournemens donnés en France, l'*art.* 73 a déterminé, pour les ajournemens donnés hors de France, différens délais proportionnément aux distances, et qu'on ne doit pas ajouter à la huitaine ordinaire. Par la même raison, si les délais fixés par l'*art.* 73 sont appliqués au cas où le débiteur habite hors de France, en matière de saisie immobilière, il faut s'en tenir à eux seuls, et ne pas les ajouter au délai ordinaire exigé par l'*art.* 801.

Les autres répliquent qu'il ne faut priver le débiteur d'aucune portion du délai d'un mois, dont il doit jouir depuis la notification du placard jusqu'à la première publication, pour utiliser ses ressources ; que les délais déterminés par l'*art.* 73 pour les ajournemens, sont entièrement destinés aux distances ; et que, si le débiteur les emploie en totalité, ou même en partie, pour venir ou envoyer sur le lieu de la vente, il ne lui restera plus le mois entier que la loi lui accorde pour s'occuper du danger où il se trouve.

Ils comparent ce délai secourable à celui de trois mois qui est fixé pour interjeter appel, ou pour présenter requête civile ; quand la partie demeure hors de France, ce même délai, suivant l'*art.* 445, pour l'appel, et suivant l'*art.*

486, pour la requête civile, est accordé, en y ajoutant les délais proportionnels fixés par l'*art.* 73 concernant les ajournemens donnés en pays étranger. La voie ordinaire de l'appel, et la voie extraordinaire de la requête civile, sont si importantes, que la loi a voulu laisser aux parties le délai entier de trois mois pour s'y préparer; voilà pourquoi elle leur indique les délais proportionnels de l'*article* 73, uniquement pour franchir les distances. Le débiteur n'est pas moins intéressé à veiller aux poursuites de l'expropriaton dont il est menacé; il faut donc également que le bienfait de la loi lui profite tout entier, et que le temps qu'elle lui accorde pour chercher des ressources ne soit pas perdu en voyages, souvent fort longs.

De ces considérations il résulte, dans le systême de ceux qui veulent une augmentation de délai, que le jour de la première publication doit être indiqué à une telle époque, lorsque le débiteur ne demeure pas en France, qu'elle ne puisse avoir lieu qu'un mois au moins après la notification du placard, en observant d'ajouter à ce même mois le délai proportionnel déterminé par l'*art.* 73.

*Quest. III.* Suivant l'*art.* 702, qu'il faut observer à peine de nullité, le cahier des charges doit être publié à l'audience de quinzaine en quinzaine. On convient généralement qu'il y aurait nullité, si d'une des publications à l'autre, il n'y avait pas l'intervalle d'une quinzaine; mais si cet intervalle était plus grand que la quinzaine, y aurait-il nullité?

Pour l'affirmative, on dit que la loi n'a pas plus laissé la faculté d'augmenter la quinzaine que de la diminuer ; que si, d'un côté, il est utile de donner aux personnes qui veulent enchérir l'immeuble le temps de prendre les renseignemens dont elles ont besoin, de l'autre, les créanciers ne doivent pas être forcés d'attendre la fin des poursuites plus long-temps que ne l'a voulu la loi.

D'autres, au contraire, soutiennent que l'intervalle qui sépare chaque publication peut excéder quinze jours, sans donner prise à la nullité, d'abord parce que cette peine rigoureuse doit toujours se prendre dans le sens le plus restreint et le plus favorable au débiteur ; or, il est intéressé à ce que les délais prescrits ne soient pas diminués, tandis qu'il ne peut que gagner à leur prolongation. Si un retard quelconque ne convenait pas à un créancier, il aurait la faculté d'y mettre fin, en demandant la subrogation, comme le permet l'*article* 722, dont on parlera au chapitre suivant. Observez de plus que l'on est toujours maître de ne pas abréger le délai de quinzaine, mais que sa prolongation peut arriver par l'effet d'un événement qui ne dépend pas du poursuivant. Par exemple, si le jour où l'une des publications doit se faire se rencontrait avec une fête légale, il faudrait bien que la quinzaine fût prolongée sans en encourir la nullité.

Le cas où une publication se trouve retardée est même prévu par l'*art.* 732, qui alors veut une nouvelle annonce et de nouveaux placards. Il n'y a donc pas, dit-on, nullité quand arrive un retard ; cependant, on sent qu'il ne peut avoir lieu sans de bonnes raisons soumises à la décision du tribunal.

*Quest. IV.* Comment se compte la quinzaine,

qui, en exécution de l'*art.* 702, sépare les publications les unes des autres ?

Le doute vient de la règle générale établie par l'*art.* 1033, qui, dans les délais, ne veut pas que l'on comprenne le jour d'où ils commencent à courir ni celui de l'échéance. D'après cette disposition, si une publication est faite le premier du mois, la seconde ne pourrait pas avoir lieu plutôt que le dix-sept du même mois.

En considérant que l'*art.* 1033 parle seulement des délais fixés pour les exploits signifiés à personne ou domicile, on sent qu'il n'a pas d'application à l'intervalle de quinzaine qu'il faut observer entre chaque publication. En second lieu, si on réfléchit que les publications se font nécessairement à l'audience, et que chaque tribunal règle ses audiences d'après les jours de la semaine, il sera facile d'appercevoir ce qu'entend la loi par l'expression de quinzaine en quinzaine, dont le sens n'est pas le même que s'il avait été ordonné de laisser passer quinze jours entre chaque publication. On a voulu que le cahier des charges fût publié sans causer aucun dérangement à la tenue des audiences, dont les jours sont fixés pour chaque semaine. Or, si on calculait l'intervalle de quinzaine dont il s'agit, comme tout autre délai, il arriverait pourtant que les époques des publications ne se rencontreraient pas avec les jours d'audience destinés à la vente des immeubles ; ce qui dérangerait perpétuellement l'ordre du travail de chaque tribunal.

Il est donc nécessaire, pour se conformer à l'intention de la loi, d'observer le délai de quinzaine, de manière qu'une publication étant faite un lundi, par exemple, celle d'après ait lieu le second lundi suivant. Cette explication a été donnée par le Conseiller d'état, chargé de présenter au Corps législatif le titre dont nous nous occupons : « Il a paru superflu, dit-il, de faire un » article pour expliquer que, par ces expressions » *de quinzaine en quinzaine* on entend ce qui » se pratique journellement ; c'est-à-dire, que la » publication faite, par exemple, un des jours » de la première semaine du mois, doit être re- » nouvelé à pareil jour de la troisième semaine ».

## ARTICLE IV.

### *Des Enchères et Adjudications.*

L'adjudication est un jugement par lequel celui qui a mis la dernière et la plus forte enchère, est déclaré propriétaire de l'immeuble saisi.

Après les publications faites successivement à trois audiences au moins, de quinzaine en quinzaine, il ne reste plus qu'à adjuger l'objet à vendre. Pour y parvenir, il n'est pas besoin, comme autrefois, d'obtenir un congé d'adjuger ; c'était un jugement qui déclarait que, les procédures ayant été jusque-là régulièrement faites, on pouvait poursuivre l'adjudication.

On a pu remarquer que le Code a simplifié considérablement les formalités de la vente des immeubles, quoique pourtant il n'ait rien omis de ce qui pouvait être utile soit au poursuivant, soit à la partie saisie, soit aux créanciers hypothécaires. Ainsi, il a décidé qu'après les publications on procéderait à l'adjudication ; il ne dit point qu'on le fera ordonner par un jugement. Au surplus, il a réglé qu'il serait fait deux adjudications, l'une préparatoire, l'autre définitive : nous allons expliquer dans trois paragraphes les formes de l'adjudication préparatoire, des enchères, et de l'adjudication définitive.

## §. I^er.

### *De l'Adjudication préparatoire.*

L'époque de cette adjudication après les publications, n'est pas fixée ; mais elle ne peut avoir lieu, sous peine de nullité, si, huit jours francs avant, on n'a pas de nouveau annoncé la vente dans un journal, quand il y en a dans le département, et si en même temps on n'a pas affiché de nouveaux placards dans les lieux désignés par la loi. Cette huitaine franche doit être augmentée d'un jour, par trois myriamètres, de la distance qu'il y a du lieu où la vente doit être faite à celui où sont situés les bâtimens ou la majeure partie des biens saisis ; le tout à peine de nullité. *Art.* 703 *et* 717.

La seconde annonce et les seconds placards sont en tout conformes aux premiers. Ils doivent pourtant contenir de plus la mise à prix faite par l'enchère du poursuivant, ainsi que l'indication du jour où se fera l'adjudication préparatoire.

Cette addition sur les placards doit être manuscrite. En faisant imprimer les premiers placards, on doit avoir préparé assez d'exemplaires pour afficher trois fois ; en sorte que, lors des seconds placards, il n'est besoin que d'écrire à la main sur chaque exemplaire, dans un blanc destiné à cet effet, le jour où aura lieu l'adjudication préparatoire. La loi le prescrit ainsi pour éviter les frais. Elle dit même que, s'il y avait lieu à une réimpression des placards, cette dépense n'entrerait pas en taxe. *Ibid.*

La seconde annonce dans le journal, et l'apposition des seconds placards, sont constatées dans la même forme que nous avons expliquée pour la première annonce et les premières affiches; ce qui est prescrit pareillement à peine de nullité. *Art.* 705 *et* 717.

Le jour indiqué étant arrivé, le cahier des charges est lu à l'audience; après quoi, les enchères du public sont reçues, dans la forme dont on parlera au paragraphe suivant.

Quand les feux allumés pour les enchères sont éteints, l'immeuble est adjugé conditionnellement au plus offrant; c'est-à-dire, que cette première adjudication n'aura son exécution que dans le cas où, lors de l'adjudication définitive, il ne se présenterait personne pour couvrir l'enchère du premier adjudicataire.

Ainsi, ce dernier n'est tenu à aucune des conditions de la vente tant qu'il n'est pas déclaré adjudicataire définitif; par la même raison, il ne peut rien exiger concernant l'immeuble adjugé conditionnellement, et il n'y peut exercer aucun droit de propriété. En un mot, l'adjudication préparatoire est un contrat judiciaire, qui n'acquiert de force que quand est arrivée la condition qui y est apposée. Cette adjudication est consignée sur le cahier des charges, après la mise à prix et les publications. *Art.* 699 *et* 717

Quand il ne se présente aucun enchérisseur lors de l'adjudication préparatoire, elle reste au poursuivant sur sa mise à prix, qui est considérée comme la première enchère. *Art.* 698.

Les enchères reçues lors de cette adjudication, et le jugement qui la prononce, sont constatés par le greffier, sous peine de nullité. *Art.* 699 *et* 717.

Le jugement qui prononce l'adjudication préparatoire fixe en même temps le jour où se fera l'adjudication définitive; le délai doit être de six semaines au moins, le tout sous peine de nullité. *Art.* 706 *et* 717.

Ce jugement de première adjudication n'est pas autre chose qu'un simple prononcé indiquant l'avoué à qui l'adjudication préparatoire est faite. Ce prononcé est écrit sur le cahier des charges, à la suite des enchères et des publications, sous peine de nullité. *Art.* 699 *et* 717.

*Question* I^re^. L'adjudication préparatoire peut-elle se faire à l'audience même où le cahier des charges est publié pour la troisième fois?

Suivant *l'art.* 702, trois publications au moins doivent précéder l'adjudication préparatoire, sous peine de nullité; or, si cette adjudication était prononcée le jour même que se fait la troisième publication, on doute que l'intention de la loi fût assez complètement remplie.

Ce qui décide, est que la peine de nullité doit plutôt se restreindre que s'étendre; d'où il suit, qu'en s'arrêtant à la lettre de la loi, dans la circonstance dont il s'agit, on ne fait point une procédure nulle. Il n'est marqué aucun intervalle à observer entre la troisième publication et l'adjudication préparatoire; par conséquent, aussitôt après avoir fait la troisième publication, on peut, sans irrégularité, procéder pendant la même audience à l'adjudication préparatoire. L'ancien usage, qui était conforme à cette opinion, peut-être invoqué à cette occasion : car il paraît, d'après le témoignage du Conseiller d'état, dont les paroles ont été rapportées dans la question précédente, que le Code n'a pas voulu innover sur le point que nous discutons.

Au surplus, cet usage est sans danger, puisque dans le cas où trois publications ne suffiraient pas, on peut en faire davantage ; en sorte que l'adjudication préparatoire n'a lieu ordinairement le jour de la troisième publication, que quand les circonstances le permettent ; d'ailleurs, si l'adjudication préparatoire se trouvait faite trop tôt, relativement à l'adjudication définitive, cette dernière pourrait être différée, selon que le tribunal l'ordonnerait ; car, *l'art.* 706 exige seulement qu'entre les deux adjudications il y ait un intervalle de six semaines au moins, laissant la prolongation de ce délai à la prudence des juges.

*Question* II. Faut-il signifier au débiteur saisi les second et troisième placards qui sont affichés en exécution des *articles* 703 et 704 ?

La raison de douter, est que le second placard contient la mise à prix, et indique le jour de l'adjudication préparatoire ; ce qui ne se trouve pas dans le premier. Pareillement, le troisième placard énonce le prix moyennant lequel se fait l'adjudication définitive. Toutes ces circonstances ne sont pas indifférentes pour le débiteur ; il serait donc à propos de les lui faire connaître par la notification du second et du troisième placard.

En matière de procédure, et principalement quand il s'agit d'une saisie immobilière, où tout a été calculé pour diminuer les frais, on doit être aussi exact à faire les actes prescrits, qu'à s'abstenir de ce qui n'est pas ordonné. Le premier procès verbal d'apposition de placards est le seul dont la notification soit exigée ; le poursuivant qui signifierait de même les second et troisième placards, ne pourrait pas répéter les frais que les notifications non prescrites auraient occasionnés.

Quant à l'utilité qu'il y a pour le débiteur de connaître les second et troisième placards, on répond que la loi est juste envers lui, en exigeant qu'il soit prévenu par la dénonciation de la saisie et par la notification du premier placard. C'est ensuite au débiteur à se présenter pour assister aux procédures dont le commencement lui est notifié; s'il ne comparaît pas, tout se fait sans lui, et son silence est considéré comme une approbation.

## §. II.

### *Des Enchères.*

L'enchère est un acte par lequel on offre une certaine somme de la chose mise en vente, avec promesse de payer cette somme, si personne n'en offre davantage.

On pouvait autrefois proposer son enchère soit à l'audience, soit au greffe; dans ces deux cas, elle était consignée par écrit, à la suite du cahier des charges; mais aujourdhui les enchères ne peuvent être reçues, sous peine de nullité, qu'à l'audience, et quand l'immeuble à vendre y est crié. *Art.* 707 et 717.

Aucune enchère ne peut être mise que par le ministère d'un avoué; autrement elle serait nulle. Ceux qui sont dans l'intention d'acquérir l'immeuble mis en vente, sont donc obligés de donner leurs pouvoirs à des avoués qui, lorsque les enchères sont ouvertes, font leurs offres conformément aux instructions qui leur sont données. *Ibid.*

A l'audience consacrée à vendre les biens, et que les praticiens nomment l'audience des *criées*, on s'occupe successivement des différentes ventes qui y sont portées. L'immeuble à vendre y est crié à son tour. Le tribunal entend les observations des parties, si elles jugent à propos d'en faire; il prononce sur les difficultés s'il s'en présente; enfin, lorsque rien n'arrête, il déclare, par l'organe du président, que les enchères sont ouvertes.

Alors des bougies préparées, de manière que chacune ait une durée d'environ une minute, sont allumées successivement; le feu est mis à la seconde quand la première est éteinte, et la troisième n'est allumée qu'après l'extinction de la seconde, et ainsi de suite. C'est pendant le feu des bougies que les avoués mettent leurs enchères, qui sont criées par un huissier, à mesure qu'elles sont proposées. Toute enchère proposée avant ou après le feu d'une bougie n'est pas reçue; c'est nécessairement pendant qu'elle est allumée, que les offres sont écoutées. Ces formalités sont prescrites à peine de nullité. *Ibid.*

Un enchérisseur cesse d'être obligé par l'offre qu'il a faite, si son enchère est couverte par une autre. Cette décision a lieu, quand même l'enchère postérieure serait déclarée nulle. *Ibid.*

Le nombre des bougies, qu'il faut brûler l'une après l'autre, dépend du temps que dure la concurrence des enchères. Tant qu'il survient même un seul enchérisseur, pendant le feu d'une bougie, on doit, quand elle est éteinte, en allumer une autre, et ainsi de suite, jusqu'à ce qu'une bougie se soit éteinte sans enchère. Alors on en allume une autre; si elle s'éteint encore sans enchère, on peut adjuger l'immeuble. On voit par là qu'avant de prononcer l'adjudication, il ne peut pas être brûlé moins de trois bougies, dont deux au moins doivent être consumées sans enchères.

Cette formalité a lieu sous peine de nullité, pour l'adjudication préparatoire, et se répète pour l'adjudication définitive. *Art.* 708 *et* 717.

Quand, lors de l'adjudication préparatoire, il ne se présente aucune enchère pendant les premier et second feux, on doit en allumer un troisième, et c'est seulement s'il s'éteint encore sans enchère, que l'adjudication préparatoire reste au poursuivant pour sa mise à prix. *Ibid.*

Si, lors de l'adjudication définitive, il ne se présentait aucune enchère pendant la durée des deux premiers feux, ce ne serait qu'après l'extinction d'un troisième sans enchère, que l'adjudication préparatoire deviendrait définitive; car, aucune adjudication n'est valable s'il n'a été brûlé au moins trois bougies, et si les deux dernières ne se sont pas éteintes sans enchères. *Ibid.*

Soit lors de l'adjudication préparatoire, soit lors de l'adjudication définitive, si, pendant la durée de l'une des deux premières bougies, il survient des enchères, et même une seule, on allume successivement d'autres bougies, jusqu'à ce que deux feux de suite se soient éteints sans enchère; alors seulement l'adjudication peut être prononcée. *Ibid.*

Pour les deux adjudications, et pour les enchères qui les préparent, on procède dans les mêmes formes. La seule différence est que, lors de l'adjudication préparatoire, les enchères sont ouvertes sur la mise à prix du poursuivant; tandis que, pour l'adjudication définitive, les enchères sont ouvertes sur l'offre de l'adjudicataire provisoire. L'avoué, sur l'enchère duquel est restée l'adjudication, soit préparatoire, soit définitive, est tenu, dans le délai de trois jours, de déclarer le nom de la personne pour laquelle il s'est rendu adjudicataire, et de fournir l'acceptation qu'elle en a faite. L'avoué, dernier enchérisseur, se présente donc au greffe, où sa déclaration est écrite sur le cahier des charges, à la suite des publications de l'enchère et de l'adjudication. Après que l'avoué a signé, son commettant, qui l'accompagne, fait son acceptation à la suite. Cette acceptation peut être faite ou par l'adjudicataire en personne ou par procuration; alors, l'acte portant pouvoir d'accepter reste annexé à la déclaration. *Art.* 609.

Si l'avoué ne peut fournir cette acceptation dans les trois jours, il représente le pouvoir en vertu duquel il est devenu adjudicataire; et ce pouvoir reste annexé à la minute de sa déclaration. *Ibid.*

Faute de satisfaire à ces dispositions dans le délai prescrit, l'avoué, dernier enchérisseur, est réputé adjudicataire en son nom. *Ibid.*

C'est ici le lieu de dire que les juges, leurs suppléans, le procureur impérial, ses substituts et le greffier ne peuvent se rendre adjudicataires des immeubles vendus dans le tribunal dont ils font partie. En conséquence, il est défendu aux avoués, sous peine de nullité de l'adjudication, et de tous dépens, dommages-intérêts, de se charger de mettre des enchères pour ces mêmes personnes. *Art.* 713.

Il est également fait défense aux avoués, sous les mêmes peines, d'enchérir un immeuble pour la partie saisie, ni pour aucune personne notoirement insolvable : il est évident que le but qu'on se propose, et qui est de toucher le prix de l'immeuble vendu, ne pourrait pas être rempli, si le dernier enchérisseur était ou le débiteur saisi, ou toute autre personne hors d'état de payer. *Art.* 713.

*Question.* Dans l'ancienne procédure, dès que le cahier des charges était déposé, ceux qui voulaient enchérir pouvaient le déclarer au greffe, sans attendre que les enchères fussent ouvertes à l'audience. On demande s'il peut en être de même aujourd'hui?

La réponse est dans l'*article* 707, qui s'explique si clairement, qu'on ne peut pas élever le moindre doute sur la mise des enchères : il veut qu'elles soient faites, sous peine de nullité, par le ministère d'avoués, et à l'audience, pendant la durée des feux qui y sont allumés à cet effet. Toute enchère remise au greffe serait donc nulle, puisqu'elle ne serait pas proposée de la seule manière autorisée par la loi.

## §. III.

### *De l'Adjudication définitive.*

Dans les quinze jours qui suivent l'adjudication préparatoire, le poursuivant doit, pour la troisième fois, faire insérer l'annonce de la vente dans les journaux, s'il y en a dans le département, et faire afficher des placards dans les lieux désignés par la loi, sous peine de nullité. *Art.* 705 *et* 717. Cette annonce et ces placards sont les mêmes que les précédens, sauf qu'on énonce dans ceux-ci, et le jour qu'aura lieu l'adjudication définitive, et le prix auquel a été faite l'adjudication préparatoire. Cette addition, sur les placards imprimés, se fait à la main, comme lors des secondes affiches. *Ibid.*

La troisième annonce dans le journal, ainsi que la troisième apposition de placards, sont constatées comme on l'a dit pour les premières et les secondes annonces et affiches, sous peine de nullité. *Art.* 705 *et* 717.

Au jour indiqué par l'adjudication préparatoire, on procède à l'adjudication définitive; il faut, entre l'une et l'autre, au moins six semaines d'intervalle, à peine de nullité. *Art.* 706 *et* 717.

Pour cette dernière adjudication, on suit absolument les mêmes formes que nous avons expliquées pour la première. Le placard est lu à l'audience; le tribunal écoute les observations des parties si elles en font, et prononce sur les difficultés s'il s'en élève. Lorsque le moment de la vente est arrivé, les enchères sont ouvertes sur le prix de l'adjudication préparatoire, et elles sont reçues comme il est dit au paragraphe précédent.

Quand la chaleur des enchères est passée, et que le nombre légal de bougies éteintes sans enchères a déterminé le moment où on peut adjuger, le tribunal prononce en faveur du dernier enchérisseur.

Ce prononcé consiste, sous peine de nullité, dans l'indication, sur le cahier des charges, du nom de l'avoué auquel l'immeuble est adjugé définitivement. *Art.* 699 *et* 717.

Ainsi la minute du jugement d'adjudication définitive, n'est autre chose que la copie du cahier des charges sur lequel toutes les formalités des publications, enchères et adjudications, ont été consignées. *Art.* 714.

A l'égard de l'expédition de ce jugement, c'est une copie du même cahier, précédée de l'intitulé, et terminée par le mandement commun à tous les jugemens qui sont revêtus de la forme exécutoire. *Ibid.*

On y ajoute une injonction à la partie saisie, de

délaisser la possession de l'immeuble aussitôt la signification de ce jugement, sous peine d'y être contrainte même par corps, comme séquestre judiciaire de l'objet vendu. *Ibid.*

L'expédition de l'adjudication définitive ne se délivre que quand l'adjudicataire rapporte la quittance des frais ordinaires de poursuite, et la preuve qu'il a satisfait aux diverses conditions exigibles de l'enchère ; elles doivent nécessairement être toutes exécutées avant que le titre d'acquisition soit remis à celui qui a contracté l'engagement de les remplir. *Art.* 715.

La loi n'assujétit l'adjudicataire qu'aux frais ordinaires de poursuite ; c'est-à-dire, à ceux dont il a pu, d'après la loi, faire une évaluation au moins approximative, avant de présenter son enchère. Ce sont ceux qui ont dû être faits directement pour arriver à la vente de l'immeuble, depuis le procès verbal de saisie jusqu'au jugement d'adjudication définitive inclusivement.

Mais les frais extraordinaires, qui n'auraient pas eu lieu sans des circonstrnces particulières, s'ils ne sont pas à la charge de l'adjudicataire, par qui sont-ils supportés ?

Si ces frais extraordinaires sont occasionnés par des difficultés élevées pendant le cours des procédures ordinaires, les parties qui succombent dans ces sortes d'incidens doivent les payer.

Si c'est la partie saisie qui a succombé, ou si les frais extraordinaires ont été ordonnés pour des causes qui ne peuvent être imputées à aucune des parties, on les prélève sur le prix de l'immeuble vendu.

En conséquence, comme, toutes les fois qu'il y a lieu à des frais extraordinaires, il y a nécessairement un jugement qui en est ou la cause, ou la suite, le tribunal prononce sur les frais extraordinaires; et, si les circonstances l'exigent, il ordonne qu'ils seront prélevés par privilége sur le prix de l'adjudication. *Art.* 716.

Le paiement des frais ordinaires de poursuite est donc une condition qui, même quand elle aurait été omise dans le cahier des charges, doit y être suppléée: l'adjudicataire n'obtient pas la délivrance de son titre, tant qu'il ne rapporte pas la quittance de ces mêmes frais.

Pareillement, s'il a été spécifié, dans les clauses de l'enchère, que le prix de l'adjudication sera déposé, l'acquéreur ne pourra pas se faire délivrer le jugement qui lui adjuge l'immeuble, s'il ne remet au greffier l'acte de dépôt.

Si au lieu de déposer le prix de l'immeuble, l'enchère obligeait l'acquéreur à payer par ses mains divers créanciers, l'expédition de l'adjudication ne lui serait délivrée qu'après avoir rapporté les quittances popres à justifier que les paiemens ont été effectués.

Les pièces servant à prouver et que les frais de poursuite ont été soldés, et que les conditions exigibles de l'enchère ont été remplies, demeurent annexées à la minute du jugement d'adjudication définitive; pour plus grande précaution, elles sont copiées en entier sur le même cahier, à la suite de ce jugement. *Art.* 715.

Vingt jours sont accordés à l'adjudicataire pour satisfaire aux conditions de l'enchère. A l'expiration de ce délai, l'adjudicataire peut y être contraint à la diligence soit du poursuivant, soit de tout autre créancier, soit même de la partie saisie, par toutes les voies de droit, comme tout débiteur contre lequel on a un titre exécutoire. *Ib.*

En même temps on peut procéder à la revente de l'immeuble, sur la folle enchère de l'adjudicataire, quand il laisse passer vingt jours sans satisfaire aux conditions de son adjudication. Les formes de la procédure, concernant la folle enchère, seront expliquées dans le chapitre suivant. l'intention de la loi est que la revente sur folle enchère n'empêche pas les poursuites par toutes les autres voies de droit, contre celui qui s'est rendu adjudicataire. *Art.* 715.

Le jugement d'adjudication définitive est susceptible d'appel; et, comme la loi n'a prescrit à cet égard aucune disposition particulière, il en faut conclure que cet appel est réglé, pour les délais et la forme, par les dispositions communes à l'appel de tous les jugemens.

Néanmoins, tant que l'appel n'est pas interjeté, l'adjudication doit s'exécuter de la part de l'acquéreur, dans les vingt jours; et après l'expiration de ce délai, il peut être contraint par voie de folle enchère, sans préjudice des autres voies de droit. Si l'appel n'est interjeté que postérieurement à l'exécution commencée, il n'est suspensif que des conditions qui ne seraient pas encore remplies.

*Quest. I.* Si, après avoir fait la troisième apposition de placards et la troisième annonce dans le journal, conformément à l'*art.* 704, pour indiquer l'adjudication définitive, un incident empêchait d'y procéder le jour fixé, faudrait-il recommencer l'annonce et les placards?

Le doute vient de ce que l'*art.* 732, qui ordonne de recommencer annonce et placards quand une des publications a été retardée, ne parle pas des cas où l'adjudication définitive a éprouvé du retard.

Ce qui décide, c'est qu'il ne se fait point d'adjudication qu'elle ne soit immédiatement précédée, à la même audience, d'une publication du cahier des charges. Ainsi, en parlant en général des publications, l'*art.* 732 a compris nécessairement dans sa disposition l'adjudication définitive; car, s'il y a des publications sans adjudication, il ne peut pas y avoir d'adjudication sans publications. En cas de retard de l'adjudication définitive, comme de l'adjudication préparatoire, on ne doit donc pas y procéder, sans que le jour en ait été de nouveau annoncé par le journal et par des placards, afin d'avertir les enchérisseurs.

*Quest. II.* Dans les trois jours de l'adjudication, suivant l'*art.* 709, l'avoué, dernier enchérisseur, est tenu de fournir l'acceptation de l'adjudication, par sa partie, faute de quoi l'avoué est réputé avoir enchéri en son nom : on demande si l'avoué ne serait pas reçu à faire sa déclaration après les trois jours.

Il est certain que l'avoué qui ne produit pas dans le temps fixé pour fournir la preuve de son mandat, donne aux parties intéressées le droit de le regarder comme adjudicataire; elles peuvent donc, si elles le jugent convenable, exiger de l'avoué, personnellement, l'accomplissement des conditions de l'adjudication, sauf le recours de celui-ci contre la personne dont il a reçu les pouvoirs, s'il y a lieu.

Ainsi, on pourrait refuser la déclaration de l'avoué qui la donnerait après les trois jours; et s'il y avait contestation, le tribunal jugerait si quelques circonstances peuvent faire excuser le retard de l'avoué. On conçoit qu'une pareille contestation ne peut guère avoir d'objet que quand la déclaration tardive de l'avoué porte sur une personne qu'on craint de reconnaître pour adjudicataire, et lorsqu'on trouve l'avoué plus en état de satisfaire aux charges de l'enchère.

Cette explication, au surplus, est principalement destinée à faire sentir aux avoués à quoi ils s'exposeraient, s'ils manquaient de fournir l'acceptation de leur partie, ou de représenter leurs pouvoirs dans les trois jours qui suivent l'adjudication.

*Quest. III.* L'avoué, dernier enchérisseur, doit, conformément à l'*art.* 709, déclarer le nom de l'adjudicataire dans les trois jours de l'adjudication : on demande s'il faut observer cette disposition après l'adjudication préparatoire, aussi bien qu'après l'adjudication définitive ?

Pour faire sentir le cas où cette question peut se présenter, supposons que, le jour de l'adjudication définitive, il ne vienne aucun enchérisseur, et que l'extinction des trois feux sans nouvelle enchère rende exécutoire la première adjudication ; lorsqu'elle a eu lieu, l'adjudicataire paraissait solvable, et dans l'intervalle des deux adjudications, son insolvabilité est devenue notoire. Le lendemain du jour où l'adjudication préparatoire est déclarée définitive, l'avoué fournit l'acceptation de son commettant. L'une des parties, le poursuivant, par exemple, soutient que la déclaration est tardive, et que l'avoué doit être regardé comme enchérisseur pour son compte personnel ; il se fonde sur ce que l'adjudication préparatoire a été faite, sauf le cas où une enchère plus élevée surviendrait ; ce cas n'étant pas arrivé, le titre qui n'était que conditionnel est devenu irrévocable. Or, faute par l'avoué d'avoir déclaré le nom de l'adjudicataire, trois jours après l'adjudication préparatoire, il est réputé avoir enchéri pour lui-même, puisque c'est cette adjudication qui est rendue exécutoire.

Sans la circonstance de l'insolvabilité de l'adjudicataire, le poursuivant n'élèverait pas la contestation ; mais, si cette difficulté se présentait, l'avoué serait embarrassé : il répondrait, sans doute, que le jugement qui déclare définitive l'adjudication préparatoire est le véritable titre qui donne à sa partie le droit sur l'immeuble ; et qu'ainsi il a dû faire sa déclaration seulement dans les trois jours qui ont suivi ce jugement. On lui répliquerait qu'il a pu être chargé des pouvoirs de plusieurs personnes, et qu'il lui a plu de désigner préférablement celle devenue insolvable, depuis l'adjudication préparatoire.

On voit, par cette discussion, qu'il est prudent de la part de l'avoué à qui est faite l'adjudication prépatatoire, de produire dans les trois jours le pouvoir de son commettant.

*Quest. IV.* Faute par l'adjudicataire de faire dans les vingt jours les justifications prescrites par l'*art.* 715, il y est contraint par la voie de la folle enchère, sans préjudice des autres voies de droit. On demande si les parties intéressées peuvent choisir entre la folle enchère et les autres contraintes de droit, ou bien si nécessairement il faut faire revendre l'immeuble à la folle enchère.

Par exemple, l'immeuble a été adjugé à une personne qui, quelques jours après se repent d'avoir acheté ; elle laisse en conséquence passer vingt jours sans justifier de l'exécution des conditions exigibles ; elle croit seulement s'exposer à la poursuite d'uue folle enchère, et à payer la différence qu'il y aura entre son prix et celui de la vente. Ce que desire principalement cet adjudicataire, est de se voir déchargé au moins d'une partie du prix, comme cela arrivera dès qu'une enchère quelconque aura été mise sur l'immeuble; alors il ne devra plus que la différence de cette enchère à la sienne.

De son côté, le poursuivant considère que la procédure de folle enchère prolongerait les retards déjà fort longs apportés à son paiement; l'adjudicataire est en état de payer, et peut-être, par suite de la revente, un acquéreur peu solvable lui succéderait, ce qui occasionnerait une folle enchère qui pourrait bien n'être pas la dernière. En conséquence, le poursuivant ne juge pas à propos de procéder à la folle enchère, et il poursuit l'adjudicataire par toutes les autres espèces de contraintes, pour la totalité du prix de l'immeuble. Celui-ci se pourvoit devant le tribunal pour faire ordonner la revente sur folle enchère, afin que les contraintes ne soient exercées contre lui qu'à raison de la différence entre le prix qu'il a offert et le prix de la vente qui aura lieu; et jusqu'à ce que, par l'adjudication sur folle enchère, on connaisse cette différence, il demande qu'on ne fasse contre lui que des actes conservatoires.

Quel jugement faut-il rendre sur une pareille contestation?

Ceux qui adoptent le système de l'adjudicataire disent que *l'art.* 715 ne laisse pas la liberté de s'en tenir aux autres contraintes; on y lit expressément que l'adjudicataire qui n'exécute pas dans les vingt jours y sera contraint par la voie de la folle enchère, sans préjudice des autres voies de droit ; ce qui veut dire que ces dernières poursuites ne sont qu'auxiliaires. C'est aussi d'une manière impérieuse que s'explique, dans le titre suivant, l'*art.* 737, qui, faute par l'adjudicataire d'exécuter les clauses de son adjudication, veut que le bien soit vendu à sa folle enchère.

Pour le saisissant, on soutient que la voie de la folle enchère n'est indiquée dans les deux articles cités que comme une faculté qui, le plus souvent, est la seule ressource qu'on ait contre l'adjudicataire, et presque toujours la plus courte et la plus sûre. Mais s'il se présente des circonstances où il soit plus convenable de poursuivre l'adjudicataire sans s'occuper de la folle enchère, rien n'empêche que l'on ne prenne ce parti : la loi ne commande pas plus la voie de la folle enchère que les autres voies de droit ; elle autorise les unes et les autres par concurrence. Or, de toutes les voies de contraintes qui sont à la disposition d'un créancier, il peut commencer par celle qui lui convient le mieux, et revenir ensuite, si bon lui semble, aux contraintes qu'il avait d'abord négligées : pareillement il peut les exercer toutes à la fois.

Il en doit être du fol enchérisseur comme de tout autre débiteur, contre lequel on a titre exécutoire. On peut diriger à la fois contre lui toutes les poursuites permises, comme on peut n'en diriger qu'une, sans qu'on soit obligé de donner la préférence à l'une plutôt qu'à l'autre. Ainsi, on est libre de procéder à la revente sur folle enchère et de faire en même temps saisir tous les biens de celui qui n'exécute pas son adjudication. Par l'une des saisies, obtient-on la totalité du prix de l'immeuble? on abandonne les autres voies, même celle de la folle enchère; et tous les frais faits jusqu'alors retombent sur la partie poursuivie. Dans le cas où les saisies ne donnent pas tout ce que doit l'adjudicataire, on continue la revente sur folle enchère, pour le paiement de ce qu'il reste devoir. Pareillement, si la revente sur folle enchère procure l'entier paiement qu'on cherche, on abandonne les autres contraintes, dont les frais sont supportés par celui contre qui elles ont été dirigées. Enfin, si la revente ne produit qu'une partie du prix que doit le fol enchérisseur, les autres poursuites sont continuées pour avoir paiement du surplus. Dans ces diverses procédures, c'est toujours par l'intérêt des créanciers qu'on se dirige, la loi laissant sur ce point toute liberté; par conséquent, l'adjudicataire ne serait pas fondé à demander que la folle enchère fût suivie exclusivement, et que les autres contraintes fussent suspendues, à l'exception des actes conservatoires: il a contracté une obligation, c'est à lui de payer; sinon toutes les contraintes à la fois seront dirigées contre lui, ou seulement celle qui paraîtra la plus convenable aux créanciers.

*Quest. V.* Un jugement d'adjudication est-il susceptible d'être attaqué par les voies ordinaires et par les voies extraordinaires?

Pour répondre à tous les cas que présente la question, examinons successivement les deux voies ordinaires, qui sont l'opposition et l'appel, et ensuite les voies extraordinaires, qui sont la tierce opposition, la requête civile, la prise à partie, et la cassation.

OPPOSITION. En vertu d'une obligation passée devant notaire, on procède à la saisie d'un immeuble appartenant à une personne qui voyage dans un pays éloigné. Par un enchaînement de circonstances faciles à imaginer, les poursuites ont été poussées jusqu'à l'adjudication définitive, sans que le propriétaire de l'immeuble en ait eu connaissance, quoique les copies du commandement, de la saisie et du placard, ayent été régulièrement remises à son domicile. A son retour, il reçoit la signification du jugement d'adjudication, portant injonction de délaisser l'immeuble, sous peine d'y être contraint par corps. Alors, pour la première fois, il apprend que les poursuites ont été faites en vertu d'une obligation fausse, ou dont il a soldé le montant. Il s'empresse de déclarer qu'il s'oppose à l'exécution du jugement; et, dans la huitaine, il renouvelle son opposition par requête contenant constitution d'avoué : on demande si cette opposition est recevable?

Pour la négative, on dit que la partie saisie a été avertie à son domicile, d'abord par le commandement préalable, et ensuite deux fois depuis la saisie, l'une en lui dénonçant le procès verbal, et l'autre en lui notifiant le placard. Il est de règle que, quand une partie a été appelée deux fois, le jugement qui intervient ensuite contre elle, même par défaut, n'est pas susceptible d'opposition. C'est sur ce principe qu'est fondé l'*article* 153; on y voit que si, de deux défendeurs, l'un ne paraît pas, il est assigné de nouveau, et que, s'il persiste à ne pas se présenter, le jugement qui intervient par défaut contre lui n'est pas susceptible d'opposition.

Il est sans doute malheureux que la partie saisie n'ait pas pu avoir connaissance des poursuites avant l'adjudication; mais c'est à elle-même qu'elle doit s'en prendre : pourquoi, avant de voyager, n'a-t-elle pas usé de précautions pour que toutes les significations qui surviendraient fussent portées à un fondé de pouvoir autorisé à le défendre? Sous le prétexte de n'avoir pas été instruit à temps des diverses procédures, on ne peut les attaquer quand on a laissé passer les délais utiles.

On convient, dans l'opinion contraire, que l'ignorance où est la partie saisie n'est point une excuse valable : on soutient seulement que la règle citée, relativement à celui qui est assigné deux fois, n'est pas exacte. Le vrai principe est, que l'on ne peut pas se pourvoir par opposition contre un second jugement rendu par défaut sur la même demande, ce qui n'arrive que quand on a été assigné deux fois. Il ne faut donc pas comparer la partie dont l'immeuble est saisi à un défendeur qui, ne s'étant pas d'abord présenté, a été assigné une seconde fois. En effet, la seconde assignation a été donnée en vertu d'un premier jugement qui a joint au fond le profit du défaut; en sorte que, si le défendeur persiste à ne pas comparaître, le second jugement par défaut ne sera pas susceptible d'opposition.

La partie saisie ne se trouve pas dans les mêmes circonstances; il n'y a pas de premier jugement qui ordonne que, faute d'avoir constitué avoué sur la dénonciation du procès verbal, elle sera assignée de nouveau. La notification du placard ne peut pas d'ailleurs être considérée comme une seconde assignation propre à mettre une seconde fois le saisi en demeure. Pour qu'il en fût ainsi, il faudrait que cette notification ne pût être faite qu'après l'expiration des délais réglés pour l'ajournement, à compter de la dénonciation du procès verbal. Alors, en effet, le saisi aurait été appelé successivement par deux exploits, par chacun desquels on lui aurait accordé le temps nécessaire pour venir ou pour envoyer sur les lieux de la vente. Mais il n'en est pas ainsi; la dénonciation du procès verbal doit se faire dans la quinzaine, à compter de l'enregistrement qui a lieu au greffe; et il n'est fixé aucun intervalle entre cette dénonciation et la notification du placard, qui se fait aussitôt qu'on le peut, quelquefois même de manière que le procès verbal et le placard sont signifiés ensemble.

On croit donc, dans cette dernière opinion, que le jugement d'adjudication est susceptible d'opposition, pourvu qu'elle ne soit pas fondée sur des nullités antérieures à l'adjudication; car, suivant les *articles* 733 et 735, il n'est plus temps d'attaquer la procédure. Mais, si l'opposition frappe sur des irrégularités du jugement lui-même, ou sur le fond du droit, elle serait écoutée: c'est ce qui arriverait, per exemple, si le nombre des feux prescrits n'avait pas été allumé pour l'adjudication, ou si le débiteur produisait une quittance de l'obligation qui a motivé la saisie.

Appel. Ceux qui soutiennent qu'on ne peut pas se pourvoir par l'opposition contre un jugement d'adjudication, interdisent également la voie de l'appel; ils disent que les délais qui s'écoulent depuis les différentes notifications au domicile du débiteur saisi, jusqu'à l'adjudication définitive, étant plus longs nécessairement que celui accordé pour l'appel, le saisi qui, pendant tout ce temps, s'est obstiné à ne pas se présenter, est non recevable à se pourvoir. Ils ajoutent qu'on ne doit pas considérer une saisie immobilière comme une instance où il s'agit de prononcer sur une contestation; dans celle-ci, on discute un droit; et dans l'autre, il s'agit seulement de forcer un débiteur de satisfaire à une obligation ou à une condamnation dont le titre n'est pas contesté.

On dit, d'autre part, que pour l'appel il ne faut pas calculer les délais qui s'écoulent avant le jugement; ils sont destinés à donner le temps au débiteur de se défendre, ou de mettre en usage toutes ses ressources pour éviter l'expropriation. Ces délais, quoique longs, n'ont aucun rapport avec la faculté d'interjeter appel; elle est générale, et s'applique à tous jugemens rendus en première instance. Pour que les jugemens d'adjudication ne fussent pas soumis à ce principe général, il faudrait qu'ils eussent été exceptés formellement.

On ne doit pas distinguer ces sortes de jugemens de tous ceux qui prononcent sur des contestations; car il n'en est pas une plus sérieuse que celle qui tend à priver quelqu'un de sa propriété. Sans doute qu'une pareille instance ne s'introduit qu'en vertu d'un titre exécutoire; mais ce caractère n'empêche pas que le titre ne puisse être contesté: ne peut-il pas être l'ouvrage d'un faussaire? ne peut-on pas opposer à celui qui veut s'en servir une quittance, une compensation, une fin de non-recevoir? Le jugement qui termine la saisie est donc susceptible d'appel, si l'objet excède 1,000 francs, comme tout jugement qui statue sur une demande introduite par un ajournement. Observez que cet appel n'est pas reçu, s'il porte sur des nullités antérieures au jugement d'adjudication; elles sont couvertes, suivant les *art.* 733 *et* 735.

TIERCE OPPOSITION. Anciennement, l'adjudication d'un immeuble se transmettait à l'acquéreur purgé de toutes sortes de droits, même de ceux de propriété. Mais le Code, à l'exemple de la loi de l'an 7, ayant décidé, *art.* 731, que l'adjudicataire ne peut avoir plus de droits sur l'immeuble que n'en avait le saisi, il en résulte que si, après l'adjudication définitive, des tiers non appelés dans l'instance de saisie avaient à réclamer contre ce jugement, ils seraient fondés à l'attaquer par tierce opposition.

Requête civile. Il suffit de jeter les yeux sur les ouvertures de requête pour sentir que la justice ne peut pas laisser subsister une adjudication qui, par exemple, serait le fruit du dol, ou aurait pour cause une pièce fausse, ou serait entachée d'un des vices qui permet la requête civile.

Prise a partie. Ce n'est pas le jugement qu'on attaque par cette voie; on y réclame des dommages-intérêts contre un juge ou un tribunal qui se trouve dans l'un des cas désignés par l'*art.* 505. Or, ces mêmes cas peuvent arriver dans la poursuite d'une saisie immobilière : l'action en prise à partie y serait donc valablement intentée, s'il y avait lieu.

Cassation. Il n'y a pas de jugement rendu en dernier ressort qui ne soit susceptible d'être attaqué par la voie de cassation, lorsqu'il est en contravention aux lois; par conséquent, l'adjudication définitive d'un immeuble faite en dernier ressort pourrait être dénoncée à la Cour de cassation.

Ce qu'il faut remarquer ici, c'est que presque toutes les formalités de la saisie immobilière sont prescrites à peine de nullité. Si donc quelqu'une avait été omise lors du jugement d'adjudication rendu en dernier ressort, il en résulterait un moyen de requête civile qui exclurait la cassation;

car cette dernière voie n'est pas permise quand une des autres est ouverte.

*Quest. VI.* L'inobservation des formalités prescrites à peine de nullité pour la poursuite de saisie immobilière entraîne-t-elle la nullité de toute la procédure, ou seulement celle de l'acte dans lequel la formalité est omise ?

Ce qui donne du doute, c'est que cette peine de nullité n'a point été appliquée séparément à chaque formalité ; elle est prononcée par une seule disposition, qui forme l'*article* 717, où se trouvent relatés simplement les articles auxquels elle convient. Ne semble-t-il pas que l'inobservation de l'une ou de l'autre des formalités comprises dans cette disposition unique doive produire le même effet de nullité ? Or, cet effet étant indiqué d'une manière générale, on peut croire que généralement toute la procédure est nulle, quand arrive l'un des cas de nullité.

Toute rigoureuse que soit la loi, à l'égard des formalités qu'elle exige en matière de saisie immobilière, elle a eu seulement l'intention de mettre à couvert tantôt les intérêts des débiteurs, et tantôt ceux des créanciers. Il faut donc, dans chaque acte de procédure, considérer à quelle partie il doit servir ; et s'il y est omis une formalité prescrite à peine de nullité, cette partie seule a droit de faire déclarer l'acte nul, ainsi que ce qui en a été la conséquence : on sent que son droit ne va pas plus loin. Il serait trop déraisonnable de supposer que la nullité d'un acte de procédure dût nécessairement entraîner la nullité de tous les autres actes qui ont précédé et en sont indépendans. Certes, alors les législateurs, qui ont voulu rendre la poursuite des saisies immobilières plus simple et plus rapide, se seraient étrangement éloignés de leur but.

Ainsi, encore bien que toutes les nullités relatives à la saisie immobilière ayent été prononcées par un seul article, elles n'en doivent pas moins être considérées isolément, comme si chacun des articles dénoncés dans l'*article* 717 contenait particulièrement la disposition pénale. En conséquence, l'effet d'une nullité s'étend plus ou moins, selon l'acte qu'affecte la formalité omise. Si elle se rencontre, par exemple, dans une des publications, ou une des adjudications, la publication ou l'adjudication viciée est le seul acte où commence la nullité, qui ne remonte pas, mais s'étend à tout ce qui en est la suite, selon cet axiôme : *Quod nullum est, nullum producit effectum.*

## ARTICLE V.

### *De la Surenchère sur Vente judiciaire.*

En général, une surenchère est une enchère dont le prix est plus élevé que celui d'une enchère précédente ; mais, en terme de droit, on nomme *surenchère*, une enchère mise sur le prix auquel un immeuble est adjugé définitivement en justice, ou vendu par acte fait à l'amiable. De là deux sortes de surenchères ; celle sur vente judiciaire, et celle sur vente volontaire. On ne peut pas parler de cette dernière dans un Traité des Saisies ; nous n'avons donc à nous occuper ici que de la surenchère sur vente judiciaire.

Dans la huitaine qui suit le jour où l'adjudication définitive est prononcée, il est libre à toute personne qui avait droit de se rendre adjudicataire, de former une surenchère. *Art.* 710.

A cet effet, elle se transporte en personne, ou

par un fondé de pouvoir spécial, et assistée d'un avoué, au greffe du tribunal où la vente s'est faite; par un acte qui y est reçu, elle déclare qu'elle surenchérit l'immeuble adjugé définitivement; si cet acte est fait en vertu d'une procuration, elle doit y rester annexée. *Ibid.*

Pour vaquer à cette déclaration, l'avoué, soit qu'il assiste seulement au greffe la partie, soit qu'il ait lui-même le pouvoir spécial pour surenchérir, est payé, savoir : à Paris et dans les quatre autres villes du premier ordre, 15 fr.

Dans les villes du second ordre, un dixième de moins, ci 13 fr. 50 c.

Et partout ailleurs, 11 fr. 25 c. *Tarif, art.* 115; *Décret, art.* 2 et 3.

Pour que la surenchère soit valable, non seulement, comme nous l'avons dit, il faut qu'elle soit faite dans la huitaine du jour de l'adjudication définitive, mais encore elle doit contenir offre de payer l'immeuble, au moins un quart de plus que le prix principal pour lequel il a été vendu. Ce n'est qu'en considération d'une augmentation aussi importante, que l'adjudication définitive reste sans exécution. *Ibid.*

Si plusieurs personnes, pendant le délai de huitaine, se présentaient au greffe pour surenchérir, il nous semble que la préférence serait accordée à celle qui aurait offert le prix le plus considérable. Si plusieurs surenchérisseurs avaient offert la même augmentation, ils seraient admis par concurrence à la nouvelle adjudication qui aura lieu.

Une autre condition, sans laquelle la surenchère serait nulle, est qu'il faut la dénoncer dans les vingt-quatre heures de sa date, aux avoués de l'adjudicataire, du poursuivant, et de la partie saisie, si elle en a un en cause; sinon, on est dispensé de lui faire la dénonciation. *Art.* 711.

Ainsi, l'avoué qui a présenté le surenchérisseur au greffe, ou qui a été chargé de surenchérir, doit, dans les vingt-quatre heures, signifier la surenchère aux trois autres avoués, par un simple acte contenant avenir à la prochaine audience, sans autre procédure. *Art.* 711.

Pour l'acte de cette dénonciation, il est alloué à l'avoué du surenchérisseur, à Paris, et dans les quatre villes assimilées, 1 fr.

Dans les villes du second ordre, un dixième de moins, 90 c.

Partout ailleurs, 75 c. *Tarif, art.* 116; *Décret, art.* 2 *et* 3.

Cette sorte de citation a pour but de faire une nouvelle adjudication, à laquelle ne sont admis que l'adjudicataire et le surenchérisseur; c'est pourquoi il n'y a lieu à aucun retard, et il n'est besoin ni de publications, ni d'annonces, ni de placards. *Art.* 712.

Au jour indiqué pour l'audience, les formalités des bougies sont observées comme on les a expliquées pour les adjudications préparatoires et définitives. Les enchères n'y sont reçues également que par le ministère des avoués; la seule différence est que, pour concourir à cette dernière adjudication, on ne doit admettre que l'adjudicataire et le surenchérisseur.

Quand le nombre des feux prescrits s'est éteint sans enchère, l'adjudication est prononcée au profit de celui des concurrens dont l'avoué est resté le dernier enchérisseur.

Les nouvelles enchères et le jugement de la

nouvelle adjudication sont écrits à la suite de l'adjudication définitive, sur le cahier de charges.

Les effets de l'adjudication par surenchère sont les mêmes que ceux de l'adjudication définitive. La minute du jugement d'adjudication par surenchère, n'est autre que la copie du cahier des charges, sur lequel ont été constatées les différentes circonstances qui se sont passées à l'audience ; on y ajoute de même l'injonction à la partie saisie de délaisser la possession de l'immeuble aussitôt que le jugement lui aura été signifié.

Pareillement, la délivrance du jugement d'adjudication par surenchère, ne sera faite que sur la preuve fournie par le nouvel adjudicataire, qu'il a satisfait à toutes les conditions du cahier des charges.

Enfin, si, dans les vingt jours de la nouvelle adjudication, celui au profit de qui elle a été prononcée est en retard de justifier de l'exécution d'une seule des conditions du cahier des charges, il y peut être contraint par la voie de la folle enchère, indépendamment des autres voies de droit, ainsi que tout cela a été expliqué pour l'adjudication définitive.

Observez à cet égard que si le surenchérisseur était devenu adjudicataire, et qu'on fût obligé de prendre contre lui la voie de la folle enchère, il serait tenu par corps de la différence qu'il y aurait entre son prix et celui de la vente. *Ibid.*

*Quest. I.* Un avoué a reçu pouvoir d'enchérir un immeuble jusqu'à 100,000 francs. Il n'a pas pu se trouver à l'audience le jour de l'adjudication définitive, qui s'est faite pour le prix de 75,000 francs. Voulant réparer le temps perdu, il fait, au nom de son commettant, une surenchère qu'il porte à 100,000 francs, ce qui augmente d'un quart le prix de la vente. On demande si le pouvoir d'enchérir qu'avait reçu cet avoué est suffisant pour qu'il soit reçu à surenchérir.

Les uns disent que l'*art.* 710 n'admet de surenchère que quand elle est signée par la partie elle-même, ou par un fondé de procuration spéciale ; ce qui s'entend certainement d'une procuration où le cas de la surenchère est prévu. Si donc le pouvoir qu'a reçu l'avoué ne l'autorise qu'à enchérir lors de l'adjudication définitive, il n'est pas recevable à surenchérir, parce qu'il n'est pas alors porteur d'une procuration spéciale.

Celui qui a déterminé la somme pour laquelle il consent d'acquérir a aussi déterminé le temps au-delà duquel il ne veut plus être engagé par l'effet des pouvoirs qu'il a donnés : ce temps est limité à l'adjudication définitive, après laquelle sa procuration n'a plus de force.

D'autres soutiennent qu'en exigeant un pouvoir spécial, la loi veut seulement s'assurer que la surenchère n'est pas formée légèrement, et que le prix qui y est énoncé est réellement consenti par la partie représentée. Ce qui prouve que la procuration est exigée sous le seul rapport de la garantie, et non pas pour soumettre la surenchère à une formalité, c'est qu'il n'est pas dit que le pouvoir sera authentique. Il suffit donc qu'il exprime spécialement l'autorisation d'acquérir l'immeuble, moyennant le prix fixé par le commettant.

A l'égard de la durée de la procuration, elle s'étend jusqu'au moment où il n'est plus possible d'en faire usage, à moins que l'époque n'y soit formellement déterminée. Or, acquérir huit jours plus tôt ou plus tard, par une enchère mise le jour de l'adjudication définitive, ou par forme de surenchère, c'est chose parfaitement indifférente pour l'acquéreur.

De cette discussion il suit que, pour éviter toute difficulté, les avoués agiront prudemment en faisant comprendre, dans les pouvoirs qui leur seront donnés, le cas de la surenchère.

*Quest. II.* Il était indifférent, avant le Code judiciaire, que plusieurs surenchères se présentassent à la fois, parce que l'immeuble était remis en vente pour le public, comme lors de l'adjudication définitive. Aujourd'hui, par l'effet de la surenchère, celui par qui elle est proposée et l'adjudicataire sont les seuls entre lesquels la concurrence est établie. Si donc un immeuble, soit qu'il ait été adjugé à bas prix, soit qu'il se trouve recherché par différentes personnes qui n'ont pas pu envoyer plus tôt des pouvoirs, est frappé de plusieurs surenchères, seront-elles reçues, et que résultera-t-il de leur concurrence?

On ne doute pas que le greffier ne doive recevoir la déclaration des différens surenchérisseurs, dès qu'ils satisfont aux dispositions de l'*article* 710. Il en peut résulter un avantage, tant pour les créanciers que pour le débiteur lui-même, parce que cette concurrence peut faire monter l'immeuble à une somme plus forte. En effet, lorsqu'un surenchérisseur se présente, et que déjà il existe une surenchère, il peut être tenté d'offrir un prix plus considérable que celui proposé avant lui.

Mais chaque surenchérisseur ayant dénoncé dans les vingt-quatre heures son offre à l'adjudicataire, au saisissant et à la partie saisie, avec provocation pour l'audience prochaine, quel parti doit prendre le tribunal à l'égard de ces divers surenchérisseurs? La difficulté vient de ce que la concurrence pendant les feux qu'il faut allumer de nouveau n'est admise, suivant l'*art.* 712, qu'entre l'adjudicataire et le surenchérisseur. Le cas de plusieurs surenchérisseurs n'est pas prévu; faudra-t-il les admettre tous, ou bien seulement celui dont la surenchère est la plus élevée? et que faudra-t-il faire si les différens surenchérisseurs ont offert le même prix?

Quelques personnes pensent que la loi ne voulant que deux concurrens, l'adjudicataire et un surenchérisseur, on ne doit admettre que celui dont l'enchère est la plus forte; par ce moyen, on se conforme à l'*art.* 712, et on fait l'avantage des créanciers et du débiteur. Si les divers surenchérisseurs avaient tous offert le même prix, ceux du même sentiment, croient que, pour n'avoir qu'un concurrent avec l'adjudicataire, il faut donner la préférence au surenchérisseur qui est le premier en date.

Il est d'autres jurisconsultes qui, considérant la surenchère comme un moyen de s'assurer que l'immeuble est vendu au prix le plus avantageux, veulent qu'on admette en concurrence tous les surenchérisseurs, sans distinguer s'ils ont offert le même prix ou des prix différens. Ce parti leur paraît conforme au but qu'on s'est proposé en établissant la surenchère, et il doit nécessairement faire le plus grand avantage des créanciers et du débiteur. D'un autre côté, il n'a rien de contraire à la disposition de la loi : elle autorise toute personne quelconque à surenchérir, et elle dit que la vente se fera entre l'adjudicataire et l'enchérisseur ; donc elle entend que toute personne qui surenchérit soit admise à la vente.

On objecte cependant que, si l'avantage des créanciers et du débiteur eût déterminé principalement la loi, elle aurait fait participer le public aux feux allumés par la surenchère : elle en a ordonné autrement, par égard pour l'adjudication définitive, qui ne peut pas être légèrement détruite. Voilà pourquoi, dit-on, les formes de la surenchère sont rigoureuses, et que l'adjudicataire ne doit pas avoir plus d'un seul concurrent.

Pour entendre la réponse, il faut se rappeler que, dans la législation qui a précédé le Code, on abusait de la faculté de surenchérir, en la faisant exercer par un créancier évidemment dépourvu de tous moyens d'acquérir. On ne voulait que remettre l'immeuble en vente, pour prolonger les poursuites, ou pour retarder le moment de l'expropriation : en effet, on recommençait les affiches, et autres formalités coûteuses et propres à occasionner du retard, comme avant l'adjudication définitive. Afin de ne pas tomber dans les mêmes inconvéniens, il fallait supprimer la surenchère, ou la régulariser de manière qu'elle ne fût pas ruineuse. Tel est le sens qu'il faut chercher dans l'*article* 712. Il n'en coûte rien de plus de mettre en concurrence avec l'adjudicataire tous les surenchérisseurs, au lieu d'un seul ; et néanmoins cette mesure est utile. Celui qui, lui-même, ou par un fondé de pouvoir spécial, a fait au greffe sa soumission de payer l'immeuble au moins un quart de plus que l'adjudicataire, mérite seul d'en devenir le concurrent : on ne craint pas qu'il ait prêté son nom pour donner lieu à de nouveaux frais ; car, il ne s'en fait aucun, et il est personnellement responsable de l'obligation qu'il a contractée au greffe. Ces mêmes réflexions conviennent à tous les surenchérisseurs ; ils ont sérieusement et personnellement offert d'acquérir l'immeuble plus chèrement que n'a fait l'adjudicataire ; ils ont donc tous un droit égal à concourir avec lui ; il n'en peut résulter aucune espèce d'inconvénient ; et les créanciers ainsi que le débiteur peuvent trouver de l'avantage dans cette concurrence.

*Quest. III.* Si le surenchérisseur à qui l'immeuble est adjugé ne remplit pas les conditions de la vente dans les vingt jours, comme y est obligé tout adjudicataire, ainsi qu'on le verra par la suite, il est, suivant l'*article* 712, contraignable par la voie de la folle enchère : l'immeuble, alors, est-il revendu à l'audience, ou bien appartient-il de droit à l'adjudicataire ?

Par l'adjudication définitive, dit-on d'un côté, celui au profit de qui elle a été prononcée a un droit acquis, sous la seule condition qu'aucune surenchère ne surviendra : observez en outre que, si l'événement arrive, son droit n'est pas éteint ; cet adjudicataire est seulement mis en concurrence avec le surenchérisseur, de manière qu'aucune autre personne n'y est admise. Par conséquent, l'immeuble appartient exclusivement à l'un ou à l'autre ; les feux qui seront allumés ne serviront qu'à déterminer celui auquel échoira la possession de l'objet déjà vendu. C'est à peu près comme les licitations qui se font entre deux héritiers ou deux associés, dans les cas où ils conviennent que toute enchère étrangère ne sera pas reçue ; la propriété de la chose licitée tombe essentiellement à l'un, au défaut de l'autre.

Lors donc que le surenchérisseur ne satisfait pas dans les vingt jours aux conditions de l'adjudication qui lui est faite, il est déclaré avoir fait une folle enchère; il perd son droit sur l'immeuble, et est tenu, par corps, de l'excédent de prix qu'il a follement offert. Si c'était un adjudicataire qui fût ainsi en défaut, l'immeuble serait remis en vente, parce que personne ne se trouverait y avoir droit. Mais, dans le cas dont il s'agit, l'un des deux concurrens ayant perdu son droit, l'autre reste maître de l'objet qu'il devient inutile de revendre; ce serait même attenter à la propriété de l'adjudicataire. La seule cause qui tenait en suspens l'effet de son acquisition n'existant plus, rien ne peut le priver de l'immeuble.

D'autre part, on observe que, d'après *l'article* 712, le surenchérisseur peut tomber dans le cas de la folle enchère; ce qui veut dire, suivant l'*art.* 737, que, faute d'exécuter les clauses de l'adjudication, le bien sera vendu sur lui, comme fol enchérisseur. Cette décision est conforme au principe établi par l'*art.* 707, où on voit que l'enchérisseur cesse d'être obligé, si son enchère est couverte par une autre enchère, lors même que cette dernière serait déclarée nulle. L'adjudicataire est donc un enchérisseur qui reste obligé tant qu'il ne survient pas de surenchère; mais dès que le prix qu'il a promis est couvert par une autre offre, il est de plein droit déchargé de l'obligation d'acquérir. Par une suite nécessaire, il ne peut plus avoir de droits sur l'immeuble, puisqu'on ne pourrait pas le forcer à en devenir propriétaire.

Cependant, si l'adjudicataire n'a plus de droits sur l'immeuble, pourquoi l'admet-on seul à concourir avec le surenchérisseur? C'est un avantage que lui accorde la loi, et dont il peut user, si bon lui semble : elle pourrait décider que le surenchérisseur devient de plein droit acquéreur, en le considérant comme le dernier et plus offrant; mais elle a cru plus convenable d'adjuger l'immeuble au surenchérisseur, dans le cas seulement où l'adjudicataire ne proposerait pas un prix plus élevé que celui porté dans la surenchère. Voilà pourquoi une concurrence a été établie entre eux deux ; ce qui n'empêche pas que le surenchérisseur ne soit le seul obligé de payer pour l'immeuble le prix qu'il a offert, si l'adjudicataire, d'ailleurs pleinement déchargé, ne croit pas devoir couvrir la surenchère, et par là contracter un nouvel engagement.

Dans cette dernière opinion, il faut conclure que l'immeuble étant adjugé au surenchérisseur, son concurrent est essentiellement déchargé de ses offres, même de celles qui avaient été consacrées par l'adjudication définitive. Dès-lors, si le surenchérisseur tombe dans le cas de la folle enchère, il n'y a personne à qui l'immeuble appartienne; par conséquent, il devient nécessaire de revendre l'immeuble publiquement sur le fol enchérisseur, qui est tenu, par corps, de la différence qu'il peut y avoir entre son prix et celui de la vente nouvelle qui aura lieu. On voit, par cette explication, que la concurrence établie entre l'adjudicataire et le surenchérisseur ne peut pas se comparer à celle qui a lieu entre des colicitans.

## ARTICLE VI.

## *Modèles pour la Saisie immobilière.*

### §. I.

### *Commandement préalable.*

L'huissier copie d'abord le titre exécutoire en vertu duquel il instrumente ; il dresse à la suite le commandement comme il suit :

« L'an mil huit cent cinq, le cinq novembre, en vertu de l'obligation ci-dessus transcrite, et à la requête du sieur Etienne M...., propriétaire, demeurant à Paris, rue Saint Sauveur, n°. 18 ; moi, François G...., huissier reçu au tribunal civil de Melun, département de Seine et Marne, y demeurant, rue du Vieux Port, n°. 57, j'ai fait commandement au sieur Benoist D..., marchand papetier, demeurant à Melun, rue de l'Arquebuse, n°. 9, en parlant, dans son domicile, à une femme qui m'a dit être son épouse, de présentement payer audit sieur M..., ou à moi, huissier, porteur des pièces, la somme de deux mille six cents francs, pour les causes énoncées en l'obligation ci-dessus transcrite, sans préjudice d'autres dus, droits, actions, intérêts et frais d'exécution.

» Ledit sieur D..., en parlant comme il est dit ci-dessus, ayant refusé de payer ladite somme de deux mille six cents francs, je lui ai déclaré qu'il serait procédé à la saisie de ses immeubles, à la requête dudit sieur M....

» A cet effet, le requérant élit domicile en cette ville de Melun, chez M^e. P..., avoué au tribunal civil, rue des Boules, n°. 5.

» Après avoir laissé copie du présent commandement au domicile dudit sieur D...., en parlant à la dame son épouse, j'ai porté une seconde copie à M. le maire de Melun, qui a visé l'original.

» Le coût du présent commandement est de .... » *Signé* G..., huissier.

» Visé par nous, maire de la ville de Melun, département de Seine et Marne, le présent original, dont copie nous a été remise.

» A Melun, ce cinq novembre mil huit cent cinq. *Signé* L...., maire.

Le commandement est compris dans les exploits de première classe, et taxé par conséquent,

Pour Paris, Lyon, Bordeaux, Rouen et Bruxelles, à 2 fr. 20 c.

Pour les autres villes ayant Cour d'appel, ou population excédant 30,000 ames, 1 fr. 98 c.

Partout ailleurs, 1 fr. 50 cent. *Tarif, art.* 29; *Décret, art.* 2 et 3.

## §. II.

### *Procès verbal de la Saisie Immobilière.*

« L'an mil huit cent cinq, le huit décembre, en vertu d'une obligation passée devant R.... et son confrère, notaires à Paris, le deux octobre mil huit cent un, étant en forme exécutoire, et à la requête du sieur Etienne M...., propriétaire, demeurant à Paris, rue Saint Sauveur, n°. 18, en continuant les poursuites commencées, par exploit de G..., huissier, le cinq novembre dernier, portant commandement au sieur Benoist D...., marchand papetier, demeurant à Melun, département de Seine et Marne, rue de l'Arquebuse, n°. 9, de payer audit sieur M....

la somme de deux mille six cents francs, sans préjudice d'autres dus, droits, actions et frais d'exécution, pour les causes énoncées en l'obligation ci-dessus mentionnée ; moi, Joseph A..., huissier reçu au tribunal civil d'Amiens, département de la Somme, y demeurant, rue de l'Oursine, faute par ledit sieur D...., d'avoir payé audit sieur M.... ladite somme, je me suis transporté en une maison sise en ladite ville d'Amiens, faubourg du Nord, rue des Deux Portes, n°. 29, où pend l'enseigne du *Grand Vainqueur*.

» Cette maison consiste en deux chambres par bas, éclairées sur la rue ; une porte charretière ; un portail conduisant à une cour pavée, autour de laquelle sont divers bâtimens formant, à droite, une écurie ; en face, des hangards et remises ; et à gauche, une grange. Au milieu de la cour est un puits. Le premier étage est composé de quatre chambres prenant leur jour sur la rue ; au dessus des bâtimens de la cour sont des greniers.

» Ladite maison tient, d'orient, à la rue où elle a son entrée ; d'occident, à la maison du sieur E..., perruquier à Amiens, et à celle du sieur B...., marchand épicier à Amiens ; au midi, ladite maison est bornée par l'ancien cimetière de la paroisse Saint Nicolas, et au nord, par un jardin appartenant aux mineurs F..., demeurant à Beauvais, département de l'Oise. Sur la matrice du rôle des impositions foncières de la commune d'Amiens, pour l'an mil huit cent cinq, ladite maison est imposée comme il suit :

» Maison où pend l'enseigne du *Grand*

*Vainqueur*, sise rue des Deux Portes, faubourg du Nord, appartenant au sieur D.... ; de Melun, dont le revenu est évalué six cents francs, imposée à trente francs.

» Etant dans ladite maison, occupée à titre de bail par le sieur C..., aubergiste, je l'ai saisie et mise sous la main de justice, comme appartenant audit sieur D...., en toute propriété, telle qu'elle se comporte et sans en rien réserver ; pour, faute de paiement de ladite somme de deux mille six cents francs, sans préjudice de ce qui est ci-dessus dit, être ladite maison vendue, par expropriation forcée, à l'audience du tribunal de première instance, séant à Amiens, après que les formalités exigées par la loi auront été observées, à la diligence de Me. N..., avoué, qui occupera pour le requérant.

» Une copie du présent procès verbal a été par moi remise à Me. H...., greffier du juge de paix du premier arrondissement de la commune d'Amiens, lequel a visé l'original.

» Une autre copie a été également par moi remise à Mr O....., adjoint du maire de la commune d'Amiens, lequel a aussi visé l'original.

» Le coût du présent procès verbal, auquel j'ai vaqué depuis dix heures du matin jusqu'à midi, est de ..... *Signé* A...., huissier.

» Visé par moi, greffier du juge de paix du premier arrondissement de la commune d'Amiens, le présent original de saisie, dont copie m'a été laissée. Ce neuf décembre mil huit cent cinq. *Signé* H..., greffier.

» Visé par nous, adjoint du maire de la commune d'Amiens, le présent original de saisie, dont copie nous a été remise ; ce dix décembre mil huit cent cinq.

*Signé* O...., adjoint du maire. »

Entre le commandement préalable et la saisie, il s'est écoulé, comme on le voit, plus de trente jours, ainsi que la loi l'exige.

La première vacation, qui est de trois heures, pour dresser un procès verbal de saisie immobilière, y compris l'original de l'exploit, est taxée, à Paris, Lyon, Bordeaux, Rouen et Bruxelles, 6 fr.

Dans les autres villes qui ont une Cour d'appel, ou une population au-dessus de 30,000 ames, un dixième de moins, ci 5 fr. 40 c.

Partout ailleurs, 5 fr.

Pour chacune des autres vacations, qui sont aussi de trois heures, il est alloué de plus à l'huissier, dans Paris, et autres villes qui lui sont assimilées, 5 fr.

Dans les villes du second ordre, énoncées ci-dessus, un dixième de moins, 4 fr. 50 c.

Partout ailleurs, 4 fr.

Observez que l'huissier, en pareille opération, n'est point assisté de témoins.

Pour chacune des copies du procès verbal de saisie immobilière, qu'il faut laisser au greffier du juge de-paix, et au maire ou adjoint, il est alloué le quart de l'original. *Tarif*, *art.* 47 ; *Décret*, *art.* 2 et 3.

## §. III.

### *Mention des Transcriptions sur l'original de la Saisie.*

Le procès verbal de la saisie doit être transcrit en entier sur le registre du conservateur des hypothèques ; et, sur l'original de cet exploit, le conservateur doit faire mention de cette formalité en ces termes :

» Présenté au bureau de la conservation des hypothèques, à Amiens, le dix décembre mil huit cent cinq, à dix heures du matin.

*Signé* I...., conservateur. »

Sur l'original des saisies qui lui sont présentées postérieurement à la première, le conservateur met la mention suivante :

» La présente saisie n'a point été enregistrée au bureau de la conservation des hypothèques, à Amiens, à cause d'une précédente saisie faite des mêmes biens, sur le sieur D..., marchand papetier, demeurant à Melun, département de Seine et Marne, rue de l'Arquebuse, n°. 9, à la requête du sieur Etienne M..., propriétaire, demeurant à Paris, rue Saint Sauveur, n°. 18, et par exploit de A...., huissier, en date du 8 décembre mil huit cent cinq. Cette première saisie a été présentée en ce bureau des hypothèques, à la date du dix du même mois, à dix heures du matin, et a été transcrite au registre 3, folio 8. Il y est dit que ladite saisie est portée au tribunal de première instance, séant à Amiens, où le saisissant a constitué Me. N.... pour son avoué.

» *Signé* I...., conservateur. »

Si l'une des saisies présentées postérieurement était plus ample que la première, elle serait transcrite pour les objets excédens ; et le refus ne tomberait que sur ceux déjà saisis ; ce qui serait exprimé ainsi :

» La présente saisie n'a été transcrite au bureau des hypothèques, à Amiens, à la date de sa présentation, au registre 3, folio 19, que pour ce qui concerne le jardin situé à Amiens, rue des Amandiers, n°. 17; à l'égard de la maison où pend l'enseigne du *Grand Vainqueur*, ladite saisie a été refusée, à cause d'une précédente faite des mêmes objets, sur le sieur D..., etc. ».

Le surplus du refus s'énoncé comme dans l'exemple précédent.

A l'égard de la transcription qui est faite au greffe du tribunal, la loi n'exige pas que mention en soit faite sur l'original du procès verbal de saisie; mais elle est nécessaire pour prouver que la formalité a été remplie. En conséquence, il suffit de la rédiger ainsi :

» La présente saisie a été transcrite au greffe du tribunal de première instance d'Amiens, ce vingt-deux décembre mil huit cent cinq.

» *Signé* K..., greffier. ».

Pour faire opérer la transcription de la saisie immobilière au bureau des hypothèques, et au greffe du tribunal où se doit faire la vente, il est alloué à l'avoué, pour chaque transcription, une vacation taxée à Paris, et autres villes qui lui sont assimilées, 6 fr.

Dans les autres villes ayant Cour d'appel, ou population excédant 30,000 ames, un dixième de moins, ci 5 fr. 40 c.

Partout ailleurs, 4 fr. 50 c. *Tarif*, *art.* 102; *Décret*, *art.* 2 et 3.

## §. IV.

### *Dénonciation de la Saisie immobilière.*

L'huissier commence par copier le procès verbal de saisie, avec les visa et les mentions des transcriptions faites tant au bureau des hypothèques, qu'au greffe du tribunal; après quoi, il dresse ainsi son exploit de dénonciation.

» L'an mil huit cent six, le onze février; à la requête du sieur Etienne M..., propriétaire, demeurant à Paris, rue Saint Sauveur, n°. 18; moi, François G..., huissier reçu au tribunal civil de Melun, département de Seine et Marne, y demeurant, rue du Vieux Port, n°. 37, j'ai dénoncé au sieur Benoist D...., marchand papetier, demeurant à Melun, rue de l'Arquebuse, n°. 9, l'acte ci-dessus transcrit contenant la saisie immobilière faite sur lui par exploit de A...., en date du huit décembre présente année, d'une maison sise à Amiens, département de la Somme, rue des Deux Portes, n° 29, faubourg du Nord, et où pend l'enseigne du *Grand Vainqueur*.

» En conséquence, j'ai déclaré audit sieur D...., 1°. qu'il est établi par la loi séquestre judiciaire de ladite maison et dépendances; 2°. que la première publication aura lieu à l'audience du même tribunal, le 18 mars prochain.

» Copie tant du procès verbal de la saisie ci-dessus mentionnée, que de la présente dénonciation, a été laissée par moi au domicile dudit sieur D..., en parlant à une fille qui m'a dit être sa domestique.

» L'original du présent acte a été visé par Mr. Q...., maire de la ville de Melun.

» Le coût du présent acte est de....

*Signé* A..., huissier.

» Visé par nous, maire de la ville de Melun, le présent original d'exploit. A Melun, ce douze février mil huit cent six. *Signé* Q..., maire.

» La présente dénonciation a été enregistrée au bureau des hypothèques, à Amiens, et mention en a été faite en marge de la transcription qui a été effectuée, de la saisie immobilière dont il s'agit, le dix décembre dernier, sur le registre 3, folio 8.

» Fait à Amiens, ce vingt-quatre février mil huit cent six. *Signé* I..., conservateur. »

Pour une pareille dénonciation, il est alloué à l'huissier, dans Paris, Lyon, Bordeaux, Rouen et Bruxelles, 2 fr. 50 c.

Dans les autres villes ayant Cour d'appel, ou population excédant 30,000 ames, un dixième de moins, ci 2 fr. 25 c.

Partout ailleurs, 2 fr.

Pour la copie de cette dénonciation, le quart de l'original. *Tarif, art.* 49; *Décret, art.* 2 et 3.

Pour faire enregistrer la dénonciation de la saisie immobilière, dans le bureau des hypothèques, il est alloué à l'avoué une vacation, taxée, dans Paris et les quatre villes qui lui sont assimilées, 6 fr.

Un dixième de moins dans les villes du second ordre, c'est-à-dire, ayant Cour d'appel, ou population excédant 30,000 ames, ci 5 fr. 40 cent.

Partout ailleurs, 4 fr. 50 cent. *Tarif, art.* 103; *Décret, art.* 2 et 3.

## § V.

## *Annonces et Placards.*

MAISON A VENDRE PAR EXPROPRIATION FORCÉE.

« Cette maison est sise à Amiens, département de la Somme, rue des Deux Portes, n°. 29, faubourg du Nord; elle a pour enseigne le *Grand Vainqueur*, et est louée au citoyen C...., aubergiste.

» La saisie en a été faite sur le sieur Benoît D..., marchand papetier, demeurant à Melun, département de Seine et Marne, rue de l'Arquebuse, n°. 9, par exploit de A..., huissier, le huit décembre mil huit cent cinq, à la requête du sieur Etienne, M..., propriétaire, demeurant à Paris, rue Saint Sauveur, n°. 18.

» Une copie de l'exploit de saisie a été remise au greffier du juge de paix du premier arrondissement de la ville d'Amiens ; et une autre copie à M. O..., adjoint du maire de la même ville.

» Cette saisie a été transcrite au bureau de la conservation des hyothèques à Amiens, le dix du même mois de décembre, registre 3, folio 8.

» Pareille transcription a été faite au greffe du tribunal de première instance d'Amiens, le vingt-deux du même mois.

» La première publication aura lieu à l'audience des criées du même tribunal, le dix-huit mars prochain.

» Me. N..., avoué, demeurant à Amiens, rue de l'Horloge, n°. 8, est chargé d'occuper pour le saisissant. »

Quand cette annonce est portée, par le greffier, au tableau de l'auditoire, il met au bas :

« Le présent extrait a été exposé au tableau, dans l'auditoire du tribunal, ce vingt-cinq décembre mil huit cent cinq.

*Signé* K...., greffier. »

La même annonce est mise dans les journaux, par les soins du poursuivant.

C'est aussi cette annonce qui est imprimée en forme de placards.

Quand il s'agit d'une seconde annonce à insérer dans les journaux, au lieu du jour de la première publication, on indique celui de l'adjudication préparatoire, en ces termes :

« L'adjudication préparatoire se fera à l'audience des criées du même tribunal, le quinze du présent mois de mai, sur la mise à prix de douze mille francs. »

A l'égard de la troisième annonce, elle indique le jour de l'adjudication définitive, et le prix auquel a été faite l'adjudication préparatoire, comme il suit :

« L'adjudication définitive se fera à l'audience des criées du même tribunal, le huit juillet prochain, sur l'echère de quinze mille francs, prix de l'adjucation préparatoire. »

Ces mêmes additions ont lieu pour les seconds et troisièmes placards ; elles se font en écriture manuscrite sur chaque exemplaire imprimé.

Cet extrait du procès verbal de saisie doit être inséré au tableau de l'auditoire, par le greffier, auquel il doit être remis par l'avoué ; en conséquence, il est alloué à celui-ci,

Dans Paris et villes qui y sont assimilées, 6 fr.

Dans les villes du second ordre, un dixième de moins, ci 5 fr. 40 cent.

Partout ailleurs, 4 fr. 50 c.

Le même extrait doit être inséré plusieurs fois dans un journal, quand il s'en imprime dans le département ; pour chaque insertion, il est alloué à l'avoué,

Dans Paris, et les quatre villes du premier ordre, 2 fr.

Dans les villes du second ordre, 1 fr. 80 c.

Partout ailleurs, 1 fr. 50 c.

Un droit semblable est attribué à l'avoué, pour faire légaliser, par le maire, la signature de l'imprimeur, au bas d'un exemplaire du journal où s'est faite chaque insertion de l'extrait de la saisie.

Enfin, ce même extrait doit être imprimé et placardé ; or, pour l'original du placard envoyé à l'impression, et qui ne doit pas être grossoyé, il est alloué à l'avoué,

Dans Paris, et autres villes du premier ordre, 6 fr.

Dans les villes du second ordre, 5 fr. 40 c.

Partout ailleurs, 4 60 c.

Quoique l'affiche du placard doive se faire au moins à trois fois différentes, il n'est passé qu'un seul droit pour la rédaction de l'original envoyé à l'impression, parce qu'il ne doit passer en taxe qu'une seule impression, et que les additions qui se font chaque fois qu'on affiche, sont manuscrites. *Tarif, art.* 106 ; *Décret, art.* 2 et 3.

## §. VI.

### *Procès verbal d'Apposition de Placards.*

» L'an mil huit cent six, le treize février, à la requête du sieur M..., propriétaire, demeurant à Paris, rue Saint Sauveur, n°. 18 ; moi, Joseph A......, huissier reçu au tribunal civil d'Amiens, département de la Somme, y demeurant, rue de l'Oursine, déclare que le placard annexé au présent acte, a été, en ma présence, aujourd'hui, par Michel V....., afficheur, demeurant à Amiens, rue du Coq, affiché dans les différens lieux indiqués par la loi.

» De cette première apposition de placards, j'ai dressé le présent procès verbal, dont l'original a été visé par M. le maire de la commune d'Amiens.

» Le coût du présent acte est de. . . .

*Signé* A...., huissier.

» Visé par nous, maire de la commune d'Amiens, le présent original, ce treize février mil huit cent six. *Signé* R. . ., maire. »

A ce procès verbal doit être joint un exemplaire du placard, au bas duquel l'huissier fait la mention suivante :

« Le présent exemplaire des placards, pour la vente de la maison dont il y est parlé, a été annexé au procès verbal par moi dressé aujourd'hui treize février mil huit cent six, pour constater la première apposition desdits placards, dans l'arrondissement du tribunal civil d'Amiens.

» Fait à Amiens, lesdits jour et an.

*Signé* A. . ., huissier. »

Comme la loi veut que des placards soient apposés dans le lieu où demeure le saisi, il faut qu'un huissier, ayant droit d'exploiter à Melun, dresse un pareil procès verbal; et, quand il en sera à ces mots: *déclare que ce placard*, etc., il continuera en ces termes :

» Déclare que le placard annexé au présent acte a été, en ma présence, aujourd'hui, par Nicolas S..., afficheur, demeurant à Melun, rue Saint Lazare, affiché en la commune de Melun, dans les différens endroits indiqués par la loi, à raison du domicile du sieur Benoît D..., marchand papetier, demeurant dans ladite commune, rue de l'Arquebuse, n°. 9.

» De l'apposition desdites affiches, j'ai dressé le présent procès verbal, dont l'original a été visé par le maire de Melun.

*Signé* G...., huissier.

» Visé par nous, maire de la commune de Melun, le présent original, ce dix-sept février mil huit cent six. *Signé* Q..., maire. »

A ce procès verbal doit être joint un exemplaire du placard, au bas duquel l'huissier fait mention que ledit exemplaire a été annexé à son procès verbal, comme on vient de le dire plus haut.

Le procès verbal d'apposition des placards est taxé,

Pour Paris, et autres villes du premier ordre, 4 fr.

Dans les villes du second ordre, 3 fr. 60 c.

Partout ailleurs, 3 fr. *Tarif, art.* 50; *Décret, art.* 2 et 3.

## §. VII.

### *Notification du Procès verbal d'apposition d'affiches.*

L'huissier transcrit d'abord le placard, ensuite le procès verbal d'apposition à Amiens, et celui d'apposition à Melun; après quoi, il dresse son exploit comme il suit:

» L'an mil huit cent six, le dix-neuf février, à la requête du sieur Etienne M....., propriétaire, demeurant à Paris, rue Saint Sauveur, n°. 18; moi, François G...., huissier reçu au tribunal de Melun, département de Seine et Marne, y demeurant, rue du Vieux-Port, n°. 55, j'ai signifié et donné copie au sieur

Benoît D...., marchand papetier, demeurant à Melun, rue de l'Arquebuse, n°. 9, en parlant, dans son domicile, à une femme qui m'a dit être son épouse, 1°. du placard, dont copie est ci-dessus; 2°. d'un exploit également ci-dessus transcrit, fait par G..., huissier, en date du treize de ce mois, et contenant procès verbal de la première apposition dudit placard dans l'arrondissement du tribunal civil d'Amiens, aux lieux indiqués par la loi, en raison de la situation de l'objet saisi, et du tribunal où les poursuites sont faites; 3°. d'un autre exploit de moi, huissier, en date du dix-sept du présent mois, et constatant que la première apposition dudit placard a été faite dans la commune de Melun, aux lieux désignés par la loi, à raison du domicile de la partie saisie.

» En conséquence, j'ai laissé copie dudit placard, desdits procès verbaux et de la présente notification, audit sieur D..., en son domicile, et parlant comme dessus, afin qu'il n'en ignore.

» Le coût du présent acte est de....

*Signé* G...., huissier.

Cet exploit de notification est compris pour la taxe, dans ceux de première classe; ainsi, sans y comprendre les copies de pièces qui sont payées selon *l'art.* 28 du tarif, cette notification est taxée pour Paris et les quatre villes du premier ordre, à 2 fr. 20 c.

Pour les villes du second ordre, 1 fr. 98 c.

Partout ailleurs, 1 fr. 50 c.

La copie laissée à la partie saisie se paye le quart de l'original. *Tarif, art.* 29; *Décret, art.* 2 *et* 3.

## §. VIII.

### *Dénonciation aux Créanciers inscrits.*

Au bas d'un exemplaire imprimé du placard, l'huissier dresse son exploit de dénonciation, en ces termes :

« L'an mil huit cent six, le six mars, à la requête du sieur Etienne M..., propriétaire, demeurant à Paris ; moi, Joseph A..., huissier reçu au tribunal civil d'Amiens, département de la Somme, y demeurant rue de l'Oursine, je me suis transporté chez Mᵉ T..., avoué au tribunal civil d'Amiens, y demeurant rue des Trois Femmes, n. 7, en la demeure duquel a élu son domicile le sieur Grégoire Z..., marchand épicier, demeurant à Beauvais, département de l'Oise, par son inscription prise au bureau des hypothèques, à Amiens, sur le sieur Benoît D..., marchand papetier, demeurant à Melun, département de Seine et Marne ; j'y ai dénoncé audit sieur Z... le placard imprimé ci-dessus, contenant l'annonce de la saisie immobilière faite sur ledit sieur D..., par exploit de moi, huissier, en date du huit décembre dernier, et l'indication de la première publication, qui en sera faite à l'audience des criées du tribunal civil d'Amiens, le dix-huit du présent mois.

» En conséquence, avec copie du présent acte de dénonciation, j'ai laissé un exemplaire dudit placard imprimé audit sieur Z..., à sondit domicile élu, en parlant à un clerc dudit Mᵉ. T...

» Le coût du présent exploit est de. .. »

» *Signé* A...., huissier.

» La présente dénonciation a été enregistrée

au bureau de la conservation des hypothèques, à Amiens, le huit mars mil huit cent six.

» *Signé* I..., conservateur. »

Cette dénonciation est dans la classe des exploits de première classe, et la taxe en est en tout semblable à la notification dont le modèle est au paragraphe précédent. *ibid.*

A l'égard de l'enregistrement de la dénonciation dont il s'agit, dans le bureau des hypothèques, elle occasionne à l'avoué une vacation qui est taxée pour Paris et les quatre villes du premier ordre, 6 fr.

Pour les villes du second ordre, un dixième de moins, ci 5 fr. 40 c.

Par tout ailleurs, 4 fr. 50 c. *Tarif, art.* 108; *Décret, art.* 2 *et* 3.

## §. IX.

### *Cahier des Charges.*

» Me. N..., avoué du sieur Étienne M., propriétaire, demeurant à Paris, rue Saint Sauveur, no 8, déclare que ledit sieur M... est créancier du sieur Benoît D..., marchand papetier, demeurant à Melun, département de Seine et Marne, no 9, pour une somme de deux mille six cents francs, en vertu d'une obligation passée devant notaires à Paris, le deux octobre mil huit cent un.

» En conséquence, il a fait faire, par exploit du cinq novembre dernier, commandement préalable au dit sieur D.... de payer ladite somme, sans préjudice des autres dus, droits, actions, intérêts et frais d'exécution.

» Par procès verbal de A..., huissier en date du huit décembre dernier, il a fait saisir sur ledit sieur D..., une maison sise à Amiens, département de la Somme, rue des Deux Portes, n° 29, faubourg du Nord, et où pend l'enseigne du *Grand Vainqueur*.

» Le sept février dernier a été rendu un jugement au tribunal de première instance, séant à Amiens, entre le poursuivant et le sieur *Z....*, marchand épicier à Beauvais, Département de l'Oise, créancier inscrit sur la dite maison, au bureau des hypothèques, à Amiens, d'une part; contre ledit sieur D..., d'autre part: ce jugement duement signifié par exploit du dix du même mois, déclare ladite saisie bonne et valable, et ordonne la continuation des poursuites avec dépens.

» Pour continuer les procédures commencées, ledit Me N... enchérit la propriété entière de ladite maison, circonstances et dépendances, sans en rien excepter, pour être prise par l'adjudicataire dans l'état où elle se trouvera lors de l'adjudication, et en outre aux charges et conditions suivantes:

» 1°. L'adjudicataire acquittera, sans diminution du prix de l'adjudication, les sommes qui pourront être dues, tant pour le passé que pour l'avenir, à raison de toute espèce d'impositions quelconques qui sont ou pourront être affectées sur ladite maison;

» 2°. Il souffrira les jours, tels qu'ils sont établis actuellement, au profit de la propriété voisine, du côté de l'occident, et appartenant aujourd'hui au sieur X..., perruquier à Amiens;

» 3°. Il paiera, outre le prix de l'adjudication, à l'avoué poursuivant, dans la huitaine de l'adjudication, tous les frais ordinaires de poursuite, sur un simple mémoire; sinon, après la taxe faite en la manière accoutumée, sur la signification de l'exécutoire qui sera décerné contre ledit adjudicataire.

» 4°. Il fera transcrire à ses frais le jugement d'adjudication, dans la quinzaine, au bureau des hypothèques;

» 5°. Il déposera le prix de l'adjudication, dans la quinzaine, au bureau des consignations;

» 6°. Il sera procédé à la revente de ladite maison sur la folle enchère de l'adjudicataire, faute par lui de justifier, dans les vingt jours de son adjudication, de l'exécution des clauses et conditions ci-dessus;

» 7°. La première enchère sera criée pour douze mille francs, somme que le poursuivant offre pour sa mise à prix.

» Suit la désignation de ladite maison :

« Elle est sise à Amiens, faubourg du Nord, rue des Deux Portes, n°. 29 : elle a pour enseigne *le Grand Vainqueur*, et est occupée, à titre de bail, par le sieur C....., aubergiste. Elle consiste en deux chambres par bas, éclairées sur la rue, une porte charretière, un portail conduisant à une cour pavée, etc....

» Fait et remis au greffe du tribunal civil d'Amiens, le quatre mars mil huit cent six.

« *Signé* N....., avoué. »

La partie du cahier des charges qui indique quels sont les objets à vendre, est la copie exacte de leur désignation, telle qu'elle est faite au procès verbal de saisie.

On conçoit que les conditions que nous avons exprimées dans cet exemple, peuvent varier selon la nature des objets dont on poursuit l'expropriation.

La grosse du cahier des charges, contenant

vingt-cinq lignes à la page, et douze syllabes à la ligne, est payée à l'avoué, dans Paris, et les quatre villes du premier ordre, à raison, pour chaque rôle, de 2 francs.

Dans les villes du second ordre, 1 fr. 80 cent.

Partout ailleurs, 1 fr. 50 cent.

Il ne peut être fait qu'une seule grosse du cahier des charges; et il n'en est signifié aucune copie, ni à la partie saisie, ni aux créanciers inscrits, attendu que la seule grosse qui soit permise est déposée au greffe, quinzaine avant la première publication, et que toute partie intéressée a la faculté d'en prendre communication, ainsi que toute personne qui se propose d'enchérir.

Outre ce qui est payé, comme on vient de le dire, pour la grosse du cahier des charges, il est encore alloué à l'avoué, pour le déposer au greffe, une vacation taxée à Paris, et dans les quatre villes du premier ordre, 3 francs.

Dans les villes du second ordre, 2 fr. 70 c.

Partout ailleurs, 2 fr. 45 cent. *Tarif, art.* 110; *Décret, art.* 2 *et* 3.

§. X.

*Publications, Enchères et Adjudications.*

A la suite du cahier des charges sont mentionnées les publications, les enchères et les adjudications comme il suit:

« Aujourd'hui, vingt-huit mars, mil huit cent six, après que la vente de la maison ci-dessus mentionnée, a été annoncée par le tableau exposé en l'auditoire, et dans le journal d'Amiens; après que des placards ont été affichés en la forme ordinaire, suivant le procès verbal du treize février dernier, notifié à la partie saisie, le dix-neuf février dernier, par exploit de G...., huissier, la première publication du cahier des charges ci-dessus a été faite audience tenante.

*Signé* Y...., président; K....., greffier.

« Aujourd'hui, quinze avril, mil huit cent six, la seconde publication des charges ci-dessus à été faite audience tenante.

« *Signé* Y....., président; K....., greffier. »

« Aujourd'hui, deux mai, mil huit cent six, la troisième publication du cahier des charges ci-dessus, a été faite à l'audience.

» *Signé* Y....., président; K....., greffier. »

» Vu les secondes annonces dans le journal d'Amiens, et le procès verbal du huit de ce mois, constatant la seconde apposition des placards dans la forme ordinaire, et où l'adjudication préparatoire est indiquée pour aujourd'hui;

» Le tribunal a fait publier le cahier des charges ci-dessus; après quoi il a ordonné l'ouverture des enchères sur la mise à prix de douze mille francs.

« Les feux de plusieurs bougies ayant été allumés successivement, les enchères ont été mises pendant leur durée comme il suit:

» Par Ar...., avoué, douze mille cinq cents francs;

» Par W....., avoué, douze mille neuf cents francs;

» Par Bi....., avoué, treize mille cinq cents francs;

» Par ledit Ar....., quatorze mille francs;

» Par ledit W....., quatorze mille cinq cents francs;

» Par ledit Bi....., quatorze mille huit cents francs;

» Par ledit W....., quinze mille francs.

» La bougie, pendant la durée de laquelle cette dernière enchère a été reçue, s'étant éteinte, deux autres bougies ont été allumées successivement, et leurs feux se sont éteints sans qu'il soit survenu aucune autre enchère.

» En conséquence, le tribunal déclare que l'adjudication préparatoire demeure audit W...., avoué, aux clauses et conditions énoncées au cahier des charges, et en outre sauf l'adjudication définitive qui sera faite le dix juillet prochain.

» Jugé à Amiens, par Messieurs....., ce vingt mai, mil huit cent six.

» *Signé*, Y...., président; K..., greffier.

» Vu la troisième annonce dans le journal de cette ville, et le procès verbal du trente mai dernier, constatant la troisième apposition des placards, dans la forme ordinaire; vu le jugement d'adjudication préparatoire qui fixe l'adjudication définitive à aujourd'hui; le tribunal, après avoir fait publier le cahier des charges ci-dessus, a ouvert les enchères sur le prix de quinze mille francs, auquel la maison, dont il s'agit, a été adjugée par ledit jugement préparatoire.

» Une première bougie ayant été allumée, elle s'est éteinte sans qu'il soit survenu d'enchère.

» Une seconde a aussi été allumée, et s'est éteinte sans enchère.

» Enfin une troisième a été allumée, et pendant sa durée nulle enchère n'est survenue.

» En conséquence, le tribunal déclare définitive l'adjudication préparatoire faite, par jugement du deux mai dernier, à Me. W...., avoué, aux clauses et conditions énoncées au cahier des charges, et dont l'exécution sera, par sa partie, justifiée dans les vingt jours; enjoint à D....., partie saisie, de délaisser à l'adjudicataire la possession de la maison adjugée définitivement aussitôt que la signification du présent jugement lui aura été faite; à quoi ledit D....., sera contraint par toutes voies de droit, même par corps.

» Jugé à Amiens, par Messieurs....., ce dix juillet mil huit cent six.

« *Signé*, Y,...., président; K...., greffier ».

Ce qui constitue la minute du jugement d'adjudication définitive, est le cahier des charges, tel qu'on en voit un modèle au paragraphe IX, et les publications, enchères et adjudications mises à la suite, et dont les modèles sont au présent paragraphe.

Lorsqu'il s'agit de délivrer une expédition de ce jugement, on copie donc tout le cahier des charges, et ce qui le suit, en observant de mettre en tête de cette copie l'intitulé, et à la fin le mandement, qui donnent à tous les jugemens la forme exécutoire.

Comme il n'est fait qu'une seule grosse du cahier des charges, pour être déposée au greffe, l'huissier audiencier fait, sur une note qui lui est remise par le greffier, chaque publication qui est constatée à la suite du cahier des charges, et signée par le président et le greffier.

Il ne doit point être signifié d'acte pour annoncer aux parties le jour de chaque publication, ce serait une formalité inutile. En effet, les parties connaissent, par les placards et l'annonce dans le journal, quel jour se fera la première publication ; en s'y présentant elles savent donc quand se feront les publications subséquentes ; si l'une des publications est retardée par un incident, elle est nécessairement annoncée par de nouveaux placards, et une nouvelle annonce dans le journal ; c'est ce que prescrit le Code, *article* 732, comme on le dira par la suite.

A l'avoué poursuivant, il est alloué, tant pour chaque publication du cahier des charges, que pour y faire les dires, s'il y a lieu, savoir : à Paris, et dans les quatre villes du premier ordre, 3 francs.

Dans les villes du second ordre, 2 fr. 70 c.

Partout ailleurs, 2 fr. 45 c. *Tarif, art.* 111 ; *Décret, art.* 2 *et* 3.

Il est alloué à l'avoué poursuivant, pour assister à l'adjudication préparatoire, à Paris, et dans les quatre villes du premier ordre ; 6 fr.

Dans les villes du second ordre, un dixième de moins, ci 5 fr. 40 c.

Par tout ailleurs, 4 fr. 50 c. *Tarif* 112 ; *Décret ibid.*

Il est attribué à l'avoué poursuivant, pour assister à l'adjudication définitive, à Paris, et dans les quatre villes assimilées à la capitale, 15 francs.

Dans les villes du second ordre, un dixième de moins, ci 13 fr. 50 cent.

Partout ailleurs, 12 fr.

Indépendamment des émolumens ci-dessus attribués à l'avoué poursuivant, il lui est alloué une remise à prendre sur le prix de l'adjudication définitive, quand cette adjudication excède 2,000 francs ; car, pour les biens adjugés 2,000 fr.

et au-dessous, l'avoué poursuivant n'a pas d'autres droits à prétendre que ceux ci-dessus énoncés.

La remise accordée à l'avoué poursuivant, dans les adjudications qui excèdent 2,000 francs, se monte en raison du prix de la vente, dans les proportions suivantes :

Sur les adjudications qui excèdent 2,000 francs jusqu'à 10,000 fr. la remise est de un pour cent ;

Depuis 10,000 fr. jusqu'à 50,000 francs, elle est d'un demi pour cent ;

Depuis 50,000 fr. jusqu'à 100,000 fr. elle est d'un quart pour cent ;

Au-dessus de 100,000 fr. indéfiniment, elle est du huitième de un pour cent.

Si les biens compris dans la même poursuite de saisie immobilière, sont adjugés par lots séparés, on réunit les prix de chaque adjudication partielle, et la remise allouée à l'avoué poursuivant est fixée en raison de la totalité des différens prix, considérés comme n'en faisant qu'un seul.

La remise proportionnelle sur le prix de l'adjudication est fixée comme on vient de le dire, pour Paris et les quatre villes assimilées à cette capitale, par le décret qui accompagne le tarif ; par conséquent, en vertu de ce même décret, dans les villes du second ordre, la remise ci-dessus mentionnée doit être diminuée d'un dixième.

Partout ailleurs, la remise ci-dessus fixée est diminuée d'un quart. *Tarif, art.* 113 ; *Décret, art.* 2 *et* 3.

A chaque avoué qui enchérit il est dû par la partie qui lui en a donné pouvoir, une vacation taxée pour Paris et les quatre villes du premier ordre, 7 fr. 50 c.

Pour les villes du second ordre, 6 fr 75 c.

Partout ailleurs, 5 fr. 63 c.

Lorsque l'avoué qui a enchéri s'est rendu adjudicataire, sa vacation due par la partie de qui il a reçu ses pouvoirs, est à Paris et dans les quatre villes assimilées, 15 fr.

Dans les villes du second ordre, un dixième de moins, 13 fr 50 c.

Partout ailleurs, 11 fr. 25 c.

L'avoué qui s'est rendu adjudicataire doit, dans les trois jours, justifier de ses pouvoirs, ou fournir l'acceptation de sa partie; c'est ce qu'on appelle faire la déclaration de command, parce qu'elle indique la personne qui a commandé de se rendre adjudicataire. La vacation employée au greffe par l'avoué pour cette déclaration, est payée par ce même adjudicataire, à Paris et dans les quatre villes assimilées, 6 fr.

Dans les villes du second ordre, un dixième de moins, ci 5 fr. 40 c.

Partout ailleurs, 4 fr. 50 c. *Tarif, art.* 114; *Décret, art.* 2 *et* 3.

## CHAPITRE III.

### *Des Incidens sur la poursuite de Saisie immobilière.*

Nous avons traité jusqu'à présent la saisie immobilière, comme si nul obstacle ne s'opposait au poursuivant; maintenant examinons ce qu'il faut pratiquer dans les différens cas où sa marche est arrêtée.

Dans un premier article on établira quelques principes, applicables à tous les incidens qui se forment sur la poursuite d'une saisie immobilière. On s'occupera ensuite des incidens qui, par leur nature, ont mérité quelques dispositions particulières. En conséquence, dans un second article on parlera de la concurrence des saisies; dans un troisième, de la subrogation d'un créancier à la place du poursuivant; dans un quatrième, de l'appel du jugement en vertu duquel l'expropriation est poursuivie; dans un cinquième, de la revendication des objets saisis; dans un sixième, des moyens de conserver les charges et les hypothèques établies sur l'immeuble saisi; dans un septième, des nullités proposées contre la procédure; dans un huitième, de la folle enchère; enfin, dans un neuvième, seront donnés les modèles des actes pour les incidens dont il s'agit.

## ARTICLE Ier.

### *Observations générales.*

La première observation est que toute contestation, incidente à la poursuite d'une saisie immobilière, est jugée sommairement, soit en première instance, soit en cour d'appel; c'est-à-dire, que l'on doit y procéder dans les formes prescrites pour toutes matières sommaires. *Art.* 718.

On observe, en second lieu, que les demandes incidentes, qui s'élèvent lors des poursuites d'une expropriation forcée, ne sont point assujéties à la tentative de la conciliation.

Une troisième observation qui concerne tout jugement rendu dans une instance de saisie immobilière, c'est qu'on ne peut en interjeter appel que dans le délai de quinzaine; encore en est-il pour l'appel desquels il n'est accordé que huit jours : ce sont tous ceux qui prononcent sur des nullités postérieures à l'adjudication préparatoire. Cette première réflexion était nécessaire pour donner une idée de l'attention qu'a eue la loi d'abréger, autant que la justice le permet, les délais des procédures incidentes aux saisies immobilières. C'est une exception faite par le code au principe général, qui accorde trois mois pour interjeter appel des jugemens rendus en première instance ; on expliquera au surplus par la suite, les formes exigées pour l'appel des jugemens intervenus dans le cours des procédures d'une saisie immobilière.

Enfin, il faut observer que les délais prescrits, pour les différens actes de poursuite sur expropriation forcée, sont déterminés d'après la fixation du jour de la première publication. En faisant la même remarque dans le chapitre précédent, on a bien senti que divers incidens pouvaient survenir, et empêcher que la première publication n'eût lieu le jour indiqué par les annonces et les placards ; mais ce n'était pas le moment de parler de cette circonstance ; la procédure était alors considérée comme ne devant éprouver aucun retard. Maintenant que nous nous occupons des obstacles qui peuvent entraver sa marche, nous dirons que, dans le cas où des incidens viennent retarder les publications, soit la première, soit l'une des suivantes, il faut en prévenir le public par de nouvelles annonces et de nouveaux placards. Ainsi la publication retardée ne peut avoir lieu que le jour indiqué par ces nouveaux avertissemens. *Art.* 732.

C'est ici le lieu de placer une question fort importante. Le propriétaire d'un immeuble peut-il volontairement en faire la vente, par adjudication judiciaire, quand il n'est pas contraint à suivre cette voie ?

Autrefois l'audience des criées était une sorte

de marché public, où les propriétaires d'objets immobiliers venaient volontairement chercher des acquéreurs.

Aujourd'hui il est expressément défendu de mettre aux enchères, devant les tribunaux, les immeubles vendus volontairement, quand ils appartiennent à des majeurs, maîtres de disposer de leurs droits. Ainsi les immeubles saisis, ou appartenant à des mineurs et interdits, sont nécessairement vendus en justice. *Art.* 746. En cas de partage entre majeurs, on ne licite en justice, que quand les parties ne peuvent pas s'accorder; car alors la vente n'est plus volontaire.

Pour les immeubles saisis, on suit donc les formalités prescrites pour les saisies immobilières. Quant aux biens de mineurs et interdits, on observe ce qui est réglé, à leur égard, par le Code au titre de la *Vente des immeubles*, seconde Partie, Liv. II, Tit. V. Pour les licitations entre majeurs, qui ne sont pas d'accord, on suit ce qui est prescrit au même Livre, Titre VI, des *Partages et Licitations*.

Néanmoins, suivant l'*art.* 747, lorsqu'un immeuble a été saisi, les intéressés, quand ils sont tous majeurs et maîtres de leurs droits, peuvent demander que l'adjudication en soit faite ou devant notaire, ou en justice, sans qu'il soit nécessaire de suivre toutes les formalités de l'expropriation forcée; seulement en se conformant à ce qui est réglé par les articles 957, 958, 959, 960, 961, 962 et 964, au titre de *la Vente des biens immeubles* en cas de licitation.

Si tous les intéressés à une saisie immobilière n'étaient pas d'accord pour requérir cette autorisation, elle ne pourrait pas être accordée même quand un seul refuserait de souscrire au desir de tous les autres. Nous avions d'abord pensé qu'en pareil cas le tribunal déciderait; mais, le décret contenant la taxe des frais et dépens, décide que la requête, afin d'être renvoyé à des formes moins longues, n'est présentée que quand il y a consentement unanime. En conséquence, cette requête n'est ni grossoyée, ni signifiée; elle est présentée au tribunal comme toute requête tendant à avoir une autorisation dans les cas où on n'a point de contradicteur.

Quand le tribunal croit devoir accorder l'autorisation qui lui est demandée par toutes les parties intéressées, le jugement sur requête qu'il rend, indique si la vente de l'immeuble se fera devant un juge-commissaire ou un notaire, et il le nomme.

Pour cette requête il est alloué à l'avoué poursuivant, à Paris et dans les autres villes du premier ordre, 6 fr.

Dans les villes du second ordre, 5 fr. 40 c.

Partout ailleurs, 4 fr. 50 c.

Si, parmi les créanciers intéressés à une saisie immobilière, il y avait un mineur ou un interdit, on ne pourrait pas demander à éviter toutes les longueurs de l'expropriation forcée, car pour cela, il faut que toutes les parties ayent la disposition de leurs droits. Cependant le tuteur du créancier mineur pourrait, en pareil cas, se faire autoriser, par avis de parens, à se joindre à ceux qui voudraient réclamer la faculté d'abréger les formes de l'adjudication. *Art.* 748.

Quand c'est la partie saisie qui est en minorité ou en interdiction, le tuteur peut encore se faire autoriser, par avis de parens, à demander dispense des poursuites de l'expropriation forcée ; mais alors, si elle était accordée, le bien ne pourrait être vendu que conformément à ce qui est prescrit, pour l'aliénation des biens de mineurs, au titre, déjà cité, de la *Vente des Immeubles.* Si, dans la même hypothèse, la dispense était requise par les autres parties, elles seraient tenues, si elles l'obtenaient, de se soumettre à observer toutes les formalités exigées pour la vente des biens de mineurs. *Ibid.*

*Quest. I.* On a vu, au chapitre précédent, que, suivant l'*article* 702, le cahier des charges doit être publié à l'audience, de quinzaine en quinzaine, trois fois au moins avant l'adjudication préparatoire. Nous voyons maintenant, en l'*art.* 732, que si l'une des publications du cahier des charges se trouve retardée, on ne peut y procéder qu'après avoir renouvelé les placards et l'annonce au journal. Supposons que la publication retardée par un incident soit la seconde, faudra-t-il, après la formalité des nouveaux placards et annonces, recommencer la première publication ?

La raison qu'on donne pour l'affirmative est que les trois publications doivent se faire successivement, de quinzaine en quinzaine ; ce qui veut dire qu'elles ne pourront pas être interrompues. Si un incident survient pendant le temps nécessaire pour compléter les publications successives, il faut se reporter au temps qui a précédé la première ; c'est pour cela que la loi exige de nouveaux placards et annonces ; elle veut en effet que le jour de la première publication soit rendu public, et ne prescrit aucun avertissement pour les suivantes. Il est donc dans son intention qu'en cas d'interruption de l'une des publications, toutes soient recommencées.

Il suffit des termes mêmes de l'*art.* 732 pour décider qu'après les nouveaux placards et les nouvelles insertions au journal, on ne recommence pas la première publication; on procède à la publication que l'incident avait retardée. Le motif pour lequel on exige de nouveaux placards et annonces est facile à sentir: le public, averti du jour de la première publication, par des affiches et le journal, connaît également les jours des autres publications, puisqu'elles se doivent faire de quinzaine en quinzaine. Quand un incident a interrompu la suite des publications, il devient donc nécessaire de prévenir le public du jour où cette suite sera reprise; mais rien n'exige que toutes les publications soient recommencées.

*Quest. II.* Un incident étant survenu entre la première et la seconde publication, de nouveaux placards, une nouvelle insertion au journal, suivant l'*art.* 732, doivent annoncer le jour où il sera procédé à la publication retardée: on demande quel intervalle il faut mettre entre l'apposition des nouveaux placards et la publication qu'ils indiquent?

Les uns disent que la publication retardée ne peut avoir lieu, ni avant un mois, ni après six semaines, à compter de l'apposition des affiches. Ils se fondent sur les *articles* 700 et 701, où se trouve réglé l'intervalle qui sépare les premières affiches et la première publication. Il y a même raison de décider;

il faut donner le temps au débiteur de venir, et aux placards ainsi qu'aux annonces dans le journal de produire leur effet : assurément, en prévenant le public du jour où la publication retardée sera faite, on se propose un but qui ne serait pas atteint, si on procédait à cette publication dès le lendemain de l'apposition des placards.

D'autres ne pensent pas qu'on doive appliquer au cas dont il s'agit les *articles* 700 et 701. Les délais qui y sont prescrits ne courent pas du jour de l'apposition des placards, mais du jour de la notification qui en a été faite au saisi; c'est, principalement, pour lui donner le temps de se présenter qu'un si long intervalle a été fixé. Pour reprendre la suite des publications interrompues, la loi ne prescrit pas une nouvelle notification au débiteur, et elle ne détermine aucun temps qu'on soit obligé de laisser écouler entre les nouveaux placards et la publication retardée; d'où on conclut qu'elle a laissé ce point dans les termes de droit. Ainsi, la publication pourra être faite dès le lendemain, si les circonstances permettent de penser qu'ils auront eu un effet suffisant; et si une partie se plaint, avec quelque fondement, de cette précipitation, le tribunal prononcera ce qu'il y aura de convenable. C'est donc au poursuivant à s'arranger sur ce point de manière à ne pas donner lieu à une contestation dont il supporterait les dépens.

Une troisième opinion se déclare pour mettre entre les nouveaux placards et la publication retardée un délai de huitaine, parce que c'est celui qui est fixé par l'*article* 703, pour avoir lieu entre l'adjudication préparatoire et les placards destinés à l'annoncer.

Il est certain que, si la publication retardée était la troisième à la suite de laquelle on peut adjuger provisoirement, il faudrait nécessairement que les placards nouveaux précédassent de huit jours au moins, outre un jour par trois myriamètres de distance entre le lieu où sont situés les biens, et la ville où siège le tribunal. Il faudrait en outre annoncer par ces mêmes placards tout ce qu'exige l'*art.* 703. Mais, en thèse générale, ce délai de huitaine, exigé après les placards qui précèdent cette adjudication, n'est pas applicable au cas prévu par l'*art.* 732; qui ne parle que du retard apporté à une publication quelconque. On le répète, il n'est fixé, entre les nouveaux placards et la publication retardée, aucun délai; on ne peut donc en exiger d'autre que celui qui est nécessité par les circonstances; ce que le tribunal règle quand il s'élève contestation à ce sujet.

*Quest. III.* Une femme mariée veut vendre son immeuble; mais son mari lui refusant son autorisation, elle se fait autoriser par justice: on demande si cette femme peut procéder par vente judiciaire; ou bien si on doit lui appliquer la disposition de l'*art.* 746, qui défend de mettre des immeubles aux enchères en justice, lorsqu'il s'agit de vente volontaire?

La raison de douter naît de ce que cet article ne comprend dans sa défense que les immeubles appartenant à des majeurs maîtres de disposer de leurs droits. Or, la femme mariée, même lorsqu'elle est majeure, n'est pas maîtresse de ses droits, puisqu'il lui faut nécessairement l'autorisation de son mari, ou celle de la justice.

Ce qui décide, est que la femme majeure et en puissance de mari n'est pas, comme un mineur ou interdit, dans une incapacité absolue d'aliéner; l'exercice de ses droits lui appartient; elle est seulement tenue de le soumettre à l'approbation de son mari : dès qu'il autorise sa femme, celle-ci peut aliéner ses immeubles volontairement, comme si elle n'était pas engagée dans les liens du mariage. Au refus de l'autorisation du mari, la justice donne la sienne, s'il est utile que les biens de la femme soient vendus ; et cette autorisation judiciaire a le même effet que celle du mari. Autorisée d'une manière ou de l'autre, la femme devient maîtresse de disposer de ses biens comme tout autre majeur ; l'aliénation qu'elle fait par suite de cette autorisation est purement volontaire, et peut se passer chez notaire ; en conséquence, il ne serait pas permis à cette femme de mettre son immeuble aux enchères en justice.

## ARTICLE II.

### *De la Concurrence des Saisies immobilières.*

On a parlé, dans le chapitre précédent, du cas où deux saisies du même immeuble sont présentées pour être transcrites au bureau des hypothèques. Le conservateur ne doit accueillir que la première qui lui est remise ; celles postérieures sont refusées. Néanmoins, si une seconde saisie était plus ample que la première, nous avons dit qu'elle serait transcrite pour les objets non compris en la première, et refusée pour ceux déjà saisis. Cette décision est fondée sur l'*art.* 720, qui, en outre, règle comment ces deux saisies devront n'en former qu'une.

Le second saisissant est tenu de dénoncer le procès verbal de sa saisie au premier saisissant, afin que celui-ci poursuive sur les deux, et que, pour l'une et l'autre, il ne soit fait qu'une seule procédure; elle est portée au tribunal où le premier poursuivant s'est pourvu. *Ibid.*

Si la seconde saisie n'est pas au même état que la première; par exemple, si les placards sont posés pour celle-ci, lorsque la seconde saisie n'est encore que commencée, le poursuivant, auquel cette seconde sera dénoncée, interrompra toute procédure sur la siènne; il ne s'occupera que de mener la seconde au même point où est la première, pour ensuite continuer à poursuivre sur les deux saisies par une seule procédure. *Ibid.*

Un autre cas concernant la concurrence de deux saisies, est lorsque chacune frappe sur des biens différens, appartenant au même débiteur, et qu'elles sont l'une et l'autre pendantes au même tribunal; il y a alors une telle connexité entre les deux poursuites, qu'il serait trop dur pour la partie saisie de les maintenir séparées.

En conséquence, par un jugement rendu sur la requête du saisissant le plus diligent, requête à laquelle l'autre saisissant peut répondre, les deux saisies sont réunies comme s'il n'y en avait qu'une, et la procédure est continuée par le premier saisissant. *Art.* 719.

Si la transcription des deux saisies, à la conservation des hypothèques, est de même date, la poursuite des procédures réunies appartient au porteur du titre de créance le plus ancien. Quand les titres sont de même date, la préférence est donnée à celui des avoués saisissans qui est le plus ancien. *Ibid.*

Ces décisions, sur le choix du poursuivant, ont lieu même dans le cas où l'une des deux saisies est plus ample que l'autre; elles sont réunies, comme on l'a dit, et la procédure en est confiée à l'avoué du premier poursuivant, ou, en cas de même date, au porteur du titre le plus ancien, sinon au plus ancien des avoués saisissans. *Ibid.*

Au reste, la faculté de faire joindre deux saisies qui comprennent des biens différens sur le même débiteur, et pendantes dans le même tribunal, ne peut pas s'exercer en tout état de cause. Dès que le poursuivant de l'une des deux a mis le cahier des charges au greffe, la jonction ne peut plus être demandée. *Ibid.*

Pareille restriction n'a pas lieu, quand il s'agit de deux saisies faites des mêmes biens, et dont l'une est plus ample que l'autre; on a vu qu'en tout état de cause, la jonction doit en être ordonnée, même quand elles sont pendantes en des tribunaux différens; on procède alors, comme nous l'avons dit, au tribunal où le premier saisissant s'est pourvu. Quand l'une est plus avancée que l'autre, on suspend toute poursuite qui la concerne; on ne s'occupe que de les amener au même point, afin de ne plus faire qu'une seule procédure.

*Quest. I.* Si la jonction de deux saisies de biens différens n'était pas demandée, les juges pourraient-ils l'ordonner d'office? Nous n'en faisons aucun doute, parce qu'elle est utile à toutes les parties ; la poursuite n'en serait pas moins décernée à l'ancienneté soit de la saisie, soit du titre, soit de l'avoué, suivant ce qu'on a dit plus haut.

Dans le cas où les deux saisies réunies ne seraient pas au même état, le poursuivant surseoirait à la plus avancée, pour amener l'autre au même point, et ensuite les conduire par une seule procédure.

*Quest. II* Deux saisies de biens différens appartenant au même débiteur ont été présentées au même tribunal. Le premier ou le second saisissant, c'est-à-dire, le plus diligent, doit requérir la réunion des poursuites, selon que le dit l'*art.* 719. Mais après la mise de l'enchère au greffe, la réunion ne peut avoir lieu : on demande s'il s'agit de l'enchère concernant la première saisie, ou de l'enchère relative à la seconde ?

Suivant les uns, la loi parle de l'enchère de l'immeuble saisi le premier, parce qu'on n'a pas voulu que, sous prétexte de la jonction de la seconde saisie, les poursuites de la première fussent retardées, quand elles sont tellement avancées, que le cahier des charges est déjà déposé.

Non, soutiennent les autres ; il ne s'agit pas de la première saisie, qui, dans quelque état qu'elle se trouve, peut recevoir la jonction de la seconde. Il n'y a pas plus d'inconvénient d'en retarder quelque temps les poursuites, que dans le cas de deux saisies dont la seconde est plus ample que la première : en quelque état que soit celle-ci, l'*art.* 720

veut que la réunion soit opérée. On croit donc, dans ce second sentiment, que, quand les parties ont laissé parvenir la seconde saisie jusqu'à la remise de l'enchère au greffe, elles sont non recevables réciproquement à demander la jonction. Mais, lorsqu'une seconde saisie se présente, on est, de part et d'autre, autorisé à demander la jonction, quoique la première poursuite ait déjà passé l'époque du dépôt de l'enchère; il suffit qu'on n'ait pas laissé avancer la seconde saisie jusqu'à la remise du cahier des charges au greffe.

Les premiers répliquent qu'il ne faut pas comparer le cas prévu par l'*art.* 719 avec celui prévu par l'*art.* 720; celui-ci suppose deux saisies des mêmes biens, sauf que la seconde est plus ample que la première. On conçoit la nécessité de ne souffrir, dans aucun cas, deux poursuites séparées contre les mêmes objets. Au contraire, par l'autre article, il est question de deux saisies de biens différens. Il ne répugne pas que la vente en puisse être poursuivie séparément; c'est même ce qui arriverait nécessairement, si l'immeuble saisi d'abord était situé dans un autre arrondissement que l'immeuble saisi postérieurement: il faudrait que chaque poursuite fût portée devant les juges de la situation de chaque immeuble.

Cependant, lorsque deux saisies de biens différens appartenant au même débiteur se rencontrent dans le même tribunal, on doit les joindre, tant qu'il n'en résulte aucun retard, suivant que l'ordonne l'*art.* 719; mais il n'y a pas nécessité, comme quand les deux saisies embrassent les mêmes biens. Rien donc d'étonnant si la jonction, dans le cas prévu par ce même article, n'est plus permise, quand la première saisie est trop avancée, c'est-à-dire, quand déjà le cahier des charges est déposé.

*Quest. III.* Il a été parlé, dans la question précédente, du cas où deux créanciers font saisir le même bien, et du cas où deux créanciers saisissent deux biens différens appartenant au même débiteur; un troisième cas se présente : c'est celui où le même créancier fait saisir sur son débiteur deux biens différens. Il n'avait eu d'abord connaissance que d'un immeuble, qu'il a fait saisir en vertu d'une condamnation. Pendant les poursuites de cette première saisie, il apprend que son débiteur possède un autre immeuble; il s'empresse d'autant plus de faire saisir ce second objet, que le premier est évidemment insuffisant. On demande si la jonction des deux saisies doit avoir lieu?

Si les deux objets saisis se trouvent situés dans des arrondissemens différens, il est indispensable de procéder dans des tribunaux différens; et alors on sent l'impossibilité d'opérer la jonction des deux poursuites.

Dans le cas où les deux saisies sont portées au même tribunal, il n'est pas douteux que l'on doive se conformer à la disposition de l'*art.* 719, qui veut la jonction de deux pareilles saisies. Jusque-là, nulle difficulté ne se présente; mais ce même article ne permet pas la jonction, quand la première saisie est trop avancée. Supposons donc que le cahier des charges pour la vente du premier immeuble saisi ait déjà été remis au greffe, lorsque l'autre immeuble est mis sous la main de justice; la jonction des deux saisies pourra-t-elle s'opérer?

L'article cité ne porte pas une défense absolue de joindre les deux saisies, quand la première est trop avancée; il dit seulement qu'alors on n'a pas le droit de demander la jonction. Mais si elle était consentie respectivement, rien n'empêcherait qu'elle ne fût effectuée; ce serait un avantage qu'on ne peut pas exiger de la part des intéressés à la première saisie, et dont pourtant on leur saurait gré, s'ils voulaient bien l'accorder.

Maintenant, considérons que les deux saisies dont il s'agit dans cette question sont faites par le même créancier; ne serait-il pas extraordinaire qu'il ne voulût pas joindre sa seconde saisie à la première, sous prétexte que celle-ci est trop avancée? Une pareille conduite annoncerait trop évidemment l'intention de multiplier les frais sans nécessité. En conséquence, le débiteur, ou toute autre partie intéressée, pourrait demander la jonction, que les juges ne manqueraient pas d'ordonner, à moins que des circonstances particulières ne justifiassent le refus du poursuivant.

*Quest. IV.* Dans le cas prévu par l'*art.* 720, où il est parlé de deux saisies du même bien, dont la seconde ne diffère de l'autre que parce qu'elle est plus ample, la jonction des deux poursuites doit-elle avoir lieu en tout état de cause? ou bien faut-il appliquer la disposition de l'*art.* 719, qui ne permet plus de demander la jonction lorsque la procédure de la première saisie en est tellement avancée, que le cahier des charges est déjà déposé au greffe?

S'il est évident que les deux articles dont

il s'agit parlent de deux cas différens, on ne doit pas appliquer à l'un ce qui est décidé pour l'autre. Dans la seconde question de ce paragraphe, nous avons vu qu'on ne devait pas expliquer l'*art.* 719 par l'*art.* 720; pareillement, celui-ci ne peut pas être interprété par celui-là. Les motifs de cette opinion étant les mêmes que ceux qui sont développés dans cette seconde question, nous ne les répéterons pas ici.

## ARTICLE III.

### *De la Subrogation aux Poursuites.*

Quand, à la place du saisissant, un autre créancier est autorisé à faire les poursuites, il y a subrogation; elle a lieu en quatre circonstances différentes :

1°. Lorsqu'une seconde saisie, outre les mêmes biens que la première, en contient d'autres, elle est dénoncée, comme nous l'avons expliqué plus haut, au premier saisissant, qui est obligé de poursuivre sur les deux. Faute par ce dernier d'avoir procédé sur la seconde saisie, après qu'elle lui a été dénoncée, le second saisissant peut demander à lui être subrogé. Cet incident s'introduit par un simple acte d'avoué, contenant seulement des conclusions, et il s'instruit sommairement. En vertu du jugement qui intervient, le second saisissant prend le rôle de poursuivant, tant sur la saisie qu'il a faite que sur la première. *Art.* 722.

Par conséquent, si elles ne sont pas toutes deux au même état, il surseoira aux procédures de la première, jusqu'à ce qu'il ait conduit l'autre au même degré, afin de les mener ensuite comme ne formant qu'une seule saisie.

2°. Tout créancier inscrit au bureau des hypothèques, sur le bien saisi, peut demander la subrogation, quand le saisissant met de la négligence dans les poursuites. *Art.* 722.

Il y a négligence, lorsque le poursuivant n'a pas rempli une des formalités prescrites, ou quand le délai, fixé pour un des actes de la procédure, est expiré sans que cet acte ait été fait.

Dans ce cas, la demande en subrogation est, comme dans le précédent, un incident, qui s'introduit de même par un simple acte d'avoué, et s'instruit sommairement. *Ibid.*

3°. En tout état de cause, un créancier est subrogé au saisissant, quand celui-ci se rend coupable de fraude ou de collusion. Jamais la justice ne transige avec la mauvaise foi; dès qu'elle en a la preuve, en toute circonstance elle la punit. Aussi, n'est-ce pas assez de priver le saisissant du droit de poursuivre, quand il en abuse; la loi veut encore qu'il soit tenu des dommages-intérêts, proportionnés au tort que sa fraude et sa collusion peut avoir causé. Ajoutons que le saisissant serait poursuivi en outre extraordinairement, s'il avait employé, pour tromper, quelque manœuvre criminelle. *Ibid.*

Pour opérer la subrogation, on la demande par un simple acte d'avoué, et elle s'instruit sommairement, ainsi que nous l'avons dit plus haut. Lorsqu'elle a été prononcée, il faut que celui qui cesse d'être poursuivant, remette au subrogé, sur son récépissé, les pièces de la procédure que celui-ci doit continuer; à cet effet, le jugement ne manque pas de l'y condamner. Mais, pour éviter toute équivoque, *l'article* 724 prononce cette condamnation; en sorte que, si elle n'était pas exprimée dans le jugement, on devrait l'y suppléer.

Le créancier, déchu du droit de poursuivre, n'est payé de ses frais qu'après l'adjudication, soit par l'adjudicataire, outre le prix, pour les frais ordinaires, soit sur le prix, pour les frais dont l'emploi est ordonné. Lorsque le poursuivant ne veut pas consentir à la subrogation demandée contre lui, pour quelque cause que ce soit, il en résulte une contestation dont les frais doivent être supportés par celui qui succombe. Par conséquent, si la subrogation a lieu, le poursuivant seul paye les frais de l'incident. Quelquefois il arrivait que, par une indulgence blâmable, les juges permettaient que ces mêmes frais fussent employés en frais de poursuites, pour être payés sur le prix. L'abus qui résulte d'un pareil usage est trop évident, pour avoir échappé aux nouveaux législateurs; ils ont décidé que les frais d'une pareille contestation ne peuvent jamais être compris dans le mémoire des frais de poursuite, ni payés en aucun cas sur le prix de l'immeuble saisi. *Art.* 724.

4°. Quand plusieurs saisies du même immeuble se présentent successivement au bureau des hypothèques, le conservateur ne transcrit que la première, ainsi que nous l'avons dit. A l'égard des autres, il mentionne les motifs de son refus sur l'original de chaque saisie.

Par la suite, la première saisie peut être rayée, soit parce que le poursuivant se trouve désintéressé, soit parce qu'elle est déclarée nulle par un jugement. Alors, le plus diligent des autres saisissans, à qui la transcription hypothécaire a été refusée, a le droit de poursuivre. On n'a aucun égard à la priorité ; la préférence est accordée au créancier qui, le premier, fait valoir sa propre saisie, quand même elle aurait été la dernière présentée à la conservation des hypothèques. *Art.* 725.

Ici, ce n'est pas, à proprement parler, une subrogation aux poursuites commencées, car la radiation d'une saisie anéantit toutes les procédures qui la concernent. Aussi, le saisissant postérieur n'est-il pas autorisé à reprendre les erremens de la saisie rayée ; elle est censée n'avoir jamais existé ; mais il commence une nouvelle procédure sur la saisie faite en son nom. La loi a voulu seulement, dans le cas de la radiation d'une première saisie, attribuer la préférence, entre plusieurs saisissans postérieurs, à celui qui le premier ferait ses diligences, sans qu'il fût besoin de considérer la date de sa présentation au bureau des hypothèques.

*Quest. I.* Quelle diligence un saisissant postérieur doit-il faire pour obtenir la préférence sur ses concurrens ? La première formalité à remplir, après qu'on a saisi un immeuble, est la transcription de l'exploit au bureau des hypothèques ; par conséquent, dès que la première saisie est rayée, le saisissant postérieur, qui veut que la sienne en prenne la place, doit s'empresser de la faire transcrire ; le conservateur ne peut plus la refuser.

Ainsi le véritable sens de la loi est que, quand une saisie a été rayée, s'il y en a de postérieures, la préférence sera donnée à celle qui, la première, aura été transcrite au bureau des hypothèques.

*Quest. II.* Faute par le premier saisissant d'avoir poursuivi sur la saisie plus ample qui lui a été dénoncée, afin de réunir les deux saisies, l'*art.* 721 autorise le second saisissant à requérir la subrogation par un simple acte d'avoué : on demande dans quel délai, à compter de la dénonciation qui lui en est faite, le premier saisissant doit suivre sur la seconde saisie, pour n'être pas accusé de négligence ?

Puisque la loi, en cette occasion, n'a point fixé de temps après lequel la subrogation pourra être demandée, il en résulte qu'elle ne tolère pas le moindre retard. Le premier saisissant doit donc prendre la poursuite de la saisie qui lui est dénoncée, sans autre délai que celui qui est nécessaire pour opérer. Par exemple, la seconde saisie, après avoir été transcrite à la conservation des hypothèques, est-elle dénoncée au premier saisissant huit jours après, celui-ci n'aura que huit jours pour la faire transcrire au greffe du tribunal ; parce que cette seconde transcription doit être effectuée dans la quinzaine du jour où la précédente a été faite au bureau des hypothèques. Si la seconde saisie n'était dénoncée au premier saisissant qu'après la transcription au greffe, après la signification au débiteur, et après avoir exposé, au tableau de l'auditoire, l'extrait du procès verbal de saisie, le premier saisissant serait considéré comme négligent, s'il différait d'adresser ce même extrait au journal, et de le faire afficher. Remarquez que, si sa première poursuite en est à ce même point, l'extrait du procès verbal de la seconde saisie et celui de la première ne formeront qu'un seul placard ; mais, si la première saisie est bien plus avancée, et qu'il s'agisse de conduire la seconde au même degré, les placards de celle-ci ne contiendront que ce qui la concerne.

On sent qu'il faut, pour faire insérer au journal, et pour faire afficher, un temps plus ou moins long, selon les localités ; en sorte que s'il y avait à cet égard difficulté, il y serait statué par le tribunal qui, d'après les circonstances, déciderait s'il y a ou non négligence de la part du poursuivant, et si la demande en subrogation est fondée.

*Quest. III.* Les frais occasionnés par la demande en subrogation, lorsqu'elle est accueillie, sont à la charge du poursuivant, qui est condamné à se laisser remplacer. De cette décision, qui est dans l'*art.* 724, §. 2, naît la question de savoir par qui sont supportés les frais de la demande en subrogation, d'abord quand elle n'est pas contestée, et ensuite quand elle est rejettée?

Puisque la loi ne condamne le poursuivant aux frais de la subrogation, que quand il l'a contestée mal à propos, ils ne sont donc pas à sa charge, quand il ne résiste point à ce qu'elle soit prononcée. Mais alors que deviennent ces mêmes frais ? Ils ne sont pas compris parmi les frais ordinaires de poursuite ; car ceux-ci ne s'étendent qu'aux procédures, qui se suivent sans aucun incident. Il faut donc les regarder comme frais extraordinaires, qui n'étant supportés par aucune des parties, seront employés, pour être payés sur le prix, d'après une disposition du jugement qui prononcera la subrogation.

A l'égard du cas où la demande en subrogation est rejettée, il n'est pas douteux que le demandeur est condamné aux dépens de l'incident qu'il a élevé injustement.

## ARTICLE IV.

### *Des Droits réclamés sur l'Immeuble saisi.*

Autrefois celui qui avait des droits sur l'immeuble pouvait former à la saisie une opposition motivée, qui prenait un nom différent, selon la nature du droit réclamé.

Ainsi, on connaissait l'opposition *à fin d'annuller*, quand l'opposant prétendait que l'immeuble lui appartenait ; car il n'y a pas de plus grande nullité que celle qui résulte d'une saisie faite *super non domino*. C'était aussi par une opposition à fin d'annuller, que le débiteur attaquait la saisie dans sa forme ; on en parlera par la suite. Ici, occupons-nous seulement des droits réclamés par des tiers sur l'objet saisi.

Outre l'opposition à fin d'annuller, il y avait celle *à fin de distraire*. Elle avait lieu, lorsqu'un tiers prétendait qu'on avait compris dans la saisie des objets qui lui appartenaient. Cette opposition ne tendait pas à rendre la saisisie nulle ; mais il en résultait que l'on faisait distraction des objets qui n'étaient pas la propriété du débiteur.

On appelait *opposition à fin de charge*, celle qui avait pour but de faire mettre dans les conditions de la vente les charges dont le bien était grevé, telles qu'une rente foncière, ou une servitude.

Une quatrième opposition était celle *à fin de conserver* ; elle était formée par tout créancier hypothécaire, à fin d'être payé sur le prix de l'adjudication, suivant l'ordre de son hypothèque.

Aujourd'hui, on a la même faculté de réclamer des droits sur l'immeuble ; mais ce n'est plus par opposition. Le tiers à qui l'objet saisi appartient en totalité ou en partie, ou à qui l'immeuble doit une charge réelle, forme sa demande, soit pour que l'objet réclamé puisse être distrait de l'adjudication, soit afin de faire comprendre, dans les conditions de la vente, les charges que lui doit l'immeuble. Nous traiterons de cette demande dans un premier paragraphe.

Le créancier qui veut conserver son droit d'hypothèque sur le prix de l'adjudication, doit prendre une inscription; nous en parlerons dans un second paragraphe.

## §. Ier.

### *De la demande en Distraction, et à fin de charge.*

Celui à qui le tout ou partie de l'immeuble saisi appartient, ne forme point opposition à fin de distraire, mais il fait connaître son droit, par une demande tendante à se faire rendre ce qu'il prétend avoir été compris mal à propos dans la saisie.

Il en est de même de celui qui a droit à une servitude sur l'immeuble saisi; il ne forme pas une opposition à fin de charge; mais, si le cahier des charges n'énonce pas celle qui est réclamée, il dirige une demande pour l'y faire comprendre. Ces deux actions sont de même nature; ainsi, ce que la loi prescrit pour la distraction, il faut l'appliquer à la demande à fin de charge; car le droit à une charge réelle, établie sur un immeuble, est véritablement la propriété d'une portion de l'immeuble : *jus in re.*

Le propriétaire de la totalité ou de partie de l'immeuble saisi sur une autre personne, ainsi que le propriétaire d'une servitude réelle, établie sur cet immeuble, peuvent former leur réclamation en tout état de cause; c'est-à-dire jusqu'à l'adjudication définitive ; sinon l'objet vendu est livré à l'adjudicataire ; et s'il s'agit d'une servitude, elle n'est pas comprise au cahier des charges.

Une pareille demande est essentiellement un incident à la saisie immobilière ; par conséquent elle doit être portée au tribunal où la vente se poursuit ; elle doit y être jugée sommairement, et elle est dispensée du préalable de la conciliation. *Art.* 718.

Sur cette demande, on appelle seulement le saisissant, la partie saisie, le créancier premier inscrit hypothécairement, et l'adjudicataire provisoire, si déjà l'adjudication préparatoire a eu lieu *Art.* 727.

C'est par requête d'avoué que cette demande doit être formée ; ce qui arrive toujours à l'égard du saisissant qui, dès l'origine de la procédure, a nécessairement constitué avoué. Mais, si le débiteur saisi n'avait pas encore d'avoué en cause, la demande en revendication lui serait signifiée à domicile. Quant au créancier premier inscrit, s'il n'avait pas d'avoué, l'exploit serait donné au domicile élu par son incription. *Ibid.*

De quelque manière que soit formée la demande, elle doit être précédée de la remise des titres justificatifs au greffe ; elle doit en conséquence contenir l'énonciation de ces mêmes titres, et copie de l'acte du dépôt qui en a été fait, *Art.* 728.

Si la réclamation porte sur la totalité des objets saisis, les poursuites sont nécessairement suspendues jusqu'après le jugement de l'incident ; mais, lorsque la demande a pour but de faire distraire seulement quelques portions de l'immeuble, les poursuites sont continuées pour les objets non réclamés. *Art.* 729.

Il en est de même, s'il s'agit de faire déclarer l'immeuble sujet à une charge réelle ; les procédures ne sont pas interrompues.

Cependant, si la distraction demandée, ou si la charge réelle qu'on réclame devait produire dans l'immeuble de trop grands changemens, les juges pourraient surseoir aux poursuites pour le tout, sur la demande qui en serait faite par une des parties intéressées. *Ibid.*

Dans le cas où déjà l'adjudication préparatoire aurait été faite, la demande en distraction change le contrat judiciaire de l'adjudicataire provisoire. Il s'était soumis seulement à l'épreuve de l'adjudication définitive ; mais, d'après l'incident qui s'élève, il serait obligé de courir l'événement d'une contestation qu'il n'avait pas prévue. Par ces motifs, la loi l'autorise non seulement à demander le sursis à toutes poursuites, puisqu'il est une des parties intéressées, mais encore à se faire décharger de son adjudication s'il le juge à propos. *Ibid.*

Le jugement qui prononce en première instance, sur la distraction en matière de saisie immobilière, est sujet à l'appel ; mais il serait trop nuisible à l'intérêt des parties, de laisser au condamné le délai ordinaire de trois mois pour se pourvoir. Il ne lui est donc accordé que quinze jours, à compter de la signification du jugement à personne ou domicile. *Art.* 730.

Ce délai s'augmente d'un jour par trois myriamètres, en raison de la distance du domicile réel des parties. Ainsi le créancier premier inscrit qui a été assigné, sur la demande en distraction, au domicile élu par son inscription, devra recevoir, à son domicile réel, la signification du jugement rendu sur cette demande. S'il croit convenable d'en interjetter appel, il aura, pour user de cette voie, un délai de quinze jours, augmenté d'un jour par trois myriamètres, pour la distance qui existe entre son domicile réel et celui des parties auxquelles il doit signifier son appel. Par ce moyen, il a, pour se déterminer, une quinzaine entière, quel que soit son éloignement; et, pour que son acte d'appel puisse arriver à ceux qui doivent le recevoir, il lui est accordé l'augmentation d'un jour par trois myriamètres. *Art.* 750.

Pour appeler du jugement dont il s'agit, on suit la forme ordinaire d'un exploit qui contient les griefs, qui donne assignation en la Cour. Les intimés doivent y comparaître dans le délai de huitaine, à compter du jour où ils reçoivent l'acte d'appel, avec une augmentation d'un jour par trois myriamètres, pour la distance qu'il y a du domicile des intimés au lieu où siège la Cour d'appel.

*Quest. I.* On a dit que la demande en distraction pouvait être formée en tout état de cause, jusqu'à l'adjudication définitive; mais, quand le propriétaire de tout ou de partie de l'immeuble, ou d'une servitude sur ce bien, n'a pas réclamé avant l'adjudication définitive, son droit est-il perdu? n'a-t-il pas la faculté d'intenter, contre l'adjudicataire, les mêmes actions qu'il avait contre le débiteur, avant que celui-ci ait été saisi et ensuite dépossédé par l'adjudication?

Cette question méritait toute l'attention des législateurs. Elle a été vivement discutée au conseil d'Etat et au tribunat. Les uns pensaient qu'au droit sacré de la propriété il ne pouvait pas être porté atteinte par une adjudication judiciaire, plus que par une vente volontaire. Or, on ne met pas en doute que, dans quelques mains qu'ait passé un bien, par des actes volontaires, celui qui y prétend droit de propriété peut intenter son action tant que la prescription n'est pas acquise.

D'autres disaient que si l'immeuble adjugé définitivement pouvait être réclamé d'une manière quelconque, les ventes sur saisie ne se feraient jamais qu'à vil prix.

On ajoutait d'ailleurs que la procédure, pour parvenir à une vente définitive, est si longue et si publique, qu'il paraît presque impossible qu'un propriétaire ne soit pas prévenu, en temps utile, d'une saisie qui peut compromettre son bien.

Enfin on proposait de donner, à l'adjudication définitive et judiciaire, la faculté de purger la propriété, seulement quand la partie saisie se trouvait en possession notoire de l'immeuble depuis deux ans au moins.

Ce dernier avis était celui de la commission chargée par le gouvernement de lui présenter un projet de Code judiciaire. Mais il n'a point été adopté; la loi porte expressément que l'adjudication définitive ne transmet à l'adjudicataire, sur l'immeuble vendu, que les droits qu'avait la partie saisie. *Art.* 731.

Celui qui veut enchérir un immeuble en justice, doit donc en examiner les titres de propriété avec le même soin que s'il s'agissait d'une acquisition à l'amiable chez un notaire; il y a même raison de s'assurer que la partie saisie est le vrai propriétaire de l'objet vendu ; les formalités judiciaires ne sont plus une garantie contre les droits que des tiers pourraient prétendre sur l'immeuble.

*Quest. II.* La demande en distraction, ou à fin de charge, selon l'*art.* 727, doit être formée par requête d'avoué contre le saisissant, la partie saisie, le créancier premier inscrit, et l'adjudicataire provisoire, si déjà l'adjudication préparatoire a été prononcée. Il est ajouté que cette demande sera formée par exploit contre celle de ces parties qui n'aurait pas d'avoué en cause ; il est évident que cette dernière disposition ne concerne que la partie saisie et le créancier premier inscrit, car le saisissant et l'adjudicataire ont nécessairement un avoué. Ainsi, il y a toujours lieu de leur faire connaître la réclamation par forme de requête. On demande si cette requête contiendra seulement des conclusions motivées ?

Pour l'affirmative, on invoque l'*art.* 718, qui établit en principe, que tout incident à la poursuite d'une saisie immobilière est jugé sommairement. Or, suivant l'*art.* 406, la requête incidente en matière sommaire ne doit contenir que des conclusions motivées ; d'où il suit que la requête contenant la demande en distraction doit se borner également à des conclusions motivées.

D'autres disent que, par suite de l'*art.* 728, la demande en distraction doit contenir l'énonciation des titres justificatifs ; qu'ainsi la requête qui introduit cette demande n'est pas seulement destinée à des conclusions motivées.

Les partisans de la première opinion ne pensent pas que la disposition de l'*art.* 728 soit un obstacle à ce que la requête de demande en distraction ne contienne que des conclusions motivées, parce que, dans de pareilles conclusions, les titres doivent toujours être énoncés. On fait ici un précepte de cette énonciation, parce que les titres qui établissent une demande en distraction doivent être déposés au greffe, et qu'il est nécessaire que ceux à qui elle est signifiée connaissent en quoi consistent ces mêmes titres.

Pour la seconde opinion on insiste, d'après *l'art.* 122 du tarif, qui taxe non seulement la requête contenant la demande en distraction, mais encore la réponse à cette requête. Cependant, le Code, *art.* 405, ne permet pas de signifier des réponses aux demandes sommaires; on doit conclure de là que la requête formant demande en distraction, sort de la classe ordinaire des matières sommaires, et qu'elle peut contenir plus que de simples conclusions motivées.

*Quest. III.* Si la demande en distraction ne frappe que sur une partie des objets, *l'art.* 729 ne veut pas que la vente du surplus soit retardée par cet incident. Néanmoins le tribunal peut, à la réquisition des parties, surseoir sur le tout. Dans ce cas, suivant le même article, l'adjudicataire provisoire, si déjà l'adjudication préparatoire a été prononcée, peut demander à être déchargé de son enchère: la question est de savoir le sens qu'il faut donner à ces mots *dans ce cas*.

Il semble qu'ils se rapportent exclusivement au cas où le sursis sur le tout a été ordonné; en sorte que, si on passe outre à la vente des objets qui ne sont pas revendiqués, l'adjudicataire provisoire ne peut pas requérir sa décharge. Mais il est plus raisonnable de dire que la faculté accordée à cet adjudicataire, par la fin de l'*art.* 729, concerne le cas prévu par le surplus de ce même article. Ce cas est celui où la revendication ne frappe que sur une portion des objets saisis : il arrive alors, ou qu'on passe outre à la vente du surplus, ou qu'il est sursis sur le tout ; mais, quelque chose que le tribunal ordonne, il n'en est pas moins certain, que dans ce cas d'une revendication partielle, l'adjudicataire provisoire peut demander sa décharge.

En effet, le prix qu'il a offert est relatif à la totalité des objets saisis ; or, si on en distrait une partie, l'engagement judiciaire qu'il a contracté est rompu. Il est vrai que la demande en distraction ne porte pas atteinte au marché fait par l'adjudicataire, tant qu'elle n'est pas accueillie ; d'où il suit qu'on pourrait attendre l'issue de l'incident, et n'écouter la demande en décharge de l'enchère, qu'au cas où la distraction aurait été ordonnée. Mais c'est précisément pour ne laisser aucun doute sur ce point qu'est faite la dernière disposition de l'*art.* 729. L'adjudicataire, sans contredit, doit être déchargé de son enchère, quand la distraction est prononcée ; et de plus, il est décidé qu'il peut requérir sa décharge aussitôt qu'est formée la demande en distraction d'une partie des objets saisis. La loi n'a pas voulu qu'il fût tenu d'attendre la décision de l'incident ; la seule chance qu'il avait consenti de courir, était celle d'une enchère plus forte que la sienne lors de l'adjudication définitive. Il survient une revendication qu'il n'a pas dû prévoir, il n'est pas juste qu'il soit forcé d'attendre les suites de cet événement.

*Quest. IV.* Un jugement qui prononce sur

une demande en distraction, est sujet à l'appel, s'il n'est pas rendu en dernier ressort. Suivant l'*art.* 730, le délai pour interjeter cet appel n'est que de quinzaine, à compter du jour où le jugement a été signifié à personne ou domicile, en ajoutant un jour par trois myriamètres de la distance qu'il y a entre le domicile réel de l'appelant et celui des autres parties. Supposons que l'appelant soit le demandeur en distraction, il fera signifier son appel au débiteur saisi, au saisissant, au créancier premier inscrit, et à l'adjudicataire provisoire, s'il y en a un. Ce n'est pas aux domiciles élus que se fait cette signification, c'est au domicile réel de chacune des parties, qui peuvent demeurer à des distances bien différentes, par rapport à l'appelant : on demande comment il doit calculer ces mêmes distances, afin d'augmenter la quinzaine accordée pour l'appel d'autant de jours qu'il sera convenable ?

Les uns disent que, suivant l'*art.* 730, l'augmentation devant avoir lieu en raison de la distance du domicile réel des parties, il faut mesurer la distance qu'il y a de la demeure de l'appelant à celle de la partie saisie, à celle du saisissant, à celle du premier créancier inscrit, et à celle de l'adjudicataire; que ces différentes distances étant ajoutées les unes aux autres, la somme qui en résulte est la distance totale sur laquelle est proportionnée l'augmentation du délai de quinzaine.

D'autres croient, avec plus de raison, qu'il faut calculer l'augmentation du délai sur la plus longue des diverses distances dont il s'agit. Le motif est que l'on peut envoyer plusieurs significations à la fois, et qu'en prenant le temps nécessaire pour franchir la plus grande distance, on aura facilement celui de vaincre les distances plus petites.

*Quest. V.* En déterminant l'augmentation de la quinzaine accordée pour interjeter appel du jugement qui prononce sur la demande en distraction, l'*art.* 729 n'a considéré que le cas où toutes les parties demeurent en France; mais si l'une d'elles habite hors du continent, cette augmentation ne peut plus se calculer à raison d'un jour par trois myriamètres de distance : on demande quelle règle on suivra en pareille circonstance?

Ceux qui comparent le délai de quinzaine pour l'appel des jugemens rendus sur les demandes en distraction aux trois mois accordés pour l'appel des jugemens en général, ne voient de différence entre l'un et l'autre délai que dans la durée; ils remarquent qu'ils sont d'ailleurs de même nature, c'est-à-dire entièrement consacrés à délibérer; ensorte que la loi ne veut pas que le temps nécessaire pour franchir les distances puisse y être compris. Or, à l'égard du délai général de trois mois, l'*art.* 445 l'augmente pour ceux qui habitent hors du continent français, comme il est réglé par l'*art.* 73, concernant les ajournemens. Si l'appelant est absent du territoire européen français, pour le service de l'État, il a un an, outre les trois mois ordinaires. Il faut donc que la quinzaine accordée pour appeler du jugement qui statue sur une demande en distraction soit augmentée dans les mêmes proportions; car il y a identité de raison, et il s'agit des mêmes distances à franchir.

## §. II.

### *Des Hypothèques dont est grevé l'Immeuble saisi.*

Tout créancier qui a un droit d'hypothèque sur l'immeuble saisi ne forme plus d'opposition à fin de conserver ; le Code civil a établi le mode d'inscription, soit pour constater l'existence de l'hypothèque, soit pour en fixer le rang.

Ainsi, lorsqu'un créancier apprend que l'immeuble sur lequel il a une hypothèque, soit légale, soit judiciaire, soit conventionnelle, a été saisi, et qu'il a déjà fait inscrire son titre, il n'a rien de plus à faire pour la conservation de son droit ; il sera nécessairement averti de la vente, et du moment où il pourra se faire colloquer à son rang, sur le prix de l'immeuble. En effet, la saisie lui sera dénoncée, comme nous l'avons dit au titre précédent. Par ce moyen, il devient partie dans l'instance d'expropriation.

Si pourtant plusieurs créanciers sont dans le même cas, et qu'il survienne des contestations incidentes, ils n'y figurent pas chacun nommément, mais par le créancier premier inscrit ; c'est le seul d'entre eux qui puisse être mis en cause, il suffit pour défendre l'intérêt commun ; on a voulu éviter les frais qui auraient lieu, si tous les créanciers paraissaient ; ce qui serait inutile, puisqu'ils ont tous le même intérêt.

L'hypothèque d'une femme sur les biens de son mari, pour raison de sa dot, est légale, ainsi que l'hypothèque d'un mineur ou interdit sur les biens de son tuteur, pour raison de la gestion de celui-ci ; elles existent indépendamment de toute inscription, et conservent leur date, l'une à compter du jour du contrat de mariage, et l'autre du jour de l'acceptation de la tutelle. *Cod. civ., art.* 2,135.

Il résulte de là que, s'il s'agit d'exproprier un mari, ou un tuteur, l'hypothèque de la femme, ou bien celle du mineur ou interdit, est conservée de plein droit sur le prix de l'immeuble.

Si, malgré cette précaution de la loi, le prix de l'immeuble d'un mari ou d'un tuteur, était distribué sans que la femme, le mineur ou l'interdit, ait été colloqué, faute d'avoir fait connaître l'hypothèque légale avant la clôture de l'ordre, le mari et le tuteur seraient responsables des dommages-intérêts résultant de leur négligence; et même ils seraient réputés stellionataires, et par conséquent contraignables par corps. *Cod. civ., art.* 2136.

Le subrogé tuteur, étant établi pour veiller aux intérêts que le mineur ou l'interdit peut avoir contre le tuteur, est tenu, sous sa responsabilité personnelle, et à peine de tous dommages-intérêts, de faire prendre, dans les délais convenables, les inscriptions légales, pour raison de la gestion du tuteur. *Ibid., art.* 213.

Comme les hypothèques légales subsistent indépendamment de toute inscription, il n'est besoin, pour qu'elles reçoivent leur effet, que de les faire connaître. Or, peu importe comment cette connaissance parvient au conservateur; c'est pourquoi, à défaut par les maris, tuteurs et subrogés tuteurs, de faire faire les inscriptions ordonnées, elles peuvent être requises par le procureur impérial près le tribunal civil, soit du domicile des maris ou tuteurs, soit de la situation des biens. *Ibid.*, *art.* 2138.

La loi pousse plus loin encore sa prévoyance; car elle veut en outre que les parens, ou amis, soit du mari, soit de la femme, et ceux des mineurs, puissent requérir les inscriptions. Enfin, les femmes et mineurs sont eux-mêmes autorisés à se faire inscrire, sans autre formalité que celle de se présenter au conservateur des hypothèques. *Ibid.*, *art.* 2139.

*Quest. I.* On a dit plus haut qu'un créancier hypothécaire n'a point à former d'opposition à fin de conserver, et que son droit est en sûreté par l'effet de l'inscription qu'il a prise sur l'immeuble. Si, lors de la saisie, un créancier n'avait pas encore fait inscrire son titre, son hypothèque serait-elle perdue?

La négative ne présente aucun doute, lorsqu'on réfléchit que le débiteur n'est exproprié que par l'adjudication définitive exécutée, c'est-à-dire, transcrite au bureau des hypothèques. Ainsi, tout créancier ayant titre hypothécaire sur les biens saisis est toujours à temps de prendre son inscription, tant que l'adjudcation définitive n'est pas encore transcrite sur le registre de la conservation des hypothèques.

Mais, dit-on, l'*art.* 695 veut qu'un exemplaire du placard soit signifié à chaque créancier inscrit, au moins huit jours avant la première publication; et, suivant l'*art.* 696, les créanciers ne deviennent parties dans la poursuite de saisie immobilière, qu'à compter du jour où cette signification a été enregistrée au bureau des hypothèques. Or, un créancier qui prend son inscription, par exemple, après les publications, n'a pas pu recevoir la signification du placard, ni être lié par conséquent à la procédure de saisie; d'où on conclut qu'il ne peut pas espérer d'être traité comme les créanciers qui étaient déjà inscrits, lorsque s'est faite la notification du placard.

L'effet de l'inscription est de donner droit au créancier d'être colloqué sur le prix de l'immeuble dans l'ordre de son hypothèque, et avant tous les simples créanciers chirographaires. Il est évident qu'une inscription, quelque tardive qu'elle soit, si elle est prise tant que le débiteur n'est pas encore exproprié, vient encore à temps pour être mise à son rang lors de la distribution du prix de l'immeuble. Il est vrai que le créancier à qui elle appartient n'a pas été appelé aux publications, et même que la saisie a pu être rayée sans sa participation, tant que son titre n'a pas été inscrit; mais cette circonstance, qui ne pourrait blesser que ses intérêts, et qu'il ne peut imputer qu'à lui-même, ne change rien à la nature de sa créance, dont il fixe l'hypothèque dans un temps utile, dès qu'il prend inscription pendant que son débiteur est encore propriétaire de l'immeuble. Les créanciers antérieurement inscrits auront été liés à la poursuite, tandis que le créancier tardif n'aura pas eu cet avantage; voila la seule différence. A l'égard du résultat de l'inscription de ce dernier, elle sera le même que s'il se fût trouvé parmi ceux à qui le placard a été dénoncé.

*Quest. II.* Si un créancier hypothécaire ne prend son inscription sur l'immeuble saisi qu'après la première publication, le poursuivant sera-t-il tenu de lui faire notifier un exemplaire du placard lors de la prochaine apposition qui en sera faite ?

Le poursuivant n'est obligé de prendre connaissance des inscriptions qu'une seule fois, pour notifier le placard huitaine avant la première publication. Si donc un créancier ne fait inscrire son titre que postérieurement à cette première notification du placard, il est clair que le saisissant n'en aura aucune connaissance, et que par conséquent il ne pourra pas faire de notification.

Mais si, après avoir pris son inscription, le créancier tardif la fait signifier au saisissant, alors du moins celui-ci ne doit-il pas notifier le placard, pour faire connaître au créancier intervenant à quel point en est la saisie? Cette connaissance est due aux créanciers qui se sont fait inscrire avant la première publication; pourquoi ne serait-elle pas donnée au créancier qui s'est fait inscrire postérieurement, lorsqu'il annonce son droit? On répond que la loi n'a pas prescrit cette notification, et qu'en cette matière, plus encore qu'en toute autre, on n'est pas tenu de faire un acte de procédure qui n'est pas ordonné; il faut même dire qu'on ne doit pas se permettre d'en faire d'autres que ceux déterminés par la loi. Cependant, la notification du placard devant être faite aux créanciers, il ne paraîtrait pas irrégulier de notifier le placard au créancier tardif; car il aurait le droit d'en demander communication, si on ne lui faisait pas cette notification. Au surplus, quand même il serait vrai que cette notification n'est pas obligée, il est certain que la saisie ne pourra plus être rayée sans la participation de ce dernier créancier, à compter du jour où son inscription aura été signifiée au saisissant.

*Quest. III.* Comment les créanciers chirographaires peuvent-ils veiller à leurs droits, lors de la poursuite d'une saisie immobilière?

Un créancier, soit hypothécaire, soit chirographaire, ne peut, par aucun moyen, arrêter le cours des poursuites; car son unique intérêt est de n'être pas oublié lors de la distribution du prix de l'immeuble. Il suffit donc à tout créancier, quel que soit son titre, de s'assurer que l'ordre ne s'établira pas pour la distribution du prix, sans y être appelé. Or, les créanciers hypothécaires ont cette certitude, dès qu'ils ont pris inscription avant que l'adjudication définitive ait été transcrite au bureau des hypothèques.

A l'égard des simples créanciers chirographaires, on sait qu'ils ne pourront être colloqués dans l'ordre, qu'après l'entier paiement de tous les hypothécaires, s'il reste encore des deniers à distribuer. Cependant, le cas pouvant arriver, ils ont droit de s'assurer que le surplus du prix de l'objet vendu ne leur échappera pas. A cet effet, ils peuvent former opposition seulement sur le prix de la vente, à peu près comme il est dit pour le cas prévu par l'*art.* 609, où il est parlé de l'opposition des créanciers sur le prix de la vente des meubles. En effet, ce qui reste du prix d'un immeuble après le paiement des créances hypothéquées n'est pas considéré, à l'égard des simples créances chirographaires, autrement que le serait le prix d'objets mobiliers ; il leur sera distribué par contribution de la même manière. En conséquence, pour conserver leurs droits sur ce reste de prix, il nous semble qu'ils n'ont pas autre chose à faire qu'une opposition entre les mains du saisissant, et signifiée à l'adjudicataire, quand l'adjudication définitive se trouvera faite. Il ne sera pas besoin d'assigner cet adjudicataire en déclaration, puisque le prix qu'il doit est juridiquement constaté. Si, par une des conditions de l'enchère, celui-ci est tenu de déposer le prix de l'immeuble, l'opposition du créancier chirographaire qui se présente après la consignation, sera signifiée au dépositaire.

## ARTICLE V.

### *Des Incidens élevés par le Débiteur.*

Un des obstacles que le débiteur peut apporter à la saisie, est l'appel du jugement en vertu duquel il est poursuivi, lorsque ce jugement a été rendu en première instance. Cette circonstance a mérité l'attention particulière de la loi ; nous en parlerons dans un premier paragraphe. Il arrive aussi que, pendant le cours des poursuites, le débiteur attaque les différens actes de procédure, comme nuls, et irréguliers. On distingue à ce sujet les nullités qui précèdent l'adjudication préparatoire, et les nullités qui lui sont postérieures ; ce sera la matière de deux autres paragraphes.

## § Ier.

### *De l'Appel du jugement en vertu duquel est faite la Saisie.*

Une saisie immobilière peut se faire en vertu d'un titre exécutoire quelconque ; par conséquent elle peut avoir lieu en vertu d'un jugement. Lorsque la partie saisie veut gagner du temps, elle s'avise quelquefois d'interjeter appel du jugement qui sert de titre au poursuivant, quoiqu'elle n'eût pas songé à prendre cette voie, sans la contrainte qu'elle éprouve.

La faculté d'interjeter appel de tous les jugemens qui statuent sur des contestations incidentes à la saisie immobilière ne peut s'exercer, comme on l'a dit, que pendant une quinzaine. Mais le jugement, en vertu duquel est faite la saisie, n'est pas compris dans cette disposition, puisqu'il est le titre fondamental des poursuites, et non pas un simple accessoire. Cependant, laissera-t-on au débiteur tout le délai qui est accordé en général pour l'appel des jugemens ? Il en résulterait qu'il choisirait souvent, pour interrompre la procédure, un moment où il serait important qu'elle ne fût pas retardée.

Pour éviter cet inconvénient, le Code a décidé que l'appel du jugement, en vertu duquel a été faite la saisie, ne peut plus être interjeté, quand les trois jours qui précèdent la mise du cahier des charges au greffe, sont expirés. Jusqu'à cette époque seulement, l'assignation, contenant l'appel, peut être signifiée. En même temps elle doit être dénoncée au greffier du tribunal où la saisie se poursuit ; et ce greffier vise l'original de l'exploit de dénonciation. *Art.* 726.

On a voulu éviter les surprises, et assurer la suspension des procédures pendant l'instance d'appel. Le tribunal, averti ainsi par son greffier que le titre du saisissant est attaqué, ne permettra pas de faire des poursuites ultérieures avant qu'il ait été statué en dernier ressort. *Ibid.*

Si les formalités qu'on vient d'expliquer ne sont pas remplies dans le temps prescrit, le débiteur n'est plus reçu à se pourvoir par appel contre le jugement dont il s'agit. Ainsi, il ne suffit pas qu'il ait fait signifier son intimation, il faut encore qu'il l'ait dénoncée au greffier, et que celui-ci ait visé l'original de l'acte d'appel; autrement, sans égard à l'appel irrégulier, il serait passé outre aux poursuites et à l'adjudication définitive. *Ibid.*

*Question.* Si le jugement, dont est appel, est exécutoire par provision, la suspension des procédures aura-t-elle lieu? Non, sans doute: elles seront continuées nonobstant l'appel; mais les poursuites ne pourront se faire que jusqu'à l'adjudication définitive exclusivement. On ne procédera à cette adjudication que quand il aura été statué sur l'appel. En effet, comme on l'a dit au titre précédent, l'expropriation forcée ne peut être opérée qu'en vertu d'un jugement définitif rendu en dernier ressort, ou passé en force de chose jugée.

## §. II.

### *Des Nullités de la procédure antérieure à l'Adjudication préparatoire.*

Le moyen le plus ordinaire, qu'emploie un débiteur saisi, est d'attaquer les diverses parties de la procédure comme nulles. Pour éviter les abus qui pourraient résulter de cette faculté, la loi a réglé que les nullités, concernant les procédures antérieures à l'adjudication préparatoire, ne sont plus proposables, après qu'elle a été prononcée. *Art.* 733.

Ce n'est plus, comme autrefois, par forme d'opposition à fin d'annuller, que les moyens de nullité sont proposés. Ils font l'objet d'une demande qui s'introduit, par acte d'avoué, sans préalable de conciliation, et s'instruit sommairement, comme tout incident à une saisie immobilière. *Art.* 718.

Toute demande en nullité, formée avant l'adjudication préparatoire, empêche que cette adjudication ne soit prononcée, jusqu'à ce qu'il ait été statué sur l'incident. Si la nullité est accueillie, les poursuites ne peuvent être reprises qu'en recommençant les procédures déclarées nulles, et toutes celles qui les ont suivies.

Si les moyens de nullité sont rejetés, et que la procédure se trouve conduite jusqu'à l'adjudication préparatoire, elle sera prononcée par le même jugement. *Art.* 733.

De là il suit que les audiences des criées, en cas d'expropriation forcée, doivent être tenues, non pas comme celles des licitations, par un juge commis, mais par le tribunal : il doit pouvoir décider sur le champ les difficultés qui se présentent relativement aux saisies immobilières. Lors donc qu'on est près de faire l'adjudication préparatoire, et qu'une nullité est proposée, il faut que le tribunal, dans la même audience où il aura rejeté les moyens de nullité, puisse, s'il y a lieu, adjuger provisoirement l'immeuble saisi.

On a la faculté d'interjeter appel d'un jugement qui statue sur une demande en nullité, comme de tous ceux qui prononcent sur d'autres incidens à une saisie immobilière. Mais, quand les moyens de nullité sont rejetés, le même jugement prononce l'adjudication préparatoire, si le temps de la faire est arrivé ; ensorte que la considération de l'appel ne doit pas arrêter. En effet, cette adjudication n'étant que provisoire, elle ne préjudicie en rien au droit des parties, qui peuvent user de la voie de l'appel si bon leur semble.

Au reste, pour cet appel, comme pour tous ceux des jugemens rendus pendant le cours d'une saisie immobilière, il n'est accordé que quinzaine. En cette occasion, le délai court du jour où le jugement a été signifié à avoué ; on n'exige pas que la signification ait été faite à personne ou domicile, afin d'accélérer la marche de la procédure. *Art.* 734.

Il faut donc que les avoués se fassent autoriser par avance à interjeter appel des jugemens qui pourraient statuer sur des nullités, en matière de saisie immobilière ; autrement, si leurs parties demeurent loin, il est à craindre que le temps utile pour appeler ne soit trop court pour envoyer des pouvoirs nécessaires.

La forme de cet appel est la même que celle des actes du même genre, puisque la loi ne prescrit rien à cet égard. Elle dit seulement qu'il sera notifié au greffier et visé par lui. *Ibid.*

Ainsi, on doit signifier l'acte d'appel par exploit, à personne ou domicile, déduire les griefs, et assigner en même temps à la Cour, dans les délais ordinaires. Une copie de ce même acte est signifiée au greffier du tribunal où se poursuit la vente, et ce greffier met son visa sur l'original de la notification.

L'acte d'appel, et celui de la notification au greffier, sont mis au nombre des exploits de première classe, et taxés de même, 2 fr. 20 c., ou 1 fr. 80 c., ou 1 fr. 50 c., selon que l'on est dans une ville du premier ordre, ou du second ordre, ou partout ailleurs. *Tarif, art.* 29; *Decret, art.* 2 et 3.

*Question I.* Si les moyens de nullité relatifs à la procédure qui précède l'adjudication préparatoire sont rejetés, l'*art.* 733 dit que le même jugement prononcera cette adjudication : faut-il conclure delà qu'aucune nullité ne peut être jugée avant les trois publications ?

En effet, l'adjudication préparatoire ne peut avoir lieu qu'après trois publications au moins. Or, s'il faut prononcer cette adjudication par le même jugement qui rejette les nullités, il est indispensable que déjà les publications soient faites lorsqu'on prononce sur les nullités.

Le sens de cet article est seulement de faire sentir que les demandes en nullité des premières procédures ne doivent pas ralentir la poursuite. Il n'en faut pas conclure que le débiteur soit tenu d'attendre la troisième publication, pour attaquer les actes de la procédure. Aussitôt qu'il a connaissance de la saisie, il n'est pas douteux qu'il peut opposer les nullités, s'il en trouve dans le procès verbal, ou dans les transcriptions qui ont lieu au bureau des hypothèques et au greffe, ou dans la notification qui lui est faite, soit de la saisie, soit du placard.

Cependant, pour que les demandes en nullité ne soient pas multipliées à dessein d'occasionner du retard, le tribunal, si rien ne s'y oppose, peut réunir celles qui sont faites à diverses époques, et attendre, pour les juger toutes ensemble, le moment après lequel il ne sera plus permis d'en opposer de nouvelles. Ce moment est celui de l'adjudication préparatoire, à l'égard des procédures qui la précèdent. Si donc on n'a pas statué sur ces nullités avant le jour où doit avoir lieu cette adjudication, on sera en état de la prononcer par le même jugement, si les moyens de nullité venaient à être rejetés. Par cet arrangement, quand il est pratiquable, aucun retard n'est occasionné par des demandes indiscrètes de la part du débiteur.

Les questions qui terminent le paragraphe suivant sont applicables à celui-ci ; il y est parlé en général des nullités, soit antérieures, soit postérieures à l'adjudication préparatoire.

## §. III.

### *Des Nullités postérieures à l'adjudication préparatoire.*

Après l'adjudication préparatoire, il n'est plus possible d'attaquer de nullité les procédures qui l'ont précédée. On ne peut donc s'occuper, quand elle a été prononcée, que des nullités des actes postérieurs. Elles doivent être proposées nécessairement vingt jours, au moins, avant celui qui est indiqué pour l'adjudication définitive. Dès que ces vingt jours sont commencés, aucun moyen de nullité n'est recevable. *Art.* 735.

Ce n'est plus, comme autrefois, par opposition qu'on procède, pour faire annuller une des procédures qui suit l'adjudication préparatoire. On forme la demande par requête d'avoué; elle doit contenir indication d'un jour fixe pour venir plaider. *Art.* 735.

Le jour auquel le défendeur à l'incident est cité par cette requête, doit être très-prochain; car les juges sont tenus de statuer sur les nullités, dix jours avant l'adjudication définitive. De là naît l'obligation où est le demandeur en nullité de mettre le tribunal à portée de prononcer dans le temps prescrit. *Ibid.*

Si les moyens de nullité sont déclarés valables, on recommence les procédures viciées; et, s'il y a lieu, un nouveau jour est indiqué par le jugement pour l'adjudication définitive.

Si les nullités ne sont pas admises, rien n'arrête l'adjudication définitive; elle se fait le jour qui se trouvait indiqué avant la demande incidente.

Elle peut être retardée néanmoins par l'appel du jugement qui rejette les moyens de nullité. Mais, pour qu'on ne puisse abuser de cette voie, à l'approche de l'adjudication définitive, la loi n'accorde que huitaine, pour appeler d'un jugement qui prononce sur une demande en nullité, concernant les procédures postérieures à l'adjudication préparatoire. Ce délai court, non pas comme dans les autres circonstances, du jour de la signification du jugement; mais du jour où il a été prononcé. *Art.* 736.

Par cette disposition, il est évident que la loi ne favorise pas beaucoup cette sorte d'appel. Il devient donc nécessaire que la partie qui n'est pas sur les lieux mêmes, ait la précaution de donner, par avance, à son avoué, l'autorisation d'appeler des jugemens concernant les nullités; autrement, il y aurait souvent impossibilité d'envoyer un pouvoir en temps utile.

Au surplus, cet appel, fait dans la forme ordinaire, doit, comme tous ceux qui sont incidens à une saisie immobilière, être dénoncé au greffier du tribunal où le jugement a été rendu : ce greffier vise l'original de la dénonciation. C'est par cette formalité que le tribunal est instruit légalement qu'il y a appel, et qu'il doit surseoir à l'adjudication définitive, jusqu'à ce que la Cour ait statué. *Ibid.*

Par une dernière précaution, la loi défend aux parties de proposer en Cour d'appel d'autres moyens de nullité que ceux présentés en première instance. On a voulu ôter aux plaideurs obstinés tout prétexte de différer la vente de l'immeuble saisi. *Ibid.*

*Quest. I.* Dans quelle forme doivent être présentées les demandes en nullité, dans la poursuite d'une saisie immobilière?

Il n'est rien dit à cette égard dans l'*art.* 733, qui parle des nullités antérieures à l'adjudication préparatoire; et cependant l'*art.* 733, concernant les nullités postérieures, veut qu'elles soient proposées par requête avec avenir à jour indiqué.

Toute demande en nullité formée, soit avant, soit après l'adjudication préparatoire, est un incident; de plus, toute demande incidente à une poursuite de saisie immobilière, suivant l'*article* 718, est toujours jugée sommairement. Or, l'*art.* 406 veut que les incidens, en matière sommaire, soient introduits par requête contenant simplement des conclusions motivées.

Voilà donc bien évidemment la forme des demandes en nullités, tant antérieures que postérieures à l'adjudication préparatoire.

Cependant, le tarif, *art.* 733 et 735, taxe la requête et la réponse en nullité de poursuite immobilière : or, en matière sommaire, suivant le Code, *art.* 405, aucune réponse n'est signifiée. De là les uns concluent que les demandes en nullité de poursuites immobilières sortent de la classe ordinaire des matières sommaires, et qu'on peut donner aux requêtes qui contiennent ces demandes toute l'étendue nécessaire. D'autres disent que le décret de la taxe n'a pas pu détruire la force de la loi qui veut que tous les incidens en saisie immobilière soient sommaires, et qui défend de fournir réponse à une demande sommaire autrement qu'à l'audience.

*Quest. II.* Quand et comment peut-on proposer les nullités qui se trouvent dans le jugement d'adjudication, soit préparatoire, soit définitif ? On aurait un exemple auquel pourrait s'appliquer cette question, si l'adjudication avait été prononcée sans avoir allumé le nombre des bougies prescrit, à peine de nullité, par l'*article* 708.

En considérant qu'une adjudication, soit préparatoire, soit définitive, est un jugement, on conçoit que la manière de le faire rectifier, s'il n'est pas en dernier ressort, est d'en interjeter appel ; s'il est en dernier ressort, on l'attaque par la requête civile ou la cassation.

A l'égard du délai dans lequel on doit se pourvoir de l'une ou de l'autre manière, on peut dire en général qu'il est le même que s'il s'agissait de tout autre jugement. Cependant, relativement à la matière particulière dont nous nous occupons, il faut remarquer que toute nullité de procédure n'est que relative, et qu'elle se couvre par un acte quelconque, auquel on a participé depuis la nullité commise. Ainsi, le poursuivant n'est plus en droit d'interjeter appel du jugement d'adjudication préparatoire, lorsqu'il a fait afficher les nouveaux placards pour annoncer l'adjudication définitive. Si les autres parties laissent procéder à l'adjudication définitive sans réclamer contre l'adjudication précédente, il est évident qu'elles ne sont plus recevables à attaquer celle-ci par appel ou autrement.

Pareillement, s'il s'agit d'une adjudication définitive, l'appel n'en est plus recevable de la part des parties qui l'ont volontairement exécutée. D'où il suit que si l'adjudicataire paye les frais ordinaires de poursuite, afin d'obtenir l'expédition de son titre, il a exécuté volontairement le jugement d'adjudication. On en peut dire autant du poursuivant qui a reçu le montant des frais de poursuite : l'un et l'autre sont donc non recevables dès lors à interjeter appel de ce même jugement.

Lorsque l'adjudicataire ne remplit pas les conditions de son enchère dans les vingt jours, et que le poursuivant le contraint, soit par les voies ordinaires, soit par la folle enchère, celui-ci devient par là non recevable à se pourvoir contre le jugement d'adjudication dont il exige l'exécution. De son côté, le débiteur cesse également d'avoir droit de se pourvoir contre l'adjudication définitive, lorsque, sur la signification qui lui en est faite, il abandonne volontairement la jouissance de l'immeuble dont il se trouve exproprié. S'il ne cède cette jouissance qu'en faisant des réserves, et seulement pour éviter la contrainte par corps, il n'est pas douteux qu'il conserve la faculté de se pourvoir contre le jugement d'adjudication définitive, pendant les délais fixés, soit pour l'appel, soit pour la requête civile, soit pour la cassation.

*Quest. III.* Les nullités des procédures relatives à la saisie immobilière ne sont-elles proposées que par le débiteur? les autres intéressés à la poursuite peuvent-ils aussi former des demandes en nullité?

Toutes les nullités de procédure sont essentiellement relatives, comme on le voit par l'*art.* 173, qui les déclare susceptibles d'être couvertes, si on néglige de les proposer avant d'avoir fait d'autres actes de procédure. Or, il est de principe que les nullités de ce genre ne peuvent être opposées que par ceux en faveur de qui elles ont été établies. C'est ainsi que le demandeur qui, dans un ajournement, aurait omis, par exemple, d'indiquer sa demeure, ne pourrait pas demander la nullité de l'exploit; tandis que cette omission servirait au défendeur pour faire déclarer nul l'ajournement.

Pareillement, les nullités, en matière de saisie immobilière, sont toutes prononcées en faveur du débiteur; en sorte que le poursuivant ne peut jamais argumenter des fautes d'une procédure qui est son ouvrage; le débiteur a donc seul le droit de les relever, et même, s'il laisse passer le temps utile pour les faire valoir, elles sont couvertes. Ainsi, après l'adjudication préparatoire, il ne peut plus opposer les nullités qui se trouvaient dans la procédure antérieure;

et à l'égard de la procédure postérieure, il ne peut plus l'attaquer de nullité, dans les vingt jours qui précèdent l'adjudication définitive.

Mais, dit-on, la notification du placard imprimé doit être faite aux créanciers inscrits, huitaine au moins après la première publication du cahier des charges, comme le prescrit l'*art.* 695, sous peine de nullité; or, on ne peut pas disconvenir que cette formalité ne soit établie pour l'intérêt de chaque créancier inscrit en particulier. Donc, si le poursuivant y manque, le créancier qui n'aurait pas reçu la notification du placard dans le délai déterminé pourrait proposer la nullité.

La réponse est, que les seules parties principales dans la poursuite d'une saisie immobilière, sont le saisissant et le débiteur: les créanciers n'y assistent que pour veiller à ce que la procédure se suive sans compromettre leurs intérêts. Il est vrai que le poursuivant qui ne fait pas notifier le placard à un des créanciers au temps convenable agit contre les intérêts de ce créancier; comme aussi lorsque le poursuivant commet des nullités quelconques, il blesse l'intérêt commun des créanciers; dans ces différens cas, les créanciers ont effectivement le droit de s'en plaindre, mais ils ne s'avisent pas de former des demandes en nullité; ils préfèrent exercer leur surveillance par la voie qui leur est ouverte dans l'*art.* 722: il y est dit que tout créancier pourra se faire subroger en la place du poursuivant, si ce dernier se rendait coupable de collusion, fraude ou négligence. Le même article ajoute qu'il y a négligence, si une des formalités prescrites n'a pas été faite, ou ne l'a pas été dans le délai fixé.

Ainsi, chaque classe d'intéressés à une saisie immobilière trouve une manière différente d'agir pour ses intérêts : le saisissant fait seul les poursuites, et par conséquent ne peut pas réclamer contre les nullités, puisqu'elles seraient son ouvrage: les créanciers, en cas de nullités commises de la part du saisissant, peuvent demander contre lui la subrogation ; enfin, le débiteur peut former des demandes en nullités, quand la procédure n'est pas régulière. On voit que c'est à lui seul ordinairement qu'il convient d'élever ces sortes d'incidens.

*Quest. IV.* Les délais fixés par les *art.* 734 et 736 pour interjeter appel des jugemens de nullité en matière de saisie immobilière, sont-ils susceptibles d'être augmentés proportionnément à la distance qu'il y a de la demeure de l'appelant à celle de l'intimé?

L'augmentation proportionelle prononcée par l'*article* 1033, pour le délai général qui suit les significations faites par exploit, ne peut pas s'appliquer ici, parce que les jugemens dont il s'agit ne sont pas signifiés à personne ou domicile. En effet, la quinzaine prescrite par l'*article* 734, pour l'appel des jugemens qui y sont mentionnés, court du jour de la signification à avoué, et la huitaine fixée par l'*art.* 736, pour l'appel des jugemens dont il y est parlé, court du jour où ils ont été prononcés. Or, ces délais bien souvent ne seraient pas même suffisans pour faire arriver une signification au domicile des parties. D'où on conclut que les jugemens de nullité, en matière de saisie immobilière, ne sont pas destinés à être signifiés autrement qu'à avoué. Il est donc évident qu'il n'y a pas lieu à l'augmentation proportionnée aux distances qui séparent les domiciles des parties, puisque l'article 1033 ne prononce cette augmentation, que pour les délais résultant des exploits remis à personne ou domicile. Voyez au surplus la question suivante.

*Quest. V.* Les jugemens rendus sur des demandes en nullité, dans une poursuite de saisie immobilière, ne doivent pas être signifiés au domicile des parties, ainsi qu'on l'a dit dans la question précédente; les avoués à qui en sont faites les significations doivent en interjeter appel, s'il y a lieu : faut-il conclure de là que l'avoué, qui est chargé d'occuper dans une poursuite de cette nature, est, de plein droit, autorisé à interjeter appel de ces mêmes jugemens ?

Pour l'affirmative, on dit que, s'il en était autrement, la loi aurait rendu impossible l'appel dont il s'agit; car bien souvent un avoué, quelque diligence qu'il fasse, ne peut pas en quinze jours, ni, à plus forte raison, en huit jours, avoir le tems d'annoncer le jugement à sa partie, et en recevoir une réponse.

Pour la négative, on dit que le cas des demandes en nullité est facile à prévoir, lorsque l'on donne autorisation à un avoué de se constituer en matière de saisie immobilière. Le même pouvoir doit contenir celui d'interjeter appel des jugemens dont est question; si le cas dont il s'agit n'y est pas compris, c'est à la partie seule, qu'il faudra imputer l'impossibilité où elle se trouvera d'interjeter appel dans les courts délais fixés. L'objet d'un appel de ce genre n'est jamais assez important pour qu'on ait besoin de consulter sérieusement avant de se déterminer; et l'avoué auquel on a donné sa confiance est bien en état de reconnaître s'il est convenable de se pourvoir par appel sur un jugement de nullité. Rien donc n'empêche que l'on ne donne à cet avoué un pouvoir, par avance, pour interjeter appel en cette matière.

Les partisans de la première opinion pensent de même de la confiance qu'il faut, en pareil cas, accorder à l'avoué; mais, ils regardent le pouvoir qu'il a reçu de se constituer comme suffisant pour interjeter appel. Les autres ne veulent pas qu'on suppose un pouvoir qui n'est pas exprimé formellement par la partie, ni attribué formellement par la loi.

De cette discussion il résulte que les avoués ne doivent pas oublier, dans les pouvoirs qui leur sont donnés pour occuper dans une poursuite de saisie immobilière, de faire insérer une autorisation à l'effet d'interjeter appel des jugemens qui pourraient intervenir sur des incidens.

*Quest. VI.* Quel délai a-t-on pour se présenter sur l'appel d'un jugement, concernant des nullités en matière de saisie immobilière?

Il n'y aurait pas l'utilité qu'on a voulu retirer de l'abréviation de délais qu'on remarque dans les *art.* 734 et 736, si, pour comparaître sur l'intimation, les délais n'étaient pas également abrégés. Voilà pourquoi, disent quelques personnes, ces deux articles n'ayant considéré que le domicile des avoués de chaque partie pour déterminer les délais de l'appel, ceux pour comparaître sur l'intimation ne doivent etre réglés pareillement qu'en raison du domicile des avoués. En conséquence, l'exploit d'appel doit être signifié à domicile d'avoué; et les délais pour se présenter en la Cour d'appel doivent se calculer comme si les parties demeuraient chacune chez son avoué de première instance.

D'autres, qui ne voient dans la loi rien de plus que ce qu'elle prescrit, soutiennent que les délais pour interjeter appel sont les seuls qui se trouvent abrégés par les *articles* 734 et 736; d'où il suit que les délais, pour comparaître sur l'intimation, restent fixés par les règles communes à tous les ajournemens. Selon cette opinion, l'exploit d'appel doit être signifié à personne ou domicile; et chaque intimé a, pour se présenter en la Cour d'appel, le délai ordinaire de huitaine, augmenté d'un jour par trois myriamètres de la distance qu'il y a entre la demeure du plus éloigné et le lieu où siége la Cour d'appel.

Par une suite nécessaire de cette opinion, si l'un des intimés demeure hors du continent français, il faudra lui donner, pour venir ou envoyer des pouvoirs à un avoué de la Cour, le temps proportionnel prescrit par *l'art.* 73 pour toutes les espèces d'ajournemens.

Mais, disent les uns, si la loi est pratiquée de cette manière, elle n'aura pas procuré à la procédure d'appel dont il s'agit toute la célérité qu'elle semblait annoncer. La réponse des autres est, que les règles générales de l'appel ne doivent recevoir que les exceptions qui sont formellement exprimées par la loi; or, dans les *art.* 734 et 736, l'exception ne porte que sur les délais pour interjeter l'appel, et non pas sur ceux pour comparaître en la Cour; non plus que sur la forme prescrite pour signifier tout acte d'appel. La loi a cru sans doute faire assez pour l'accélération de la procédure, en abrégeant seulement le temps destiné à interjeter appel; elle a pensé que, pour charger un avoué en la Cour, il fallait nécessairement que la partie elle-même fût prévenue; ainsi, elle a voulu que la signification de l'acte d'appel fût faite à personne ou domicile, et, par conséquent, que le délai ordinaire pour se présenter fût susceptible de l'augmentation réglée en proportion des distances.

## ARTICLE VI.

### *De la Folle Enchère.*

On appelle *folle enchère*, celle sur laquelle a été adjugé l'immeuble saisi, quand l'adjudicataire ne satisfait pas aux conditions qui lui sont imposées. On le considère comme ayant follement enchéri l'objet vendu.

Comme il ne peut se mettre en possession de l'immeuble qu'il a acquis, sans remplir les engagemens de son enchère, dans les vingt jours accordés pour y satisfaire, dès que ce délai est expiré, sans que toutes les conditions exigibles du cahier des charges ayent été exécutées, l'immeuble peut être remis en vente sur la folle enchère de l'adjudicataire. *Art.* 737.

Pour y parvenir, la partie qui veut commencer la poursuite de la folle enchère, après l'expiration des vingt jours, se fait délivrer par le greffier un certificat constatant que l'adjudicataire n'a point rempli les conditions exigibles du cahier des charges. *Art.* 738.

Pour requérir ce certificat, il est alloué à l'avoué une vacation taxée à Paris et villes du premier ordre, 3 fr.

Dans les villes du second ordre, 2 fr. 70 c.

Partout ailleurs, 2 fr. 25 c.

Sur ce certificat, sans autre procédure ni jugement, on fait apposer de nouveaux placards, et insérer dans le journal une nouvelle annonce, dans les mêmes formes que celles prescrites pour parvenir à l'adjudication, et qu'on a expliquées plus haut. On y indique le jour où il sera fait une nouvelle publication de l'immeuble revendu sur folle enchère. *Art.* 741.

La publication nouvelle ne pourra être faite que quinzaine au moins après l'apposition des placards où elle se trouve indiquée. *Ibid.*

Le placard est signifié à l'avoué, par le ministère duquel la folle enchère a été reçue, ainsi qu'à l'avoué de la partie saisie. Dans le cas où celle-ci n'aurait pas constitué d'avoué, le placard lui serait signifié à personne ou domicile. *Art.* 740.

Cette signification du placard doit être faite au moins huit jours avant celui qui y est indiqué pour la nouvelle publication. *Ibid.*

Quinzaine après cette première publication, il en est fait une seconde, lors de laquelle il est permis de procéder à une adjudication préparatoire. *Art.* 741.

A la quinzaine suivante, ou à tel autre jour plus éloigné, qu'il plaît au tribunal de fixer, on fait une troisième publication, à la suite de laquelle, s'il est convenable, l'adjudication définitive peut être prononcée. *Art.* 741.

Les seconde et troisième publications doivent aussi être annoncées chacune par des insertions dans le journal, et par des exemplaires du placard, affichés dans les lieux désignés par la loi. Il n'est pas dit de combien de temps les annonces et les affiches doivent précéder chaque publication, il suffit que la formalité ait été remplie. Cependant, il est bon de mettre au moins huitaine d'intervalle entre les avertissemens et les publications.

Quant aux autres formalités des annonces, il faut suivre ce qui est prescrit sur cet objet au chapitre précédent. *Ibid.*

Pour la manière de constater les annonces et les diverses appositions de placards; pour leur contenu; pour la forme des publications; pour celle des enchères et des adjudications on doit suivre, sur la folle enchère, ce qui est prescrit, à l'égard des mêmes circonstances, dans le chapitre précédent. *Ibid.*

Les publications, les enchères et les adjudications sur folle enchère, sont consignées sur le cahier des charges, à la suite de l'adjudication faite au fol enchérisseur; en sorte que ce même cahier forme la minute du jugement qui sert de titre au nouvel adjudicataire.

Pendant toute cette procédure, dirigée contre le fol enchérisseur, il a la faculté de remplir les engagemens de son adjudication. Les poursuites cessent dès qu'il justifie de l'acquit de toutes les conditions du cahier des charges, et qu'en même temps il offre de consigner les frais occasionnés par sa folle enchère. Sur cette offre, le tribunal fixe la somme à la quelle se montent les frais; et le fol enchérisseur doit en effectuer aussitôt la consignation; autrement l'adjudication définitive serait poursuivie. *Art.* 743.

Si, lorsque le fol enchérisseur satisfait à ses engagemens, il y a déjà eu contre lui une adjudication préparatoire, elle devient sans effet, et l'adjudicataire éventuel est déchargé de plein droit. *Ibid.*

Mais, lorsque l'adjudication définitive est prononcée, le fol enchérisseur perd tous ses droits sur l'immeuble adjugé. Alors, si le prix de la nouvelle adjudication est moindre que celui pour lequel il avait follement enchéri, il est tenu, par corps, de payer la différence. *Art.* 744.

Si, au contraire, le prix de la revente de l'immeuble surpassait le prix de la première adjudication, le fol enchérisseur ne pourrait pas réclamer l'excédant qui profiterait aux créanciers, et après eux à la partie saisie. *Ibid.*

Sur la procédure de la folle enchère, il peut survenir des incidens; on peut former des demandes en nullité. Pour y procéder, on suit les règles expliquées plus haut, pour les incidens et les demandes en nullité, concernant la saisie immobilière. *Art.* 745.

Pareillement, les appels des jugements rendus pendant le cours des poursuites de la folle enchère, sont soumis aux mêmes délais et aux mêmes formalités que les appels des jugemens rendus pendant les procédures de la saisie immobilière. *Ibid.*

Observez que l'adjudicataire définitif, sur folle enchère, n'obtient l'expédition du jugement qu'après avoir satisfait à toutes les conditions du cahier des charges; il a un délai de vingt jours pour remplir à cet égard ses engagemens. S'il laisse expirer ce terme sans justifier de l'entière exécution des clauses de son adjudication, on peut poursuivre contre lui la revente de l'immeuble sur sa folle enchère; alors on procède comme on vient de l'expliquer à l'égard du premier fol enchérisseur.

*Quest.* Ière. Le poursuivant la vente sur folle enchère est-il nécessairement celui qui a poursuivi la vente contre le débiteur saisi; ou bien la partie la plus diligente est-elle chargée de la poursuite, à l'exclusion de toute autre?

D'un côté, on dit que celui qui a poursuivi le débiteur doit continuer de procéder contre le fol enchérisseur; car l'incident de folle enchère est une suite nécessaire de l'adjudication définitive qui a été prononcée à la diligence du poursuivant. Celui-ci ne pourrait donc être remplacé que par l'effet de la subrogation, qui n'a lieu qu'après avoir été demandée et obtenue par jugement.

On soutient, d'une autre part, que le poursuivant la vente sur folle enchère indiqué par l'*art.* 738, est celui qui, le premier, obtient le certificat du greffier. Cette disposition est fondée, ajoute-t-on, sur ce que la poursuite contre le débiteur saisi est terminée par l'adjudication définitive, qui devient le titre commun de toutes les parties intéressées. La poursuite sur folle enchère diffère essentiellement de la poursuite principale, puisqu'elles ne sont pas dirigées contre le même défendeur: dans la poursuite principale, on n'exerce de contrainte que contre le débiteur; tandis que la folle enchère est une voie ouverte particulièrement contre l'adjudicataire qui n'exécute pas les conditions du cahier des charges. A l'égard de la poursuite principale, on devait la préférence au premier saisissant; il pris l'initiative de la procédure. Mais, pour l'exécution de l'adjudication définitive, tous les intéressés ont un droit égal contre le fol enchérisseur; il est donc juste d'attribuer la poursuite contre ce dernier, à la partie la plus diligente, qui la première obtient le certificat du greffier.

On objecte qu'à l'égard de la procédure d'ordre, qui est plus éloignée de la saisie que la folle enchère, l'*art.* 750 accorde la préférence de la poursuite au saisissant; elle n'appartient à la partie la plus diligente qu'au cas où le saisissant reste plus de huit jours sans commencer la procédure d'ordre.

La réponse est, que l'attribution faite au saisissant doit se restreindre au cas prévu par l'*art.* 750, sans lequel le droit de poursuivre l'ordre aurait appartenu à la partie la plus diligente, selon les règles générales de justice. La loi n'ayant point prononcé de pareille attribution pour commencer la procédure de folle enchère, les parties restent dans les termes de droit; en sorte que c'est la plus diligente qui prend le rôle de poursuivant.

Dans cette dernière opinion, il ne doit pas y avoir lieu à la subrogation, qu'on ne peut demander que dans le cours d'une poursuite qui est négligée. Ici, il s'agit de commencer la procédure de folle enchère, et non pas de substituer un poursuivant à la place d'un autre.

*Quest.* II. On demande s'il sera passé en taxe des frais d'impression pour les nouveaux placards, prescrits par l'*article* 729, et destinés à annoncer la première publication de la vente sur folle enchère.

Le doute vient de l'*art.* 703, qui, dans le cas

où le besoin d'afficher de nouveaux placards rend nécessaire une réimpression, ne permet pas d'en faire entrer la dépense dans la taxe des frais.

Ce qui décide, est que l'*art.* 703 ne parle que des placards qu'il faut afficher dans la poursuite principale contre le débiteur saisi ; parce que le nombre a pu en être calculé, et qu'ainsi le poursuivant a pu faire imprimer à la fois la quantité nécessaire. Mais le cas de la folle enchère n'a pas dû entrer dans les combinaisons du poursuivant ; ensorte que, si cet incident survient, il faut bien procéder à une seconde réimpression des nouveaux placards que la loi prescrit ; et cette dépense entre dans la taxe des frais occasionnés par la nouvelle poursuite. Observez qu'on doit faire imprimer en une seule fois tous les exemplaires qui seront nécessaires jusqu'à la fin de cette procédure incidente.

*Quest.* III. Le nouveau placard qui annonce la première publication de la vente sur folle enchère doit être notifié, suivant l'*art.* 740, au moins huit jours d'avance à l'avoué du débiteur ; mais s'il n'a pas d'avoué, la signification lui est faite à personne ou domicile : on demande si, dans ce dernier cas, le délai de huitaine est susceptible de l'augmentation légale, en proportion de la distance qu'il y a entre le lieu où demeure le débiteur et celui où se fait la vente ?

La question est la même que celle qui a été examinée dans le chapitre précédent, article III §. V, à l'occasion de l'*art.* 700, qui ne permet pas de faire la première publication du cahier des charges avant qu'il se soit passé au moins un mois depuis la notification du placard au débiteur : il s'agissait de savoir si ce délai est susceptible de l'augmentation proportionnelle établie par l'*art.* 1033.

Nous ne répéterons pas ce qui a été dit à ce sujet; nous nous contenterons de remarquer que la poursuite sur folle enchère est une nouvelle instance, qui ne se confond pas avec la poursuite principale, dirigée seulement contre le débiteur; celui-ci a dû penser que la procédure était terminée par l'adjudication définitive. Lors donc qu'un incident de folle enchère s'élève, il est juste qu'il sache que les poursuites, bien loin d'être achevées, vont recommencer; c'est pour cela que le placard de folle enchère lui est signifié au moins huit jours d'avance. Lors de la première poursuite, l'intervalle doit être au moins d'un mois; voilà la seule différence d'un cas à l'autre. Ainsi, à la question de savoir si le délai de huitaine, dont il s'agit, doit subir une augmentation, en raison de la distance du lieu où demeure le débiteur, s'applique tout ce qui a été dit pour examiner si le délai d'un mois, en poursuite principale, doit recevoir une pareille augmentation.

*Quest.* IV. Quel intervalle doit-on observer entre l'apposition des placards, prescrits par l'*article* 742, et les deux dernières publications de la folle enchère?

C'est à la suite de la seconde publication que se fait l'adjudication préparatoire, et à la suite de la troisième publication que se fait l'adjudication définitive; ainsi, les placards qu'il faut afficher avant les deux dernières publications de la folle enchère correspondent, et aux placards qui précèdent l'adjudication préparatoire, et à ceux qui annoncent l'adjudication définitive lors de la poursuite principale. De là quelques personnes pensent qu'il faut, dans ces deux sortes de procédures, observer les mêmes délais en ce qui concerne l'apposition des placards.

D'autres observent que cette règle ne serait pas applicable aux placards qui précèdent l'adjudication définitive; cette adjudication, s'il s'agit de folle enchère, peut se faire après la quinzaiue qui suit l'adjudication préparatoire; au lieu que, dans la poursuite principale, l'intervalle entre les deux adjudications doit être au moins de six semaines. En conséquence, dit-on, la loi n'ayant prescrit aucun délai entre l'apposition des placards et les adjudications sur folle enchère, on ne doit pas en fixer; il suffit que, suivant l'*art.* 742, chacune des adjudications soient précédées de placards, ne fût-ce que d'un jour. Au reste, s'il y avait contestation sur ce point, le tribunal déciderait d'après les circonstances; il verrait si l'intervalle laissé entre une apposition de placards et une adjudication sur folle enchère est trop court, et s'il est convenable de recommencer la formalité.

Pour éviter toute difficulté, nous conseillons de laisser entre l'apposition des placards et chaque adjudication une huitaine de jours; c'est le moindre délai de ce genre prescrit en poursuite principale, comme on le voit par l'*art.* 703; ensorte que ceux qui en agiront ainsi nous sembleront se conformer davantage à l'esprit de la loi.

*Quest.* V. Par qui sont supportés les frais qu'occasionne la poursuite de folle enchère? Quand et comment sont-ils payés?

Ce qu'on a dit des frais ordinaires, en parlant de la procédure principale contre le débiteur, s'applique à la folle enchère. En conséquence, une des clauses du cahier des charges, clause qui est de droit, et devrait se suppléer, si elle était omise, oblige l'adjudicataire à payer, au-delà du prix porté dans son enchère, les frais ordinaires de poursuite; ils comprennent ceux faits tant contre le débiteur que contre le fol enchérisseur; car l'adjudicataire sur folle enchère a pu les calculer tous avant de proposer son prix.

A l'égard des frais extraordinaires, c'est-à-dire, ceux occasionnés par des incidens, il en est de la folle enchère comme de la poursuite principale: la partie condamnée par le jugement de l'incident en supporte les frais. Si pourtant il y a lieu à des frais extraordinaires qui ne soient pas susceptibles d'être supportés par l'une des parties, le jugement ordonne qu'ils seront employés en frais de poursuite, et payés sur le prix par privilège.

Delà il résulte que les frais extraordinaires que fait le fol enchérisseur, en élevant mal à propos des incidens, sont par lui supportés, en vertu des jugemens qui le condamnent aux dépens. Quant aux frais ordinaires, ils diminuent naturellement le prix principal; car les enchères s'élèvent d'autant moins, que ces mêmes frais se trouvent plus considérables. Mais, cette diminution du prix principal se trouve nécessairement supportée par le fol enchérisseur, en exécution de l'*art.* 744, qui le déclare contraignable, par corps, pour le paiement de la différence qu'il y a entre son prix et celui de la revente faite sur lui.

*Quest.* VI. En traçant la procédure propre à la folle enchère, le Code ne parle d'aucun incident, si ce n'est des demandes en nullité, et de l'appel des jugemens qui y statuent; faut-il conclure de là que, pendant la poursuite de folle enchère, on ne doit élever aucun des autres incidens qui peuvent survenir pendant la poursuite principale ?

Non : cette conséquence ne serait pas raison-sonnable. Ce qui est certain, c'est que tous les incidens qui peuvent avoir lieu lors de la poursuite principale ne sont pas de nature à se présenter sur la folle enchère. A l'égard des incidens qui ne sont pas incompatibles avec la folle enchère, on y procède comme dans la poursuite principale. Pour s'en convaincre, voyons successivement les différentes sortes d'incidens.

1.° Se présentent les incidens élevés entre créanciers.

La concurrence entre deux saisies qui ont pour objets des biens différens, et sont suivies dans le même tribunal, ne peut donner lieu à la jonction des deux saisies, quand la seconde survient pendant la poursuite de folle enchère. En effet, la procédure de folle enchère ne commence jamais qu'à l'époque où déjà le cahier des charges a été remis au greffe; et, dès-lors, il n'est plus temps de demander la jonction. *Art.* 719.

Si, pendant la poursuite de la folle enchère, survient une seconde saisie plus ample que la première, la réunion ne pourra être opérée comme le prescrit l'*art.* 720, à l'occasion d'une poursuite principale. La raison en est que, dans ces deux poursuites, quoique de même nature, on ne trouve plus les mêmes parties; l'une est dirigée spécialement contre le débiteur saisi, et l'autre uniquement contre le fol enchérisseur; d'ailleurs, la marche dans celle-ci est plus rapide que dans celle-là; ainsi les procédures de la première ne peuvent pas s'adapter à la seconde.

Nous ne dirons pas la même chose de la subrogation; elle peut être demandée dans la poursuite de folle enchère, si le poursuivant se rend coupable de collusion, fraude ou négligence. Cet incident est commun aux deux sortes de poursuites; par conséquent, dans l'une comme dans l'autre, on y procède dans la forme prescrite par les *art.* 721, 722, 723 et 724.

Si, pendant la procédure de folle enchère, la saisie immobilière, par quelque moyen que ce soit, venait à être rayée, le même immeuble pourra être poursuivi par le plus diligent des saisissans postérieurs, s'il y en a. Cet événement, prévu par l'*art.* 715, n'est pas particulier à la poursuite principale; en sorte que, par cette sorte de subrogation, une procédure nouvelle peut être mise sans inconvénient à la place d'une procédure de folle enchère.

2° Viennent les incidens élevés par des tiers; c'est-à-dire les demandes en distraction ou à fin de charge.

Comme l'*art.* 731 n'attribue pas à l'adjudicataire plus de droits sur l'immeuble que n'en avait la partie saisie, il s'en suit que le propriétaire de tout ou de portion de l'immeuble peut réclamer en tout temps et en tout état de cause. Si l'adjudication est prononcée utilement avant la réclamation, elle fera l'objet d'une demande principale; mais si la revendication est formée avant que l'adjudicataire ait levé son titre, elle sera incidente à la saisie; or, quand on poursuit le fol enchérisseur, le jugement d'adjudication ne lui a pas encore été délivré; donc la demande en distraction ou à fin de charge peut devenir un incident pendant la procédure de folle enchère. On procédera sur cet incident comme le veulent les *art.* 727, 728, 729 et 730.

3.° Les nullités, commises pendant la poursuite

dirigée contre le fol enchérisseur, sont évidemment matières à incident: l'*art* 745 le dit formellement, et ajoute qu'on y procède comme pour les nullités de la poursuite principale.

4.° Enfin il y a l'incident de folle enchère: il est causé par le fait de l'adjudicataire qui, dans les vingt jours, ne satisfait pas aux conditions exigibles de son acquisition.

Il peut arriver que celui à qui est adjugé un immeuble, revendu sur folle enchère, ne remplisse pas les conditions qu'il a souscrites. Dès-lors, les intéressés à la saisie ont le droit de le contraindre par voie de folle enchère. On recommencerait donc contre lui des poursuites tendantes à remettre l'immeuble en vente: une folle enchère peut donc être la suite d'une première folle enchère, celle-ci être suivie d'une troisième folle enchère, et ainsi de suite, jusqu'à ce qu'on ait un adjudicataire qui exécute les conditions imposées par le cahier des charges.

## ARTICLE VII.

## *Modèles pour les Incidens à la saisie immobilière.*

### §. Ier.

### *Dénonciation d'une seconde Saisie plus ample que la première.*

Qnand une seconde saisie immobilière des mêmes biens est plus ample que la première, elle est transcrite au bureau des hypothèques, seulement pour ce qu'elle contient de plus. Dans ce cas, le premier saisissant suit sur les deux, d'après la dénonciation que le second est obligé de lui faire.

Nous avions d'abord pensé que cette dénonciation devait se faire par exploit; mais, le tarif a mis cet acte parmi ceux qui sont du ministère des avoués. En effet, toute saisie immobilière doit contenir constitution d'avoué ; dans le cas d'une saisie plus ample qu'une précédente, les deux saisissans ont donc nécessairement chacun un avoué.

La dénonciation dont il s'agit, ayant pour but de faire connaître la seconde saisie à l'avoué poursuivant la première, il est convenable que la dénonciation soit faite par acte d'avoué.

D'abord l'avoué du second saisissant copie le procès verbal de la seconde saisie, avec la mention que le conservateur des hypothèques a faite sur l'original, pour indiquer les objets à l'égard desquels cette saisie a été transcrite. Il dresse ensuite sa dénonciation en ces termes :

» A la requête du sieur Hyppolite G...., marchand parfumeur, demeurant à Bourges, département du Cher, second saisissant ;

« Soit dénoncé à M^e. J..., avoué du sieur P..., aubergiste à Blois, premier saisissant, le procès ci-dessus transcrit, en date du six du présent mois, contenant saisie immobilière plus ample d'une ferme sise en la commune d'Antenay, arrondissement d'Orléans, département du Loiret, et appartenant au sieur Martin O..., propriétaire, demeurant à Chartres, département d'Eure-et Loire.

» En conséquence, soit sommé ledit M^e. J..., de comprendre dans les poursuites les objets qui rendent la saisie du requérant plus ample, et pour lesquels elle a été transcrite au bureau des hypothèques. Faute de satisfaire à la présente sommation, par M^e. J..., le second saisissant déclare qu'il formera sa demande à l'effet d'être subrogé aux poursuites.

» Dont acte, à Orléans, le 12 février 1805.

*Signé* I.... avoué.

» Copie du présent acte, et du procès verbal de saisie immobilière y mentionnée a été par moi soussigné, huissier audiencier du tribunal civil d'Orléans, laissé au domicile de Mᵉ J.... avoué en parlant à son clerc.

» Fait à Orléans, le 13 février, 1805.

*Signé* Y... huissier ».

Pour cet acte de dénonciation il est alloué à l'avoué dans Paris et les quatre villes assimilées, 3 f.

Dans les villes du second ordre, un dixième de moins, 2 fr. 70 c.

Partout ailleurs, 2 fr. 25 c.

La copie de cet acte, remise à l'avoué poursuivant est taxée le quart de l'original. *Tarif, art.* 118. *Décret, art.* 2 et 3.

## §. II.

### *Requête et Jugement de Jonction.*

Dans le paragraphe précédent on a vu le cas où une seconde saisie des mêmes biens est plus ample que la première; la réunion des poursuites se fait sur la simple dénonciation, sans qu'il soit besoin de jugement.

Il s'agit ici de deux saisies faites sur des biens différens, mais appartenant à la même personne, et portées dans le même tribunal; la jonction des deux saisies, en pareil cas, doit être ordonnée par le tribunal, s'il y a lieu, *art.* 719. En conséquence, le plus diligent des saisissans demande la jonction, par une requête d'avoué, en cette forme.

» A Messieurs les juges composant le tribunal civil de Pontoise:

» Le sieur O.., marchand limonadier à Soissons, saisissant;

» Contre le sieur M..., marchand de vin à Laon, autre saisissant ;

» Et le sieur E..., marchand bijoutier, à Paris, débiteur saisi ;

« Expose que, par procès verbal de P..., huissier, en date du vingt-deux septembre dix-huit cent cinq, il a fait saisir une maison sise à Pontoise, rue du Ruisseau, n° 17, et appartenant au sieur E.., marchand bijoutier, demeurant à Paris, quai Pelletier, n°. 29. La procédure a été commencée en conséquence au tribunal de Pontoise.

» Il paraît que, par une autre saisie faite antérieurement par procès verbal de M..., huissier, le trente-un août de la même année, un arpent et demi de vigne, situé dans la commune de Soucy, arrondissement de Pontoise, et appartenant au même sieur E.., a été mis sous la main de justice, pour être vendu devant le même tribunal.

» Comme la loi veut que deux saisies, en pareilles circonstances, soient réunies pour être suivies par une seule procédure, à la diligence du premier saisissant, l'exposant conclut à ce qu'il plaise au tribunal lui donner acte de ce qu'il dénonce au dit sieur M..., la saisie faite à la requête de l'exposant, dont copie est jointe à la présente requête ; en conséquence ordonner que les deux saisies immobilières dont il s'agit, seront réunies ; que le dit sieur M..., sera tenu de faire la poursuite de l'une et l'autre par une seule procédure : ordonner que les dépens de la présente demande seront employés en frais de poursuites, sous toutes réserves des autres droits et actions de l'exposant. *Signé* J..., avoué.

» La présente requête a été signifiée, et copie en a été laissée ; ainsi que du procès verbal y mentionné, par moi soussigné, huissier audiencier du tribunal civil de Pontoise, au domicile de Mᵉ D..., avoué du sieur M.., en parlant à un clerc; j'ai laissé pareille copie au domicile de Mᵉ H..., avoué du sieur E..., en parlant à un clerc.

» A Pontoise, ce huit octobre mil huit cent cinq. *Signé* F..., huissier.. »

La taxe de cette requête est pour chaque rôle de 25 lignes à la page, et de 12 syllabes à la ligne, pour Paris et les quatre autres villes du premier ordre, 2 fr..

Pour les villes du second ordre, 1 fr. 80 c.

Partout ailleurs, 1 fr. 50 c.

La copie de ctte requête est payée le quart de la grosse.

La requête en défense qui est de même nature, est taxée de la même manière. *Tarif, art.* 117. *Décret, art.* 2 et 3.

Sur cette requête, on se présente à l'audience, où est rendu un jugement dont le dispositif est ainsi prononcé :

» Le tribunal donne acte à la partie de J..., de la dénonciation de la saisie immobilière faite à sa requête; ordonné que les deux saisies dont est question seront jointes, pour être suivies par une seule procédure, à la diligence de la partie de D., premier saisissant, qui est autorisé à employer en frais de poursuite le coût du présent jugement et de la requête sur laquelle il est rendu.

» Jugé à Pontoise, etc. »

## §. III.

### *Acte contenant Demande en Subrogation.*

» A la requête du sieur G..., marchand parfumeur, à Bourges, saisissant,

» Soit signifié,

» A Me J..., avoué du sieur P...., aubergiste à Blois, autre saisissant,

» Et à Me D..., avoué du sieur B..., demeurant à Bourges, débiteur saisi;

» Qu'ils ayent à comparaître à l'audience du tribunal civil d'Orléans, le cinq de ce mois, pour y voir prononcer sur la demande du requérant, qui,

» Attendu que la saisie immobilière qu'il a faite sur le dit sieur B..., par exploit de L.., huissier, en date du six février dernier, d'une ferme sise a Artenay, arrondissement d'Orléans, département du Loiret, a été transcrite au bureau des hypothèques à Orléans, en ce qu'elle a de plus ample que celle antérieurement faite à la requête du sieur P..., et a été dénoncée à ce dernier par exploit du douze du même mois;

» Attendu que, depuis cette dénonciation, il s'est écoulé plus de quinze jours sans que le dit sieur P..., ait fait la moindre diligence pour joindre les procédures des deux saisies;

» Conclut à ce qu'il plaise au tribunal dire que le requérant sera subrogé au sieur P..., à l'effet de continuer les poursuites sur les deux saisies; en conséquence, ordonner que, dans les vingt-quatre heures, Me J..., avoué du sieur P..., remettra au requérant, sur récépissé, les pièces qui concernent les poursuites faites jusqu'à ce jour, à la requête dudit sieur P.., contre le sieur B.. condamner le dit sieur P..., aux dépens, que le requérant, en tous les cas, pourra employer en frais extraordinaires de poursuites, sous la réserve de tous les autres droits du requérant.

» Fait à Orléans, ce trois mars mil huit cent cinq. *Signé* I..., avoué.

» Le présent acte a été signifié, et copie a été laissée par moi soussigné, huissier audiencier au tribunal civil d'Orléans, au domicile de Me J..., avoué, en parlant à un clerc; et pareille copie au domicile de Me D..., avoué, en parlant à un clerc.

» A Orléans, ce trois mars mil huit cent cinq. *Signé* K..., huissier. »

Sur ce simple acte, le seul que la loi autorise en pareil cas, on vient à l'audience, où intervient un jugement conforme aux conclusions, si elles sont accueillies.

Cet acte ne se paye point à raison du rôle, comme la requête dont le modèle est dans le paragraphe précédent; il est taxé définitivement pour Paris et les quatre villes assimilées, à 5 fr.

Pour les villes du second ordre, un dixième de moins, ci 4 fr. 50 c.

Partout ailleurs, 3 fr. 75 c.

La copie de cet acte est payée le quart de l'original.

L'acte qui peut être signifié en réponse est taxé de même.

## §. IV.

### *Requête contenant Demande en Distraction.*

» A messieurs les juges composant le tribunal civil d'Orléans,

» Le sieur R..., médecin à Orléans, demandeur en distraction,

» Contre le sieur P..., aubergiste, à Blois, saisissant;

» Le sieur B..., demeurant à Chartres, débiteur saisi;

» Le sieur A..., maréchal à Chartres, premier créancier inscrit ;

» Expose qu'il vient de déposer au greffe du tribunal deux pièces, d'où il résulte qu'il est propriétaire de deux hectares de bois, compris, sans doute par erreur, dans la saisie que le sieur P.. par exploit de Q..., huissier, en date du huit du présent mois, a fait faire d'une ferme, appartenant au sieur B..., et sise à Artenay, arrondissement d'Orléans, département du Loiret.

» En conséquence, le requérant conclut à ce que, sans s'arrêter ni avoir égard à ladite saisie, en ce qui concerne les deux hectares de bois dont il s'agit, la radiation en soit faite par le conservateur des hypothèques à Orléans, sur la présentation du jugement à intervenir ; que mention soit faite de ce jugement en marge de la transcription, qui a eu lieu, de la dite saisie, soit audit bureau des hypothèques, soit au greffe du tribunal. Le requérant conclut en outre aux dépens, sous toutes réserves de ses droits.

» Pour justifier que ses titres de propriété ont été déposés au greffe, le requérant donne, avec la présente requête, copie de l'acte de dépôt, énonçant les deux pièces justificatives.

» Fait à Orléans, ce vingt-deux février mil huit cent cinq.

*Signé* N..., avoué.

» Suit la teneur de l'acte de dépôt.

» Aujourdhui, vingt-un février mil huit cent cinq, est comparu au greffe du tribunal civil d'Orléans Me N..., avoué du sieur R..., médecin, demeurant à Orléans, rue Bannier, n° 28, département du Loiret. Il a déclaré qu'il se proposait de former sa demande en distraction de deux hectares de bois, situés dans la commune d'Artenay, arrondissement d'Orléans, et compris, par erreur, dans la saisie faite, par procès verbal de Q,.., huissier, en date du huit février présent mois, sur le sieur B..., propriétaire, demeurant à Chartres, rue notre Dame; à la requête du sieur P..., aubergiste à Blois, place du marché.

» Pour se conformer à la loi, le dit Mᵉ N..., a préalablement déposé les pièces qui justifient que les deux hectares de bois dont il s'agit lui appartiennent.

» La première est l'expédition d'un acte de partage, etc.;

» La seconde, est la grosse d'un bail, etc.

» Du dépôt des deux pièces ci-dessus mentionnées, le présent acte a été délivré audit Mᵉ N.., qui a signé avec le greffier.

» *Signé* N..., avoué; C..., greffier.

» Pour copie conforme, *Signé* N.., avoué.

» La présente requête et la copie de l'acte de dépôt, qui est à la suite, ont été signifiées par moi, soussigné, huissier audiencier au tribunal civil d'Orléans, et copie en a été laissée au domicile de Mᵉ J..., avoué du sieur P..., en parlant à un clerc: pareille signification a été faite, et copie semblable a été laissée par moi au domicile de Mᵉ D..., avoué du sieur B..., en parlant à un clerc; la même signification, et autre copie des mêmes requête et acte a été par moi remise au domicile de Mᵉ L..., avoué du sieur A..., en parlant à un clerc.

» A Orléans, ce vingt-trois février mil huit cent cinq. » *Signé* K..., huissier. »

Si la partie saisie, ou le créancier premier inscrit, n'avait pas encore d'avoué en cause, la demande en distraction leur serait signifiée par exploit. A l'égard du saisissant, la demande incidente lui est toujours signifiée par requête, parce qu'il a nécessairement un avoué dans l'instance.

Si l'adjudication préparatoire avait déjà été faite, la requête, contenant la demande en distraction, serait également signifiée à l'avoué de l'adjudicataire provisoire.

Quand celui-ci veut se faire décharger de son adjudication, à cause de la demande en distraction, il fait signifier une requête dans la même forme, d'avoué à avoué, et n'appelle pas les parties qui n'ont pas comparu ; on observe pourtant que cette requête ne peut pas excéder trois rôles.

C'est aussi par de semblables requêtes d'avoué à avoué seulement, que les demandes en nullité des procédures soit antérieures, soit postérieures à l'adjudication provisoire sont formées.

La taxe de ces différentes requêtes est pour chaque rôle de vingt cinq lignes à la page, et de douze syllabes a la ligne, pour Paris, et les quatre villes du premier ordre ; 2 fr.

Pour les villes du second ordre, un dixième de moins, 1 fr. 80 c.

Partout ailleurs, 1 fr. 50 c.

Chacune des copies de ces requêtes est taxée au quart de la grosse. *Tarif, art.* 123, 124 et 125. *Décret, art.* 2 et 3,

## CHAPITRE IV.

### *De l'Ordre.*

Le but de la saisie immobilière est de faire vendre le bien qui en est l'objet, pour que le prix serve à acquitter la dette de la partie expropriée.

Si elle n'a de créancier que le poursuivant, celui-ci est payé par l'adjudicataire, qui remet le surplus de son prix, s'il y en a, au débiteur saisi.

Lorsque plusieurs créanciers ont droit sur le prix de l'objet vendu, et qu'ils sont d'accord entre eux et avec le débiteur, l'adjudicataire fait les divers paiemens à chacun. Cet accord manque rarement, quand le prix du bien vendu suffit pour satisfaire à la totalité des créances.

Le prix est-il insuffisant? ils peuvent encore s'accorder; ils y sont même invités par la loi; mais le plus souvent il faut l'intervention de la justice, pour régler leurs diverses prétentions. Les uns sont privilégiés, et doivent être payés par préférence. Les autres sont hypothécaires, et ne sont payés qu'après les priviligiés, suivant le rang que leur donne la date de leurs inscriptions. Enfin, d'autres ne sont que chirographaires : ce sont ceux qui n'ont ni privilège, ni hypothèque.

La procédure qui a pour objet de fixer le rang dans lequel les divers créanciers doivent être payés, se nomme *Ordre*; ainsi, l'ordre diffère de la contribution, en ce que celle-ci se dit de la distribution du prix des objets mobiliers; et par l'autre expression, on entend la distribution du prix des immeubles, parce qu'ils ne sont pas susceptibles d'hypothèques.

Ce n'est pas seulement pour la distribution du prix d'un immeuble adjugé par expropriation forcée, que s'introduit l'instance d'ordre. Il en est également besoin pour distribuer le prix d'un immeuble vendu à l'amiable, quand plusieurs créanciers ont droit à ce prix, et qu'ils ne s'accordent pas sur le rang dans lequel ils doivent être colloqués.

Pour traiter cette matière avec méthode, ce chapitre sera divisé en sept articles, où on parlera successivement :

1° De la procédure pour parvenir à l'ordre ;
2° De l'état de collocation des créanciers ;
3° Combien il y a d'espèces de créances ;
4° Dans quel ordre les créances sont colloquées ;
5° Des contestations qui surviennent dans l'instance d'ordre ;
6° De l'exécution de l'état de collocation ;
7° Des modèles pour les actes particuliers à l'ordre.

### ARTICLE Ier.

### *De la Procédure pour parvenir à l'Ordre.*

Cet article contient trois paragraphes ; l'un apprend quand et par qui l'ordre est requis ; le second, comment l'ordre est poursuivi ; le troisième, parle de la subrogation à la poursuite d'ordre.

#### §. Ier.

#### *Quand, et par qui l'Ordre est requis.*

Après l'adjudication définitive d'un immeuble saisi, il ne reste plus qu'à procéder à la distribution du prix. A cet effet il est accordé un mois aux créanciers et à la partie saisie pour se régler entre eux, sur ce qui revient à chacun dans le prix de l'objet vendu. *Art.* 749.

Ce mois commence à courir, du jour que le jugement d'adjudication a été signifié par l'adjudicataire au saisissant, à la partie saisie, et au créancier premier inscrit. Lorsqu'on a interjeté appel de l'adjudication, le délai ne court que du jour de la signification de l'arrêt confirmatif. *Ibid.*

Dans la distribution sur laquelle les créanciers et le saisi doivent s'entendre, il faut comprendre les fruits que l'immeuble a produits, depuis la dénonciation de la saisie au débiteur jusqu'au jour de l'adjudication définitive. Nous avons vu, en effet, dans le chapitre de la saisie immobilière, que le prix de ces sortes de fruits est immobilisé; par conséquent, il se distribue comme le prix même de l'immeuble.

Si les fruits, perçus après la dénonciation de la saisie au débiteur, ont été par lui vendus, il en doit compte comme étant séquestre judiciaire de l'immeuble.

Si les fruits dont il s'agit ont été vendus judiciairement, soit lorsqu'ils étaient encore pendans par les racines, soit après leur récolte, leur prix se trouve entre les mains de l'officier qui en a fait la vente, à moins que déjà il ne l'ait consigné : c'est ce qu'on a vu en parlant des saisies mobilières.

Faute par les parties de s'être réglées, dans le délai d'un mois, sur la distribution du prix, le saisissant doit provoquer l'intervention de la justice. S'il ne le fait dans la huitaine qui suit le mois accordé pour le réglement à l'amiable tout autre créancier, et même l'adjudicataire, peut requérir que l'ordre soit fait judiciairement. C'est alors le plus diligent, qui devient pour suivant de la procédure d'ordre. *Art.* 750.

Ce que l'on vient de dire, dans ce paragraphe, est adjugé par suite d'une saisie ; mais encore à celui où un immeuble convient non seulement au cas où un immeuble est vendu volontairement. Quoique la vente n'ait pas été faite en justice, le prix n'en est pas moins distribué entre les créanciers du vendeur, selon le rang déterminé par la nature de leurs titres. C'est pourquoi l'*art.* 775 décide que l'ordre pour la distribution du prix d'un immeuble vendu à l'amiable, pourra être requis par le créancier le plus diligent, ou par l'acquéreur, trente jours après l'expiration du délai accordé pour former la surenchère. Alors, suivant l'*art.* 776, on procède à l'ordre comme il est expliqué dans le présent chapitre.

Afin de bien comprendre cette disposition, il faut savoir que, d'après le Code civil, pour purger un immeuble des priviléges et hypothèques dont il est grevé, tout nouveau propriétaire doit faire transcrire son titre au bureau des hypothèques, et le faire signifier à tous les créanciers inscrits. Ceux-ci ont la faculté de faire revendre l'immeuble aux enchères, s'ils ne le trouvent pas porté à un prix suffisant pour les solder. A cet effet, celui des créanciers qui provoque la revente est tenu d'en offrir au moins un dixième au dessus du prix stipulé par le contrat de vente : c'est ce que l'on appelle *surenchérir.*

En attribuant cette faculté aux créanciers, le Code civil a déterminé un temps, après lequel elle ne peut plus être exercée : c'est à compter de l'expiration de ce délai pour la surenchère, que commence à courir le mois, pendant lequel les créanciers sont tenus de s'accorder, sur la distribution du prix d'un immeuble vendu volontairement. Sinon, le créancier le plus diligent, ou l'acquéreur, provoque l'ordre, auquel on procède dans les mêmes formes que quand il s'agit de distribuer le prix d'un immeuble vendu par expropriation forcée.

Il y a pourtant à observer ici que, dans le cas

d'une vente volontaire, jamais l'ordre ne peut être provoqué, s'il n'y a pas plus de trois inscrits. D'abord, il est bien rare que trois créanciers ne puissent pas s'entendre; mais, en supposant qu'ils soient obligés de recourir à la justice, il est facile de les accorder à l'audience par un jugement, sans qu'il soit besoin d'introduire une procédure d'ordre pour un si petit nombre de prétendans.

*Quest.* I^e^. Dans la disposition de l'*art.* 749, qui accorde un mois aux créanciers et au débiteur pour se concilier sur la distribution du prix, entend-on seulement les créanciers inscrits, ou bien tous les créanciers, tant les hypothécaires que les chirographaires?

Ceux qui croient qu'il ne s'agit ici que des créanciers inscrits hypothécairement, s'appuyent sur ce que ce sont les seuls créanciers à qui la vente de l'immeuble ait été signifiée, et que le prix d'un pareil bien est spécialement affecté aux créances hypothécaires, qui sont payées, non par contribution, mais par ordre de leurs dates. Enfin, ils remarquent que la procédure pour la vente se fait avec les seuls créanciers inscrits, et qu'il en est de même de la poursuite d'ordre, dans laquelle il n'est nullement question des créanciers chirographaires.

Une conséquence de cette opinion est que, si les créanciers inscrits sont d'accord sur la distribution du prix avec le débiteur, la résistance des créanciers qui n'ont point d'hypothèques ne doit point arrêter l'effet de l'arrangement amiable, sauf à ces derniers créanciers à procéder par contribution pour le reste du prix, s'il s'en trouve.

D'autres soutiennent que l'*article* 749 n'ayant spécifié aucune espèce de créancier, il les a tous compris dans sa disposition, suivant cette maxime: *Ubi lex non distinguit, nec nos distinguere debemus.* D'ailleurs, quoique les créanciers hypothécaires soient préférés aux chirographaires, sur le prix d'un immeuble, ces derniers n'en ont pas moins droit sur ce qui restera du prix après l'acquittement des créances inscrites; ils ont donc intérêt à discuter ces mêmes créances, soit pour écarter celles qui seraient mal fondées ou frauduleuses, soit pour faire diminuer celles qui seraient excessives. Les créanciers chirographaires sont, par rapport aux hypothécaires, ce qu'un créancier hypothécaire de dernière date est à un autre de même espèce, mais d'une date antérieure. L'intérêt des chirographaires est que la masse des hypothécaires soit réduite autant qu'il est possible, comme l'intérêt du dernier hypothécaire est de voir diminuer les créances de ceux qui le priment.

Des-lors, pour que la distribution du prix d'un immeuble se fasse à l'amiable, il faut le concours et des créanciers inscrits, et des créanciers chirographaires qui se sont fait connaître par des oppositions formées sur le prix, entre les mains du saisissant et entre celles de l'adjudicataire. Si les premiers étaient d'accord, et que les seconds ne voulussent pas consentir à l'arrangement, il n'aurait pas lieu, et il faudrait procéder à l'ordre en justice.

Une autre conséquence de cette opinion, est que l'état de collocation comprend non seulement la distribution du prix par ordre des créances inscrites, mais encore la distribution du reste du prix, s'il y en a, par contribution entre les créanciers chirographaires.

Enfin, de là il résulte également que, si le saisissant ne provoque pas l'ordre dans la huitaine qui lui est accordée, un simple créancier chirographaire peut devenir poursuivant, s'il est le plus diligent à requérir l'ordre sur le registre du greffe ; cette décision ne peut pas répugner à la procédure dont il s'agit, puisque le chirographaire a intérêt à la confection de l'ordre, et que par sa poursuite tous les créanciers n'en sont pas moins colloqués dans l'ordre indiqué par leurs titres.

*Quest.* II. Le débiteur, soit qu'il ait été exproprié, soit qu'il ait vendu volontairement, peut-il requérir l'ordre pour la distribution du prix de son immeuble ?

Non, sans doute, disent les uns ; l'*art.* 750 attribue la poursuite de l'ordre au saisissant, et à son défaut, au plus diligent d'entre les créanciers et l'acquéreur, mais il ne parle point du débiteur à qui appartenait l'immeuble vendu. La raison en est, que la poursuite d'ordre se fait contre ce débiteur ; or, il répugnerait qu'il procédât contre lui-même.

Ceux qui ne s'arrêtent pas à la lettre de la loi, soutiennent que l'*art.* 750 a désigné le plus diligent d'entre les créanciers et l'acquéreur, par ce que ce sont eux qui ont le plus souvent intérêt à poursuivre l'ordre. Mais le silence à l'égard du débiteur n'est pas une défense de provoquer l'ordre ; car une disposition prohibitive doit toujours être exprimée, soit directement, soit indirectement. Il y aurait prohibition indirecte, si l'*art.* 750 avait dit qu'à défaut du saisissant, les seuls créanciers ou l'acquéreur pourront requérir l'ordre. On ne peut pas non plus invoquer ici la règle *inclusio unius est exclusio alterius* ; car il ne s'agit pas ici d'un droit qu'il plait à la loi d'établir en faveur de certaines parties, et qui, par conséquent n'appartiendrait pas à toutes celles qui ne seraient pas nommées. Les droits des créanciers et du débiteur existent; chacun, pour accélérer la distribution, a plus ou moins d'intérêt, selon les circonstances; alors la loi dit comment, à défaut du saisissant, la plus diligente des autres parties peut requérir l'ordre. C'est une simple indication de la forme à suivre pour exercer des droits acquis, et non pas l'attribution d'un droit qui n'existait pas.

De là on conclut que, pour savoir si le débiteur peut provoquer l'ordre, il faut examiner s'il y a un intérêt. Or, il n'est pas douteux que, soit qu'il ait été exproprié, soit qu'il ait vendu volontairement, il peut être fort pressé de voir distribuer le prix de son immeuble; tantôt c'est pour faire cesser les poursuites de ses créanciers, qui souvent le contraignent par d'autres voies; tantôt c'est afin de toucher, le plutôt possible, ce qui restera sur le prix de l'objet vendu, après que les dettes auront été payées.

On n'est point arrêté par l'objection qui consiste à dire que le débiteur ne peut pas se poursuivre lui-même; car il est évident que la procédure d'ordre n'est pas plus dirigée contre le débiteur que contre les créanciers. Ce n'est pas une contestation dans laquelle il faille faire prononcer un jugement contre quelqu'un. En effet, si les parties se fussent arrangées, un acte devant notaire aurait constaté la distribution du prix; faute de s'entendre, ils demandent à la justice un juge-commissaire chargé de faire d'office la distribution, et de classer les créances selon les titres. L'état de collocation dressé par le juge n'est point un jugement ; il ne prononce de condamnation contre personne ; il indique seulement la portion qui revient dans le prix à chaque prétendant.

Il est vrai que cet état peut être critiqué ; c'est seulement alors qu'il s'élève des contestations, soit entre des créanciers, soit entre le débiteur et des créanciers. Elles ne font point partie de l'ordre ; ce sont des incidens qui le suspendent ; et, quand ils sont jugés, le commissaire clôt son état, qui n'est toujours qu'un acte indicatif de la portion attribuée sur le prix à chaque créancier, et non pas une condamnation contre qui que ce soit.

On voit donc que la poursuite de l'ordre ne se fait pas plus contre le débiteur que contre les créanciers ; ou plutôt elle n'a lieu, à proprement parler, contre personne, mais entre toutes les parties. Par conséquent, rien n'empêche le débiteur, s'il est le plus diligent, de provoquer la distribution du prix, dans le cas où il est intéressé à le faire terminer.

## §. II.

### *Comment l'Ordre est poursuivi.*

Celui qui requiert l'ordre se présente au greffe, par le ministère de son avoué. Là, sur un registre préparé exprès, et que l'on nomme *Registre des Adjudications*, il demande qu'un des juges soit nommé pour procéder à l'ordre. Au bas de cette réquisition, le président du tribunal, auquel le registre est présenté par le greffier, fait la nomination d'un juge-commissaire. *Art.* 751.

Le poursuivant l'ordre obtient ensuite du juge-commissaire une ordonnance portant que les créanciers seront sommés de produire leurs titres, dans le délai fixé par la loi. *Art.* 752. C'est alors que le juge ouvre le procès verbal d'ordre ; il y mentionne la requête du poursuivant, et l'ordonnance mise au bas, pour autoriser la sommation dont il s'agit. A ce premier acte du procès verbal est annexé un extrait que le conservateur des hypothéques délivre au poursuivant, et qui comprend toutes les inscriptions existantes sur l'immeuble dont le prix est à distribuer. *Ibid.*

En vertu de cette ordonnance, le poursuivant l'ordre fait sommer tous les créanciers inscrits, de produire leurs titres, dans le mois. Cette sommation, à l'égard des créanciers qui ont un avoué en cause, consiste dans un simple acte d'avoué ; à l'égard des autres créanciers, elle se fait par exploit signifié au domicile élu par chaque inscription, *Art.* 753.

Dans le mois de cette sommation, chaque créancier est tenu de remettre ses titres du juge-commissaire, avec un acte de produit, contenant des conclusions, afin d'être colloqué dans le rang qui lui est assuré par la nature de sa créance. Le commissaire fait mention de cette remise de pièces, sur son procès verbal à la suite de la vacation où est constatée son ordonnance. *Art.* 754.

*Quest.* I. Il est dit dans l'*art.* 753 que l'ordonnance du juge-commissaire, pour l'ouverture d'ordre, sera signifiée par acte dévoué aux créanciers inscrits qui se trouveront avoir constitué avoué ; comment des créanciers peuvent ils avoir déjà constitué avoué dans la poursuite d'ordre, puisqu'à l'époque dont parle cet article, cette poursuite est à peine commencée, et qu'ils n'en sont pas encore informés ?

La loi regarde l'ordre comme une suite de la saisie immobilière; il est un des effets nécessaires de l'adjudication définitive de l'immeuble. Or, les créanciers qui se sont présentés pendant la procédure de l'expropriation reçoivent, au domicile des avoués qu'ils ont alors constitués, la sommation de produire leurs titres pour la distribution du prix. Cette disposition est une conséquence de la règle générale établie par l'*art.* 1038: il porte que les avoués qui ont occupé dans les affaires où il est intervenu des jugemens définitifs, sont tenus d'occuper sur l'exécution de ces jugemens, sans nouveaux pouvoirs, pourvu qu'elle ait lieu dans l'année de la prononciation de ces mêmes jugemens.

*Quest.* II. Le mois accordé aux créanciers par l'*art.* 754, pour produire leurs titres, à compter de la sommation qui leur en est faite, doit-il être augmenté à raison des distances, en conformité de l'*art.* 1033?

Cette question ne concerne pas les créanciers qui ont avoué, puisque la sommation de produire leur est faite par acte d'avoué. Mais cette sommation doit être adressée pareillement aux créanciers qui n'ont pas d'avoués; et l'*art.* 753 veut qu'elle leur soit signifiée aux domiciles élus par leurs inscriptions. De là il résulte que l'augmentation du délai, si elle avait lieu, ne serait qu'en raison de la distance qu'il y a entre le domicile élu par l'inscription et le lieu où siége le tribunal; ce qui ne peut jamais être une distance considérable. En effet, tout créancier est tenu, suivant l'*art.* 2148, §. 1 du Code civil, d'élire domicile par son inscription, dans l'arrondissement du bureau des hypothèques où il s'inscrit, c'est-à-dire, dans l'arrondissement de la situation des biens hypothéqués ; et, d'un autre côté, l'ordre se poursuit devant le tribunal de la situation de l'immeuble adjugé, puisque la distribution du prix est une suite, une exécution du jugement d'adjudication.

Ainsi, la question ne présente aucune importance, parce que l'augmentation dont il s'agit n'est pas capable de retarder la marche de la procédure. En conséquence, il n'y a aucun inconvénient à décider que le mois accordé par l'*art.* 754, pour produire les titres, est augmenté en raison de la distance, à l'égard du créancier sommé à son domicile élu ; par là on satisfait à la règle générale écrite dans l'*art.* 1033, et on n'est point embarrassé de lui chercher ici une exception qu'il serait difficile de justifier.

*Quest.* III. A quel tribunal doit être portée la poursuite d'ordre ?

On répond facilement à cette question, quand il s'agit de la distribution du prix d'un immeuble vendu en justice ; car cette distribution est une suite du jugement d'adjudication, et, par conséquent, elle doit être demandée au tribunal qui a prononcé ce jugement. C'est une conséquence du principe général, d'après lequel chaque tribunal doit connaître de l'exécution de ses jugemens.

La compétence n'est pas aussi évidente, lorsqu'il s'agit de la distribution du prix d'un immeuble aliéné volontairement. Pour sentir où se trouve le point embarrassant, examinons les deux principaux cas où, sur aliénation volontaire, il y a lieu à distribuer le prix de l'immeuble. Le premier se rencontre lorsque de simples créanciers chirographaires ont des prétentions sur les deniers provenans de la vente ; l'autre arrive lorsque, parmi les prétendans, il y a des créanciers hypothécaires.

Supposons d'abord que le vendeur n'ait que des créanciers chirographaires ; ils n'ont d'autre voie à prendre que celle de la saisie-arrêt ou opposition entre les mains de l'acquéreur. Or, on a vu que cette procédure nécessite un jugement en validité, qui est prononcé, suivant l'*art.* 567, par le tribunal du domicile du débiteur. Alors les deniers arrêtés sont distribués par contribution entre les créanciers opposans ; et s'ils ne s'accordent pas dans le mois sur cette distribution, on y procède devant le tribunal qui a prononcé la validité de la saisie-arrêt ou opposition, puisqu'il s'agit de donner suite à ce jugement, et de le mettre à exécution.

Ainsi, lorsque de simples créanciers chirographaires se disputent le prix d'un immeuble vendu volontairement, la distribution doit en être poursuivie devant le tribunal du domicile du débiteur, dans les formes expliquées au chapitre *de la Distribution par Contribution.*

Quand, parmi les prétendant droit sur le prix d'un immeuble vendu volontairement, il se trouve des créanciers hypothécaires, l'acquéreur doit s'occuper à remplir les formalités propres à purger les hypothèques dont l'immeuble est grevé. Dans les quarante jours qui suivent la notification prescrite par l'*art.* 2183 du Code civil, un des créanciers inscrits propose-t-il une surenchère, l'immeuble est revendu dans les mêmes formes établies pour l'expropriation forcée ; c'est ce que décide l'*art.* 2187 du Code civil, qui par là indique le tribunal de la situation des lieux, puisque c'est à ce tribunal que la saisie immobilière est suivie. Alors, s'il y a lieu après le jugement d'adjudication définitive de procéder à l'ordre, il se poursuit, comme exécution de ce même jugement, devant le tribunal qui l'a prononcé.

Ainsi, en cas de surenchère sur aliénation volontaire, il n'y a aucun doute sur le choix du tribunal devant lequel on procède à la distribution du prix, c'est celui de la situation des biens.

Voyons maintenant ce qui arrive lorsqu'après la notification prescrite par l'*art.* 2183 du Code civil, il se passe quarante jours sans qu'aucune surenchère ait été proposée. L'article 2186 de cette même loi dit qu'alors la valeur de l'immeuble se trouve fixée irrévocablement au prix stipulé par l'acte d'aliénation; le nouveau propriétaire est déchargé de toutes hypothèques, en payant le prix aux créanciers, ou en le consignant. Un mois, à compter de l'expiration des quarante jours, est accordé pour essayer de se concilier sur la distribution du prix. Le Code judiciaire, *art.* 775, qui le décide ainsi, ajoute que ce délai étant expiré, l'ordre peut être provoqué par l'une des parties intéressées; mais il n'est point dit devant quel tribunal: voilà le seul cas où la question de compétence dont il s'agit présente quelque difficulté.

D'un côté, on dit que l'ordre, en pareil cas, n'étant la conséquence d'aucun jugement, il faut le suivre devant le tribunal du domicile du débiteur, suivant la maxime *actor forum rei sequitur.* D'autres prétendent que, pour appliquer ce principe, on doit s'adresser au tribunal de l'acquéreur, parce que c'est contre lui que se poursuit la distribution des deniers, et non pas contre celui qui a contracté les dettes qu'il s'agit d'acquitter.

Une troisième opinion consiste à soutenir que l'ordre ne se poursuit pas précisément contre le débiteur ni contre l'acquéreur, mais avec eux, comme avec les créanciers, et particulièrement contre le prix qui représente l'immeuble. Cette procédure, en effet, ayant pour objet principal de régler le rang des hypothèques, est de nature réelle ; par conséquent, elle appartient au tribunal de la situation de l'immeuble aliéné, conformément à l'*art.* 59, §. 3. C'est par cette raison, ajoute-t-on, que, suivant l'*art.* 753, la sommation faite aux créanciers de produire leurs titres, est signifiée non pas à leurs domiciles réels, quand ils n'ont pas d'avoués, mais aux domiciles élus par leurs inscriptions, c'est-à-dire, dans l'arrondissement où se trouve situé l'immeuble hypothéqué. Si l'intention de la loi n'était pas que l'ordre fût suivi dans le tribunal de la situation des biens, il n'y aurait aucune raison de faire signifier aux domiciles élus dans l'arrondissement, plutôt qu'aux domiciles réels.

On objectera peut-être que l'*art.* 763 concerne l'ordre qui vient à la suite d'une expropriation forcée, tandis qu'on ne parle en ce moment que de l'ordre provoqué pour distribuer le prix d'un immeuble aliéné volontairement. La réponse est que toutes les dispositions légales dont nous nous occupons, s'appliquent à toutes les poursuites d'ordre, soit qu'elles ayent lieu après une adjudication en justice, soit qu'on y procède après une aliénation volontaire. C'est ce qui résulte des *art.* 775 et 776 ; l'un dit quand et par qui l'ordre peut être réclamé à la suite d'une aliénation volontaire, et l'autre ajoute qu'on doit procéder alors dans les formes prescrites au titre de l'Ordre.

*Quest.* IV. Doit-on signifier aux créanciers chirographaires l'ordonnance du juge-commissaire, avec sommation de produire?

Non certainement, dit-on d'un côté; l'ordre ne concerne que les créanciers inscrits, et n'a pour objet que la distribution du prix immobilisé, entre ceux qui y ont droit en vertu d'hypothèques. D'ailleurs la sommation doit être faite aux domiciles élus par les inscriptions des créanciers hypothécaires; or, la même formalité ne pourrait pas avoir lieu à l'égard des simples chirographaires qui n'ont pas le droit de s'inscrire.

D'autres soutiennent que, si l'ordre concerne principalement les créanciers hypothécaires, il n'exclut pas les chirographaires. Ceux-ci sont sans doute primés par les porteurs d'hypothèques, mais ils n'en ont pas moins droit sur le reste du prix, après l'acquittement des créances inscrites. Ce droit suffit pour qu'ils ayent intérêt à discuter les titres qu'on prétend faire passer avant les leurs; il faut bien également qu'ils produisent, afin que le reste du prix, s'il y en a, leur soit distribué par contribution, à la suite de l'état d'ordre. De là naît la nécessité de leur faire la sommation comme aux créanciers inscrits.

A l'égard du lieu où se fera cette sommation, on ne sera point embarrassé, puisque le créancier chirographaire, par son opposition entre les mains du saisissant et de l'adjudicataire, est tenu d'élire domicile dans le lieu où se fait la vente. En effet, cette opposition est purement mobilière; elle ne frappe que sur les deniers qui resteront après le paiement des créances inscrites, et qui seront, à l'égard des opposans, comme le prix d'objets mobiliers : ces opposans devront donc se conformer à l'*art.* 609, et faire élection de domicile dans le lieu de la vente.

Ceux qui soutiennent la première opinion insistent : le poursuivant l'ordre connaît les créanciers hypothécaires, dont il trouve les noms et les domiciles dans l'extrait des inscriptions que lui délivre le conservateur des hypothèques ; mais il peut bien n'avoir aucune connaissance des oppositions mobilières, faites entre les mains du saisissant, et entre celles de l'adjudicataire : il n'est donc pas possible de l'obliger à faire la sommation aux créanciers chirographaires, comme aux créanciers inscrits.

A l'égard de l'intérêt qu'ont les chirographaires, il est évident ; mais il ne s'ensuit pas qu'on soit tenu de les appeler. La seule conséquence qu'il faille tirer de là, c'est qu'ils peuvent intervenir d'eux-mêmes, et produire leurs titres, tant pour justifier le droit qu'ils ont de prendre connaissance de la procédure, que pour être employés dans la contribution qui suivra l'état d'ordre, s'il se trouve un reste de prix à distribuer mobilièrement.

## §. III.

### *De la Subrogation à la Poursuite d'Ordre.*

Dans la procédure relative à l'ordre, il en est comme dans celle concernant la saisie ; lorsque le créancier qui s'est chargé de poursuivre, occasionne des retards, ou néglige de satisfaire aux formes prescrites, un autre peut lui être subrogé. *Art.* 779.

Dès que le poursuivant l'ordre a manqué de se

conformer aux règles établies, le plus diligent des autres créanciers peut demander la subrogation. A cet effet, il présente requête au juge-commissaire, qui met au bas son ordonnance, portant qu'au plus prochain jour il en fera son rapport, ce qu'il mentionne au procès verbal. *Ibid.*

Cette requête n'est point grossoyée; elle est taxée à Paris et dans les quatre villes du premier ordre, 3 fr.

Dans les villes du second ordre, 2 fr. 70 c.; partout ailleurs, 2 fr. 25 c.

Pour faire insérer cette requête au procès verbal d'ordre, il est alloué à l'avoué, une vacation taxée 1 fr. 50 c., ou 1 fr, 35 c., ou 1 fr. 15 c., selon qu'on se trouve dans une ville du premier ordre, ou du second, ou partout ailleurs, *Tarif, Art.* 138; *Décret, art.* 2 et 3.

Par la signification de cette requête, faite par acte d'avoué, le poursuivant est averti de la demande formée contre lui; il peut y faire réponse par un acte d'avoué. *Ibid.*

L'acte de signification de la requête, et l'acte servant de réponse sont taxés, 1 fr., ou 90 c., ou 75 c., selon qu'on est dans une ville du premier ordre, ou du second, ou partout ailleurs.

La copie de chacun de ces actes, est payée le quart de l'original. *Tarif, Art.* 139; *Décret, art.* 2 et 3.

Au premier jour où le tribunal se réunit, le juge-commissaire fait son rapport, non pas à l'audience, mais dans la chambre du conseil, où la demande en subrogation est jugée sommairement. De là il suit que les parties ne sont pas présentes au jugement. *Ibid.*

Si la subrogation est ordonnée, le réquérant

l'ordre est tenu de remettre les pièces de la poursuite au subrogé, sur son récépissé. Il sera employé dans l'état de distribution, pour les frais de poursuites faits jusqu'à ce jour ; quant aux autres frais qui auront lieu par la suite, le subrogé les fera employer à son article dans le même état de collocation.

## ARTICLE II.

### *De l'État de collocation.*

Trois paragraphes divisent cet article. Le premier dira quand est dressé et communiqué l'état de collocation, et parlera des productions tardives ; le second parlera de la clôture de l'ordre, et le troisième des sous-ordres.

### §. Ier.

### *Quand est dressé et communiqué l'État de Collocation ; Productions tardives.*

Aussitôt que le délai pour pour produire est expiré, et sans attendre plus long-temps les productions de ceux qui sont en retard, le juge-commissaire dresse un état des créances. Chacune y est placée dans l'ordre où, d'après les titres qui la justifient, elle doit être payée. C'est ce qu'on appelle *colloquer*, dresser l'état de *collocation ;* ces expressions viennent du latin *collocare*, qui signifie disposer, arranger en ordre.

Cet état s'écrit à la suite du procès verbal, où la remise des pièces se trouve constatée, ainsi que tout ce que fait le juge-commissaire.

Si tous les créanciers avaient produit avant la fin du délai qui leur est accordé, l'état de collocation serait fait incontinent, sans qu'il fût besoin de laisser écouler le mois entier. *Art.* 755.

Dès que l'état de collocation est achevé, le poursuivant en avertit les seuls créanciers qui ont produit, et la partie saisie; il les somme en même temps de prendre communication, tant de l'état de collocation que des productions, et de contredire les articles qui leur paraîtront contraires à leurs intérêts. Cet avertissement ne se fait que par acte d'avoué, parce que, chaque production étant accompagnée d'une requête, tous les créanciers produisans ont nécessairement chacun leur avoué en cause. A l'égard de la partie saisie qui n'aurait pas d'avoué, elle est censée s'en rapporter à justice, en persistant à ne pas se présenter; en conséquence, il ne lui est fait, alors, aucune sommation de prendre connaissance de l'état de collocation. *Ibid.*

Les contredits, s'il en est fait quelqu'un par les créanciers ou la partie, sont consignés sur le procès verbal d'ordre, à la suite de l'état de collocation.

Un mois seulement est accordé aux créanciers produisans et à la partie saisie, pour prendre communication et contredire, entre les mains du juge-commissaire. Ceux qui laissent passer ce délai sans obéir à la sommation, demeurent forclos; c'est-à-dire, qu'ils ne sont plus reçus à prendre communication, ni à contredire; on les considère comme ayant acquiescé à l'état de collocation. *Art.* 756.

Aucun dire ne peut être consigné sur le procès verbal, s'il n'a pour objet de contester un des articles de l'état de collocation. Toute autre observation, en effet, serait étrangère à l'ordre auquel on procède. *Ibid.*

*Question.* Pendant le délai pour prendre communication et contredire, et même après, la production d'un créancier en retard serait-elle reçue? Oui, parce qu'il est permis de produire tant que l'état de collocation n'est pas clos. Mais les créanciers tardifs sont punis alors, en ce qu'ils supportent, sans répétition, et sans pouvoir les réclamer dans aucun cas, les frais auxquels leurs productions ont donné lieu. Ainsi, comme il faut que le poursuivant l'ordre fasse une nouvelle sommation aux autres créanciers produisans, et à la partie, pour prendre communication de la production tardive, et pour contredire, s'il y a lieu, les frais qui en naissent sont toujours à la charge du créancier en retard. *Art.* 757.

Ce n'est pas tout; il est un terme, comme on le verra par la suite, auquel cessent les intérêts des créances colloquées; or, celui qui ne produit qu'après le délai fixé, est nécessairement cause que ce terme est retardé; en conséquence il est garant des intérêts qui courent à compter du jour où ils auraient cessé, si la production eût été faite dans le temps prescrit. *Ibid.*

## §. II.

### *De la Clôture de l'Ordre.*

Quand le délai pour prendre communication et contredire l'état de collocation est expiré, sans qu'il se soit élevé de contestations, le juge-commissaire procède à la clôture de l'ordre, toujours à la suite de son procès verbal. D'abord il liquide les frais de la radiation des inscriptions hypothécaires de tous les créanciers colloqués, tant de ceux qui seront payés, que de ceux à qui la collocation ne sera pas utile. Il fixe également le montant des frais que la poursuite d'ordre a occasionnés : c'est dans les pièces qui ont été produites ; qu'il trouve celles qui doivent passer en taxe. *Art.* 759.

En second lieu, il prononce la déchéance des créanciers qui, jusqu'alors, n'ont point produit les pièces justificatives de leurs créances. A compter de ce moment, il devient impossible aux créanciers tardifs de paraître dans l'ordre. *Ibid.*

Troisièmement, il ordonne la délivrance des bordereaux de collocation aux créanciers utilement colloqués ; c'est-à-dire, pour le paiement desquels il se trouve assez de deniers. *Ibid.*

C'est le greffier qui, comme on le dira par la suite, délivre aux créanciers les bordereaux de collocation ; ils sont acquittés par l'adjudicataire, ou par le dépositaire du prix, s'il y a eu consignation.

Chaque bordereau mentionne à quelle somme se trouve taxée la radiation de l'inscription hypothécaire, et celui qui acquitte le bordereau retient, au profit de l'adjudicataire, les frais de cette radiation. *Ibid.*

A l'égard des créanciers dont la collocation n'est pas utile, parce que le prix est insuffisant pour les payer, la radiation de leur inscription n'en est pas moins ordonnée ; car l'immeuble ne peut plus être affecté de leur hypothèque, dès que tout le prix de l'adjudication est distribué.

Les frais de radiation à leur égard se trouvent compris dans ceux de poursuites qui sont pris sur la masse. *Ibid.*

## §. III.

### *Des Sous-Ordres.*

Il arrive quelquefois que des créanciers colloqués dans un ordre, ont contracté des obligations envers des personnes qui veulent assurer leur paiement sur le montant de la collocation de leur débiteur. A cet effet, elles ont la faculté de prendre inscription au bureau des hypothèques, ainsi qu'aurait pu le faire leur débiteur; par cette inscription, les droits du débiteur sont conservés, comme s'il s'était lui-même fait inscrire; elle a aussi l'effet d'une saisie-arrêt de la portion du prix à laquelle sera portée la collocation de ce débiteur, pour sa créance sur le bien vendu. *Art.* 778.

Si ce débiteur avait pris une inscription, ses créanciers ne pourraient plus faire eux-mêmes cet acte conservatoire; mais ils pourraient, avant la clôture de l'ordre, former opposition, ou, autrement dit, saisir-arrêter ce qui lui revient pour le montant de sa collocation, entre les mains de l'adjudicataire ou de l'acquéreur. *Ibid.*

De ces précautions, prises par ceux qui prétendent droit sur la portion du prix revenant à leur débiteur, il résulte que celui-ci ne touche pas directement le montant de sa collocation. Il s'établit, entre ses créanciers, une répartition que l'on nomme *sous-ordre*, parce qu'elle vient à la suite de l'ordre : elle ne se fait pourtant pas sur les mêmes principes.

En effet, par sous-ordre, on entend seulement que le montant d'une collocation comprise dans l'ordre, est réparti entre les créanciers de celui à qui appartient cette collocation. Mais il n'en faut pas conclure que cette répartition se fasse suivant la date des hypothèques; les principes s'y refusent. Quels que soient les titres des créanciers en sous-ordre, ils n'ont jamais pu avoir de droit sur l'immeuble dont le prix se distribue;

c'est à leur débiteur seul que l'hypothèque a été affectée. Or, ce qui résulte de son inscription est une somme d'argent; c'est là l'unique gage des créanciers en sous-ordre; par conséquent c'est un objet purement mobilier, dont le partage ne peut se faire que par contribution. *Art.* 778.

La procédure de cette distribution secondaire ne peut pas retarder la clôture de l'ordre; car, pour que la distribution en sous-ordre puisse avoir lieu, il faut que la collocation qui en est l'objet ne soit pas contestée. Or, cette certitude n'est acquise que lors de la clôture de l'ordre; alors seulement on est en état de s'occuper de la distribution en sous-ordre, suivant les règles de la contribution.

*Quest. I.* Les créanciers en sous-ordre qui se sont fait inscrire sur un immeuble auquel leur débiteur avait un droit d'hypothèque, doivent-ils être sommés de produire et de prendre communication de l'état de collocation, comme les autres créanciers inscrits?

Ceux qui se décident pour la négative, disent que la sommation de produire et de critiquer l'état de collocation, s'il y a lieu, ne peut concerner que les créanciers qui doivent être colloqués dans l'ordre, et non pas des créanciers qui, en sous-ordre, doivent se distribuer, par contribution, le montant d'une créance colloquée utilement. On compare ces derniers aux simples créanciers chirographaires; le poursuivant n'est pas tenu de les prévenir pour prendre part à l'ordre, parce qu'ils n'ont droit que sur les deniers qui restent après le paiement des créanciers hypothécaires.

Pour l'affirmative, on soutient que la sommation devant être faite à tous les créanciers inscrits, sans exception, on doit l'adresser également et aux créanciers ayant directement droit à l'ordre, et à ceux qui ont pris des inscriptions en sous-ordre. Ces derniers sont certainement autorisés à exercer les droits de leur débiteur; ils peuvent donc, comme lui, prendre connaissance de la poursuite d'ordre. Si on n'est pas tenu à faire la sommation aux créanciers chirographaires, c'est que le poursuivant l'ordre ne connaît pas leur opposition, car elle n'est pas faite entre ses mains, mais en celles du saisissant et de l'adjudicataire. On se tromperait si on croyait que ceux-ci sont sans intérêt; ils ont la faculté d'intervenir, de se présenter pour prendre connaissance du procès verbal d'ordre, et même de le critiquer, s'ils y voient leurs droits blessés. A l'égard des créanciers inscrits et en sous-ordre, le poursuivant ne peut pas les méconnaître, puisqu'il est tenu de lever un extrait de toutes les inscriptions; il faut donc les prévenir par sommation, puisqu'ils sont au nombre des créanciers inscrits, et que d'ailleurs ils exercent les droits de leur débiteur, qui est partie nécessaire dans la poursuite d'ordre.

*Quest. II.* Quand et comment les créanciers en sous-ordre, qui n'ont pas pris d'inscription, peuvent-ils se faire connaître?

Dès qu'il n'est pas encore ordonné de délivrer à leur débiteur le bordereau de la somme dont ils demandent la distribution en sous-ordre, ils peuvent faire valoir leurs droits. Ainsi, selon l'*art.* 778, tant que la clôture de l'ordre n'est pas faite, il est temps de provoquer un sous-ordre; les créanciers qui n'ont point encore formé d'opposition d'une manière quelconque, peuvent la former et présenter leurs titres au juge-commissaire, qui comprendra la distribution en sous-ordre dans son procès verbal.

Cependant, si un créancier n'avait pas pu se pourvoir en sous-ordre comme les autres, avant la clôture de l'ordre, il pourrait faire opposition entre les mains de l'acquéreur ou adjudicataire; mais, alors son opposition porterait seulement sur ce qui resterait après le paiement des créanciers employés dans le sous-ordre, qui est clos irrévocablement après le procès verbal d'ordre.

Suppose-t-on que personne n'ait demandé le sous-ordre avant la clôture du procès verbal d'ordre? Alors, les créanciers qui se présenteraient pour exercer leurs droits sur une collocation appartenant à leur débiteur, pourraient encore s'opposer, soit à la délivrance du bordereau, en s'adressant au greffier, soit à la délivrance des deniers, en s'adressant à l'acquéreur ou adjudicataire. En pareil cas, il n'y a pas lieu à un sous-ordre, puisque le procès verbal d'ordre est terminé; il faut alors procéder comme en toute saisie-arrêt ou opposition, et distribuer la somme arrêtée, comme il est dit pour la contribution.

ARTICLE III.

*Combien il y a d'espèces de Créances.*

Quand le juge-commissaire dresse l'état de collocation, il a sous les yeux des titres qui annoncent des priviléges; des titres, qui, sans privilége, frappent l'immeuble d'hypothèques; et des titres qui ne donnent ni privilége ni hypothèque: on les nomme *chirographaires.*

Parmi les privilégiés il s'en trouve qui portent à la fois et sur les meubles et sur les immeubles du débiteur ; on en parlera dans un premier paragraphe. D'autres ne frappent que sur les immeubles ; ils feront l'objet d'un second paragraphe. Un troisième expliquera les créances hypothécaires et chirographaires.

## §. Ier.

### *Des Priviléges généraux.*

Les créances, dont le privilége est général, portent de préférence sur les meubles ; en cas d'insuffisance de meubles, ce privilége affecte les immeubles. Quant au privilége spécial sur certains meubles, il est évident qu'il se restreint à l'objet auquel il s'applique, et ne passe ni aux autres meubles ni aux immeubles. Il n'est donc utile de parler ici que du privilége général sur les meubles qui, à leur défaut, s'étend aux immeubles. Les créances qui le produisent sont désignées par l'article 2101 du Code civil.

1°. Les frais de justice. On n'entend que ceux qui ont été faits pour parvenir à la vente de l'objet dont il s'agit de distribuer le prix. Si, par exemple, cette vente a lieu par suite d'une saisie en vertu de jugement, les frais faits avant la saisie ne sont pas compris dans ceux qui sont privilégiés.

2°. Les frais funéraires. La loi ne les détermine pas ; en sorte qu'il paraît assez raisonnable de ne pas étendre le privilége aux frais qui sont purement de luxe. Au reste, suivons l'esprit de la loi, qui est sans doute de laisser aux juges à les fixer selon les circonstances, l'état et la profession du défunt.

3°. Les frais de la dernière maladie. Il faut entendre ce qui est dû pour médecins, chirurgiens, apothicaires et gardes. Ils ont un privilége égal ;

ils sont donc payés entre eux par concurrence. Nulle difficulté ne se rencontre pour reconnaître la dernière maladie, quand le débiteur est mort en peu de temps ; mais, s'il n'a péri qu'à la suite d'une de ces maladies chroniques, dont le commencement remonte à une époque éloignée, et souvent impossible à fixer, la dernière maladie datera précisément du jour où le débiteur est tombé, pour la dernière fois, dans l'impuissance de vaquer à ses affaires. Si ce jour était lui-même fort ancien, on suivrait la jurisprudence, que le Code civil ne paraît pas avoir abolie, et qui, en pareille circonstance, donne privilége pour les frais que la maladie a occasionnés pendant la dernière année.

4°. Les salaires de gens de service pour l'année échue, et pour ce qui se trouve dû sur l'année courante.

Les gens de service sont les valets, et en général tous ceux qui exercent dans la maison un emploi servile. Ainsi le salaire d'un secrétaire, ou d'un commis, n'obtient aucun privilége.

Rien n'empêche que les gens de service ne puissent réclamer les salaires, pour plusieurs années, s'ils prouvent qu'ils n'ont pas été payés ; mais ils ne sont jamais privilégiés que pour l'année échue et pour ce qui est dû sur l'année courante, à l'époque du décès du débiteur. S'il ne s'agit pas d'une succession, l'époque de laquelle on part, pour déterminer l'année échue, et l'année courante, est le jour où le débiteur cesse d'avoir droit sur l'objet vendu ou adjugé.

5°. Les fournitures faites pour la subsistance du débiteur et de sa famille, pendant les six derniers mois, pas les marchands en détail, tels que boulangers, bouchers et autres, et pendant la dernière année, par les maîtres de pension et marchands en gros.

Une particularité bien essentielle à remarquer, c'est que les priviléges généraux dont on vient de parler s'étendent à tous les immeubles, à défaut des meubles, même sans qu'il soit besoin de prendre inscription pour les conserver. *Code civil, art* 2107.

## §. II.

### *Des Priviléges sur les Immeubles.*

La seconde espèce des priviléges qui entrent en considération dans un ordre de créanciers, comprend ceux qui n'affectent que les immeubles. Ils sont déterminés dans l'article 2103 du Code.

1°. Le vendeur de l'immeuble a un privilége sur ce même héritage, pour le payement du prix.

2°. Ceux qui ont fourni les deniers pour l'acquisition de l'immeuble ont privilége, sur cet objet, pour les deniers prêtés.

3°. Les cohéritiers ont un privilége sur les immeubles de la succession, pour la garantie des partages et des soultes ou retour de lots; en général, les copartageans ont un privilége sur les biens partagés ou licités, soit pour les soultes et retour de lots, soit pour ce qui leur revient dans le prix de la licitation.

4°. Les architectes, entrepreneurs, maçons, et autres ouvriers, ont, sur l'immeuble auquel ils ont travaillé, un privilége pour le payement des ouvrages et fournitures qu'ils y ont faits.

5°. Ceux qui ont prêté des deniers pour payer les architectes, entrepreneurs, maçons et autres ouvriers, sont subrogés au privilége des personnes aux droits desquels ils se sont mis.

Pour opérer le privilége dans les deux derniers cas, il faut observer des formalités dont on parlera dans l'article suivant.

Les priviléges, qui n'affectent que les immeubles n'ont d'effet que quand ils ont été inscrits au bureau du conservateur des hypothèques, et seulement à compter de la date de l'inscription. *Cod. civil, art.* 2106.

La forme de l'inscription est la même que pour les hypothèques ; on peut donc voir ce que nous en dirons au paragraphe suivant.

Le vendeur de l'immeuble n'a pas besoin de se faire inscrire ; la transcription du titre d'aliénation par l'acquéreur vaut inscription, pour le vendeur, ou pour le prêteur des deniers avec lesquels le vendeur a été payé ; en conséquence, le conservateur des hypothèques est tenu de faire, au profit de l'un ou de l'autre, une inscription d'office sur son registre. *Code civ., art.* 2107.

Il est accordé un délai de soixante jours aux copartageans, à dater du jour du partage, ou de l'adjudication de l'immeuble licité, pour prendre leurs inscriptions. Pendant ce délai, aucune hypothèque ne peut être prise sur l'immeuble au préjudice du privilége des copartageans. *Code civil, art.* 2109.

Observez que les architectes, entrepreneurs, maçons, et autres ouvriers, ainsi que ceux qui sont subrogés à leurs droits, conservent leur privilége en faisant inscrire au bureau des hypothèques, tant le procès verbal qui constate l'état des lieux, que le procès verbal de la réception des ouvrages. Le privilége alors remonte à la date du premier de ces deux procès verbaux. *Code civil, art.* 2110.

Les créanciers d'une succession ont le droit de demander que les biens qui appartenaient au défunt, soient séparés de ceux que possède personnellement l'héritier, afin d'être payés sur les biens de la succession, par préférence aux créanciers de l'héritier. Cette faculté peut être exercée par les créanciers de la succession, à l'égard des immeubles, tant qu'ils sont dans la possession de l'héritier. *Cod civil, art.* 880.

Un délai aussi indéterminé doit-il empêcher les créanciers de l'héritier de s'inscrire sur les nouveaux immeubles qui lui viennent du défunt? La loi accorde six mois, à compter de l'ouverture de la succession, pour que les créanciers du défunt puissent s'inscrire; après cette formalité remplie sur chacun des biens, les créanciers de l'héritier ne pourront jamais primer ceux de la succession; mais les inscriptions prises après les six mois sont colloquées suivant leur date, sans distinction. Par conséquent tant que durent les six mois, aucune hypothèque ne peut être acquise au préjudice de ceux à qui ce délai est accordé. *Cod. civil, art.* 2111.

De là il suit que tout créancier d'une succession ne doit pas négliger de se faire inscrire sur les biens qui en dépendent, dans les six mois, même sans examiner si, un jour, il demandera que le biens du défunt soient séparés de ceux de l'héritier; car, sans cette précaution, si, après l'expiration des six mois, cette séparation devenait nécessaire à demander, elle pourrait n'être qu'une ressource inutile.

Les cessionnaires de créances privilégiées

exercent les droits qui leur ont été cédés, comme l'auraient fait ceux mêmes de qui ils les tiennent. *Code civil, art.* 2112.

## §. III.

### *Des Hypothèques, et des Créances chirographaires.*

L'hypothèque est un gage immobilier que donne le débiteur à son créancier ; c'est-à-dire, que, par l'effet de l'hypothèque, l'immeuble du débiteur est tellement affecté au payement du créancier, que celui-ci a le droit, faute de payement, de faire vendre l'objet hypothéqué, pour en toucher le prix jusqu'à due concurrence, et préférablement à tous autres créanciers à qui l'immeuble n'aurait pas été précédemment engagé.

Le mot *hypothèque* vient du grec, ὑπό qui signifie *sur*, et de θηκη, qui signifie *posé* ; on a voulu indiquer que l'hypothèque pose immédiatement sur l'immeuble. Elle lui est en effet tellement attachée, que les jurisconsultes la désignent *jus in re*, droit dans la chose, bien plus fort que *jus ad rem*, droit à la chose.

Voilà pourquoi le Code civil définit l'hypothèque un droit réel sur les immeubles affectés au payement de l'obligation, droit qui suit les immeubles, dans quelques mains qu'ils passent. *Code civil, art.* 2114.

On distingue les hypothèques légales, judiciaires et conventionnelles.

L'hypothèque légale est celle qui résulte de la loi, sans qu'il soit besoin de la convention des parties : elle n'a donc lieu que dans les cas prévus par la loi.

Les droits et les créances auxquels l'hypothèque légale est attribuée, sont désignés dans l'article 2121 du Code civil.

1°. Ceux des femmes mariées sur les biens de leurs maris.

2°. Ceux des mineurs et interdits sur les biens de leurs mineurs.

3°. Ceux de l'Etat, des communes et des établissemens publics, sur les biens des receveurs et des administrateurs comptables.

Les créanciers qui ont hypothèque légale, exercent leurs droits sur tous les immeubles du débiteur, tant sur ceux qu'il possède actuellement, que sur ceux qui lui viendront par la suite. *Code civil, art.* 2122.

Tout jugement rendu en France par les tribunaux, donne à la partie qui l'obtient, hypothèque sur tous les biens présens et à venir de son débiteur condamné; c'est ce qu'on appelle l'hypothèque judiciaire. *Code civil, art.* 2123.

A l'égard de l'hypothèque conventionnelle, elle résulte de la volonté que le débiteur a exprimée dans un acte passé en forme authentique devant notaire. *Code civil, art.* 2127.

L'hypothèque conventionnelle n'affecte que les immeubles désignés spécialement par le débiteur. Par conséquent, il faut que les biens hypothéqués de cette manière appartiennent actuellement à celui qui les engage; les biens que le débiteur acquiert par la suite ne sont donc pas sujets à l'hypothèque conventionnelle. *Cod. civ. art.* 2129.

Quand on a titre d'où il résulte une hypothèque, soit judiciaire, soit conventionnelle, on ne peut en tirer avantage, par rapport à des tiers, qu'après avoir marqué la volonté où l'on est d'en jouir : c'est ce qu'on appelle conserver son hypothèque. La formalité prescrite à ce sujet consiste dans une inscription prise au bureau des hypothèques, dans l'arrondissement duquel sont situés les biens soumis à l'hypothèque. *Code civil, art.* 2146.

Pour opérer l'inscription dont il s'agit, on représente au conservateur des hypothèques le titre de créance qui donne naissance à l'hypothèque. On y joint deux bordereaux, dont l'un peut être écrit à la suite du titre de créance. *Code civil, art.* 2148.

Ces bordereaux sont en tout semblables ; c'est-à-dire, que l'un est le double de l'autre ; ils contiennent, selon le même article :

1°. Les noms, profession et demeure du créancier, et une élection de domicile dans l'arrondissement du bureau ;

2°. Les noms, profession et demeure du débiteur, ou du moins une désignation telle que le conservateur puisse le reconnaître dans tous les cas ;

3°. La date et la nature du titre ;

4°. Le montant de la dette exprimée par le titre, ou évaluée par le créancier qui s'inscrit, dans le cas où l'obligation n'est pas d'une somme liquide et déterminée.

5°. Enfin, l'indication de l'espèce et de la situation des biens sur lesquels on s'inscrit.

Lorsque le titre est un jugement, le créancier ne connaît pas les immeubles de son débiteur ; alors, l'inscription peut être prise sur lui sans désignation des biens, et elle porte sur tous ceux qu'il possède ou possèdera dans l'arrondissement.

Le conservateur fait mention, sur son registre, du contenu aux deux bordereaux, au bas desquels il certifie avoir fait l'inscription. L'autre bordereau, ainsi que le titre de créance, est rendu à celui qui est venu faire inscrire. *Cod civil, art.* 2150.

Cette formalité de l'inscription n'est point nécessaire pour l'exercice d'un droit d'hypothèque légale ; néanmoins, il est bien utile aux maris, aux tuteurs, et aux administrateurs publics, de prendre inscription pour leurs femmes, leurs mineurs ou interdits, ou pour les établissemens confiés à leurs soins; autrement, ils seraient responsables des paiemens qui seraient faits au préjudice de l'hypothèque qu'ils auraient négligé de faire connaître par l'inscription.

Lorsque l'inscription légale est requise, il suffit de représenter deux bordereaux contenant, suivant l'*article* 2153 du Code civil,

1°. Les noms, la demeure et profession du créancier, ainsi que le domicile élu pour lui dans l'arrondissement;

2°. Les noms, profession et domicile du débiteur, ou une désignation capable de le faire reconnaître ;

3°. La nature des droits à conserver, et le montant de ceux qui sont déterminés ; quant aux droits conditionnels, éventuels ou indéterminés, il n'est pas nécessaire d'en fixer la valeur.

Une inscription conserve l'hypothèque pendant dix années ; en sorte que, si on la renouvelle avant l'expiration de ce délai, elle durera encore dix ans, et conservera sa première date. Si on ne la renouvelle qu'après l'expiration des dix ans, elle ne date que du jour où l'inscription est prise la dernière fois. *Code civ. art.* 2154.

On nomme *créances chirographaires*, celles

qui ont pour titre un acte qui n'est point authentique, tels que ceux faits sous signatures privées. L'expression vient des mots grecs χειρ qui signifie *main*, et γραφω qui signifie *j'écris*. On a voulu marquer que le titre du créancier chirographaire ne consiste que dans l'écriture du débiteur, et n'est pas revêtu d'un caractère authentique. Un pareil titre n'est susceptible d'aucune hypothèque.

ARTICLE IV.

## *Dans quel ordre les Créances sont colloquées.*

Le juge-commissaire, chargé de dresser l'état de collocation, doit séparer les créances en quatre classes, d'après ce qu'on a vu dans l'article précédent.

La première, qui a la préférence sur toutes les autres, est celle des créances portant priviléges généraux ; quand elles n'ont pas pu être payées sur le prix des meubles, elles passent, avant tout, lors de la distribution du prix des immeubles.

Parmi ces mêmes créances privilégiées généralement, on doit suivre l'ordre établi par le Code civil ; en sorte que l'on commence à payer la totalité de la créance dont le privilége est le plus fort ; on paye ensuite totalement la créance dont le privilége vient le second, et ainsi dans l'ordre où on les a placées, en expliquant plus haut ce qui les concerne.

Le privilége le plus fort est celui des frais de justice. *Code civil*, *art.* 2101.

Ainsi, quand il s'agit de la distribution du prix d'un meuble, on colloque d'abord les frais nécessaires pour la radiation des inscriptions prises sur l'immeuble par les créanciers qui ne viennent pas en ordre utile. A l'égard de ceux qui sont utilement colloqués, on comprend, dans l'article de chacun, les frais de radiation de leurs inscriptions. En second lieu, on place les frais de poursuite, qui sont, 1°. les frais extraordinaires qu'un jugement permet d'employer; 2°. les frais de poursuite d'ordre; 3°. les frais de l'avoué commun qui a représenté les créanciers dans les contestations relatives à l'état de collocation, lorsque cet état a été contesté.

On ne parle pas ici des frais ordinaires faits sur la poursuite de la vente judiciaire, parce que, comme on l'a dit en son lieu, ils sont nécessairement supportés par l'adjudicataire, au-delà de son prix : c'est une condition qui, si elle est omise dans le cahier des charges, doit y être suppléée.

Après les frais de justice, sont colloquées les créances privilégiées, qui frappent à la fois sur les meubles et sur les immeubles ; on ne les colloque néanmoins que quand il n'y a pas de mobilier pour les payer. Ce sont, suivant l'article 2101 du Code civil, 1°. les frais funéraires, si l'ordre a lieu après le décès du débiteur;

2°. Les frais faits dans la dernière maladie du débiteur, pour les remèdes, pour les visites des médecins et chirurgiens, et pour le salaire des gardes;

3°. Les gages des domestiques, pour l'année échue, et ce qui en est dû sur l'année courante;

4°. Les alimens fournis au débiteur et à sa famille, pendant les six derniers mois, si c'est par des détaillans; et, pendant la dernière année, si c'est par des marchands en gros, ou s'il s'agit du prix de la pension du débiteur.

Viennent dans la seconde classe les créanciers dont les priviléges ne portent que sur l'immeuble, et qui ont eu besoin de prendre des inscriptions ; ils sont indiqués par l'*article* 2103 du Code civil, dans l'ordre suivant.

1°. Celui de qui le débiteur avait acquis l'immeuble, a un privilége pour le prix ou la portion de prix qui reste dû à ce vendeur. S'il y avait eu plusieurs ventes successives, dont le prix fût dû en totalité ou en partie, le premier vendeur serait préféré au second, celui-ci au troisième, et ainsi de suite.

2°. Celui qui a fourni au débiteur les fonds avec lesquels il a acquis l'immeuble, peut les répéter avec privilége, pourvu que, par l'acte d'emprunt, il soit authentiquement constaté que la somme était destinée à cet emploi. Il faut aussi que, par la quittance du vendeur, il soit dit que les deniers empruntés ont servi à l'acquisition.

3°. Les cohéritiers du débiteur, quand l'immeuble lui est venu par succession, ont privilége pour la garantie des partages faits entre eux, et celle des soultes ou retour de partage. Cette garantie ayant lieu toutes les fois qu'il y a partage, le privilége existe entre les copartageans, même quand l'immeuble ne viendrait pas de succession.

4°. Les architectes, entrepreneurs, maçons, et autres ouvriers, employés pour édifier, reconstruire ou réparer un immeuble, ont privilége pour ce qui leur est dû à cette occasion. Mais, pour le constater, il faut d'abord qu'un expert nommé d'office par le tribunal de première instance, dans le ressort duquel les bâtimens sont situés, ait dressé préalablement un procès verbal de l'état où était l'immeuble avant les ouvrages à payer. En second lieu, il faut que, dans les six mois au plus, depuis leur perfection, ces mêmes ouvrages ayent été reçus par un expert, également nommé d'office par le même tribunal. Le privilége, alors, se réduit à ce que les ouvrages reçus ont fait valoir l'immeuble, au-delà de ce qu'il aurait été vendu, s'ils n'eussent pas été faits. D'un autre côté, quel que soit l'excédent de valeur qu'ait obtenu l'immeuble, le privilége ne peut jamais excéder le prix des ouvrages constatés par le second expert.

5°. Celui qui a prêté les deniers avec lesquels ont été payés les ouvriers dont le privilége a été établi, a le même privilége qui appartenait à ceux-ci. Pour obtenir d'être ainsi subrogé aux droits des ouvriers, le prêteur doit avoir un acte authentique de l'emprunt qui lui a été fait, et qu'il y ait désignation de l'emploi qu'on en voulait faire ; il faut ensuite que cet emploi soit justifié par les quittances des ouvriers.

Les créanciers colloqués en troisième classe sont les hypothécaires, c'est-à-dire, ceux qui se sont fait inscrire sur l'immeuble pour les sommes qui leur sont dues, et à l'acquittement desquelles cet immeuble est engagé, soit légalement, soit judiciairement, soit par convention. C'est par les dates de leurs inscriptions qu'est réglé l'ordre dans lequel il sont colloqués. *Cod. civ.*, *article* 2134.

Cependant, d'après l'*art.* 2135 du Code civil, l'hypothèque existe indépendamment de toute inscription,

1°. Au profit du mineur ou interdit, sur les immeubles de son tuteur, pour raison de la gestion de ce dernier, à compter du jour de l'acceptation de la tutèle ;

2°. Au profit de la femme, pour raison de sa dot, et des conventions matrimoniales, sur les immeubles de son mari, à compter du jour du mariage.

Pour les sommes dotales qui viennent de succession ou de donation pendant le mariage, l'hypothèque de la femme ne date que de l'ouverture de la succession, ou du jour que la donation a eu son effet.

Semblablement, pour l'indemnité des dettes que la femme a contractées avec son mari, l'hypothèque ne compte que du jour de l'obligation ; à l'égard du remploi des propres aliénés, elle ne compte que du jour de la vente.

Quoique la loi accorde hypothèque sur les biens du tuteur et du mari, indépendamment de toute inscription prise, néanmoins elle impose aux maris, aux tuteurs, et aux subrogés tuteurs, le devoir de faire inscrire les femmes, les mineurs ou interdits, afin que les droits de ces trois sortes de personnes ne puissent pas être méconnus. Néanmoins si, malgré les dispositions les plus précises du Code civil, les inscriptions n'étaient pas prises, le juge-commissaire, qui serait averti, par des pièces produites, que l'immeuble dont il s'agit de distribuer le prix est grevé d'hypothèques légales, ne manquerait pas de les colloquer d'après les dates déterminées par la loi, et qu'on vient d'expliquer.

Dans la quatrième et dernière classe sont les créanciers qui n'ont ni priviléges ni hypothèques ; ceux qui, par forme de saisie-arrêt ont fait connaître leurs droits sur le prix ; en un mot, les créanciers chirographaires. Il est évident qu'il ne leur revient que ce qui reste du prix, après que tous les privilégiés et tous les hypothécaires sont pleinement satisfaits. Ce reste, quand il y en a, est distribué proportionellement entre eux, sans aucune préférence pour raison de l'ancienneté des créances; c'est-à-dire, par contribution, absolument comme s'il sagissait du prix d'objets mobiliers.

*Quest. I.* Il se peut que, parmi les privilégiés, il y ait des créanciers qui ayent des titres de même force, et produisent un même genre de privilége. Par exemple, si le prix de l'immeuble a été payé avec les deniers empruntés de diverses personnes, celles-ci ont chacune un privilége égal. De même tous les ouvriers qui ont construit ou réparé l'immeuble, et ont fait constater leurs ouvrages en justice, comme on l'a dit plus haut, jouissent d'un privilége qui favorise autant les uns que les autres. Quel rang doit-on suivre à leur égard?

D'abord les priviléges pour lesquels il a fallu s'inscrire, quand ils sont de même nature, se payent selon l'ordre de la date des inscriptions. *Code civil art.* 2106.

Mais si des priviléges d'égales forces ont une même date d'inscription, ou s'ils sont de ceux qui se conservent sans qu'il soit besoin de s'inscrire, ils sont payés par concurrence, quand il n'y a pas de deniers suffisans pour les payer tous entièrement. En conséquence, ce qui reste du prix de l'immeuble est partagé entre eux, par contribution, et au prorata de ce qui est dû à chacun. Par exemple; si les deniers restans ne sont que le tiers de ce qu'il faudrait pour payer tous ceux qui ont un privilége égal, chacun recevrait le tiers de ce qui lui est dû. *Code civil*, *art.* 2097.

A l'égard des hypothèques, le rang dans lequel elles sont payées n'est réglé que par la date de l'inscription prise pour chacune. *Code civil*, *art.* 2134.

Il faut excepter les hypothèques qui sont conservées en vertu de la loi, indépendamment de toute inscription ; elles sont colloquées, comme les autres, à leur date ; cette date n'est plus celle de l'inscription, mais celle que la loi détermine ; c'est ce que l'on a expliqué plus haut.

Quand il se trouve des hypothèques de même date, on paye par concurrence, s'il ne reste plus assez de deniers pour les payer toutes en totalité.

*Question II.* Un immeuble saisi appartient à une personne qui est tuteur de son neveu. Après l'adjudication, on procède à l'ordre pour la distribution du prix. Parmi les inscriptions hypothécaires se trouve l'inscription légale du mineur, prise par le subrogé tuteur, pour sûreté de l'administration de la tutèle, qui ne doit finir que dans trois ans. On demande si cette inscription légale sera colloquée dans l'ordre ? La même question convient à l'hypothèque légale de la femme sur les biens de son mari.

La difficulté vient de ce que cette inscription n'a point d'objet fixe ; elle n'est qu'une garantie d'administration, dont le résultat est encore incertain. Par conséquent, il n'est pas possible de colloquer le mineur ou la femme pour une créance incertaine, et qui peut-être n'existe pas, si le tuteur ou le mari a fidèlement admininistré.

D'un autre côté, si on n'avait point égard à l'inscription, sous prétexte que la fin de la tutèle n'est pas arrivée, ou que le mariage n'est pas dissous, et qu'ainsi on ne peut savoir si le tuteur ou le mari est ou non débiteur de son pupille ou de sa femme, la précaution d'une hypothèque légale deviendrait inutile. Il serait même facile au tuteur ou au mari de soustraire tous ses biens à cette hypothèque : il feindrait des dettes en vertu desquelles il se ferait saisir ; et comme la tutèle ne serait pas terminée, ou que le mariage ne serait pas dissous, on n'admettrait point dans la distribution du prix l'inscription légale.

Plusieurs croyent qu'en pareil cas les biens ne sont adjugés qu'à la charge de l'hypothèque légale. Mais, ils ne font pas attention qu'on ne trouverait pas d'acquéreur avec une charge de cette nature, qui, étant indéterminée, pourrait finir par absorber la totalité de l'immeuble.

Nous croyons que le seul moyen de satisfaire à tous les intérêts, est de liquider l'objet de l'inscription légale. Si elle concerne un mineur, on force le tuteur à rendre son compte, quoique la tutèle ne soit pas encore finie. Le résultat de ce compte fait voir ce qui est dû au mineur, et à quelle somme se monte sa créance. Par ce moyen, la collocation de l'inscription légale devient possible.

Laissera-t-on ensuite entre les mains du tuteur une administration dont il aura été forcé de rendre compte ? Ce qui arrive au tuteur après la liquidation de l'inscription légale ne regarde plus les parties intéressées à la confection de l'état de collocation ; c'est à ceux qui sont chargés de veiller aux intérêts du mineur à prendre les mesures convenables pour lui faire nommer un autre tuteur, s'il y a nécessité. Il serait possible que l'expropriation éprouvée par le tuteur ne fût pas une cause suffisante de destitution, ce qui dépend des circonstances.

S'il s'agit de l'hypothèque légale d'une femme, la liquidation en est faite également par le compte que le mari est tenu de rendre de l'administration des biens de son épouse. Le résultat conduit à connaître en quoi, pour cette administration, le mari est débiteur; ce qui détermine l'objet de l'inscription légale.

Par suite de ce compte, c'est à la femme à voir s'il y a lieu pour elle de demander contre son mari la séparation de biens.

## ARTICLE V.

### *Des Contestations qui surviennent sur l'État de collocation.*

Cet article se divise en trois paragraphes. Dans le premier, on verra quelles parties doivent comparaître sur les contestations élevées relativement aux créances colloquées; dans un second, sera expliquée la forme de procéder sur ces contestations; dans un troisième, on dira comment s'achève l'ordre après le jugement des contestations.

### §. Ier.

### *Quelles parties doivent comparaître sur la contestation d'une créance colloquée.*

D'après l'examen que font les parties, en prenant communication de l'état de collocation, ou bien elles l'approuvent, ou elles croient devoir en critiquer les articles qui leur paraissent erronés.

Dans le premier cas, elles laissent écouler le délai accordé pour contredire, sans faire aucun dire ni aucune signification; leur silence est la seule marque d'adhésion que la loi leur permette.

Mais, quand on veut contester, on se présente au commissaire qui consigne les observations sur le procès verbal, et termine par renvoyer à l'audience, pour y être statué sur les contestations. *Art.* 758.

Il faut remarquer que, quand une créance portée sur l'état de collocation est critiquée, la contestation ne peut pas concerner celles qui sont colloquées à un rang supérieur. En conséquence, après avoir ordonné le renvoi des contestations à l'audience, le juge-commissaire arrête l'ordre, pour ce qui concerne les créanciers dont les collocations ne peuvent être changées par suite des difficultés élevées. *Ibid.*

Il taxe donc les frais de radiation de leurs inscriptions, et les frais de poursuite; il ordonne pareillement que les bordereaux de collocation leur soient délivrés.

Comme, par ce moyen, l'ordre n'est pas clos entièrement, il pourrait se présenter des productions tardives; mais elles n'apporteraient aucun changement, dans le sort des créanciers, pour qui l'état de collocation se trouverait clos; la loi dit expressément qu'ils ne sont tenus à aucun rapport à l'égard des créanciers tardifs, quoique les inscriptions de ces derniers fussent de dates plus anciennes. *Art.* 758.

Pour achever l'ordre, on attend que la contestation, renvoyée à l'audience, ait été jugée. Elle est élevée par celui qui a contredit au procès verbal; alors le défendeur est le créancier dont les titres sont contestés. Lorsque l'objet de la difficulté ne concerne que ces deux parties, les autres créanciers ne prennent aucune part à la cause. Par exemple : si deux créanciers, dont les titres sont réguliers, se disputent la priorité, les créanciers postérieurs pourraient bien ne pas se mêler du débat. Mais, s'il s'agit de faire rejeter totalement la créance contestée, ou la faire colloquer la dernière, les créanciers postérieurs ont évidemment intérêt dans la contestation.

Pour éviter des frais inutiles, quand les créanciers postérieurs veulent être partie dans la cause, ils doivent se faire représenter par un seul avoué. Si, dans la huitaine qui suit le délai accordé pour contredire, ils ne sont pas d'accord sur le choix, la loi nomme, pour les défendre tous ensemble, l'avoué du dernier créancier colloqué. *Art.* 760.

Le poursuivant l'ordre ne doit-il pas figurer aussi dans cette contestation renvoyée à l'audience? Non : nous venons d'expliquer quelles sont les seules parties qui doivent paraître; le poursuivant ne peut pas y être appelé. En effet, s'il est du nombre des créanciers antérieurs, il est sans intérêt; s'il est du nombre des créanciers postérieurs, il est représenté comme les autres par le même avoué. Quand c'est sa créance qui est contestée, ou quand il est le seul contestant, il est sans doute partie essentielle à la cause; mais alors ce n'est pas en sa qualité de poursuivant. *Ibid.*

Lorsque les créanciers postérieurs consentent à contester une collocation, les frais faits par l'avoué qui les représente sont employés en frais de poursuite. Mais, si un seul créancier s'avisait de soutenir une contestation; ou si, non content de l'avoué commun, il voulait en avoir un pour lui personnellement, les frais, que sa contestation aurait occasionnés, seraient à sa charge, sans pouvoir, en aucun cas, les répéter, ni les employer en frais de poursuite. *Ibid.*

*Quest. I.* En cas de contestation élevée sur le procès verbal d'ordre contre des créances colloquées, le juge-commissaire renvoie à l'audience les parties qui contestent; et néanmoins, selon l'*art.* 758, il fait la clôture de l'ordre à l'égard des créanciers antérieurs à ceux qui sont critiqués. Le poursuivant peut se trouver au nombre des créanciers compris dans cette première clôture : on demande s'il continue cependant le rôle de poursuivant, ou bien si une autre partie lui est subrogée, pour achever la procédure d'ordre ?

Il est certain que le créancier qui se trouve payé par la clôture d'une première portion de l'état de collocation ne peut plus figurer dans la procédure qui reste à faire. Ainsi, le poursuivant qui est dans le cas proposé ne peut plus reparaître, il est entièrement désintéressé et hors de cause ; mais, aucune autre partie ne lui est subrogée, parce qu'il n'est plus besoin de poursuivant. En effet, que reste-t-il à faire? des contestations à décider par le tribunal; or, les seules parties qui se querellent sont écoutées à l'audience; il n'est pas permis aux autres d'y paraître. Lorsqu'il a été statué sur toutes les difficultés, le juge-commissaire fait la dernière clôture. On voit qu'il n'est plus besoin de poursuivant, et que son rôle est terminé aussitôt que les délais pour prendre communication et contredire sont expirés. En conséquence, lorsqu'en cas de contestations il y a une première clôture d'ordre, et que le poursuivant s'y trouve compris, il ne paraît plus, et n'est pas remplacé.

*Quest. II.* Les créanciers chirographaires peuvent-ils prendre part à la contestation qui a pour objet la critique des créances comprises dans l'état de collocation?

D'abord on n'est point obligé de les appeler pour être présens à l'ordre ; cependant ils peuvent y intervenir, et présenter leurs titres pour se faire distribuer mobilièrement le reste du prix, après que toutes les créances hypothécaires auront été acquittées. On ne peut pas disconvenir qu'ils n'ayent intérêt à empêcher qu'on ne classe parmi les hypothécaires, des créances peu sincères, ou qui ne devraient être qu'au nombre des chirographaires. Ils ont donc le droit de contester ; s'ils le font individuellement, ils s'exposent à supporter seuls les frais de l'incident.

Dans le cas où ils se réunissent aux créanciers inscrits, concourent-ils au choix de l'avoué commun?

Non. L'*article* 760 n'appelle à ce choix que les créanciers postérieurs, en ordre d'hypothèque, aux collocations contestées ; les chirographaires qui ne contestent pas personnellement, doivent donc laisser leurs intérêts entre les mains de l'avoué commun choisi par les hypothécaires ; et si ces derniers ne se sont pas accordés pour le choix, c'est l'avoué du dernier créancier colloqué hypothécairement qui est chargé, tant de la défense des créanciers inscrits, que de celle des créanciers chirographaires.

## §. II.

### *Comment s'instruisent et se jugent les Contestations relatives à l'état de collocation.*

En exécution du renvoi prononcé par le juge-commissaire, la partie la plus diligente, c'est-à-dire, l'avoué du créancier contesté, ou l'avoué représentant tous les créanciers postérieurs, provoque l'audience, par un simple acte, sans autre procédure. *Art.* 761.

Le jugement est rendu sur le rapport du juge-commissaire, et après avoir entendu les conclusions du ministère public. Ce jugement doit aussi toujours contenir la liquidation des frais occasionnés par la contestation, frais qui sont compris dans ceux de poursuite; on excepte le cas où un créancier conteste individuellement; car il supporte seul les frais qu'il occasionne. *Art.* 762.

Pour interjetter appel de ce jugement, il n'est accordé que dix jours, à compter de la signification à avoué, avec une augmentation d'un jour par trois myriamètres, pour la distance qu'il y a du domicile réel de la partie qui veut appeler, à celui de l'autre partie intimée. *Art.* 763.

Au reste, l'acte d'intimation se fait dans la forme ordinaire, par exploit signifié à personne ou domicile, contenant assignation dans les délais de la loi, et indiquant les griefs. *Ibid.*

Quand la masse des créanciers postérieurs a été partie dans la contestation, l'appel interjeté par le créancier contesté doit-il être signifié au domicile de chacun de ceux qui composent cette masse? Nous pensons que l'exploit, contenant l'appel, doit être signifié uniquement au domicile de l'avoué commun, qui chargera un avoué de la Cour d'appel de se constituer.

Si en première instance, il n'y avait eu, pour contestant, qu'un seul créancier, l'appel se poursuivrait entre lui et le contesté seulement ; néanmoins, l'une ou l'autre des parties pourrait intimer l'avoué du dernier créancier colloqué pour défendre les intérêts communs des créanciers postérieurs, dans le cas où les circonstances le demanderaient : alors, cet avoué de première instance chargerait un avoué de la Cour d'appel de se constituer sur l'intimation. *Art* 764.

L'instruction sur l'appel est aussi simple qu'en première instance. Il ne peut y être signifié que des conclusions motivées, de la part des intimés, en réponse à l'acte d'appel. Après cette signification qui se fait dans les délais de la loi, un simple acte d'avoué provoque l'audience ; sur les plaidoiries respectives, la Cour prononce après avoir entendu le ministère public. *Art.* 765.

L'arrêt doit aussi contenir la liquidation des frais ; la loi veut même que les parties qui succombent, en cause d'appel, soient condamnées aux dépens, sans pouvoir les répéter. *Art.* 766.

*Quest. I.* Deux créances sont contestées par la masse des créanciers qui sont représentés par un avoué commun. Celui-ci obtient un jugement favorable à ses parties, et le fait signifier aux avoués des deux créanciers contestés. Ces derniers, suivant l'*art.* 763, n'ont, à compter de cette signification, que dix jours pour interjeter appel, plus un jour par trois myriamètres de distance de leur domicile réel: on demande comment se calcule cette augmentation, quand l'un des créanciers contestés demeure plus loin que l'autre?

Les uns disent que le moins éloigné jouira du délai proportionné à la distance du domicile de l'autre: ils se fondent sur ce que c'est le même jugement qui prononce sur l'une et l'autre créances.

D'autres ne voient aucun inconvénient à ce que chacun n'ait, pour interjeter appel, que le temps proportionné à la distance de son domicile; car, encore bien qu'il s'agisse du même jugement, la disposition qui concerne une des créances est étrangère à celle qui est relative à l'autre. Il se peut donc qu'un des créanciers condamnés croye devoir appeler, tandis que l'autre veuille s'en tenir à la disposition qui le concerne dans le jugement de première instance. Il n'y a donc aucune raison pour que la distance du plus éloigné profite au moins éloigné.

Ainsi, supposons que l'un des créanciers condamnés demeure à six myriamètres du lieu où il doit faire signifier son appel, et l'autre à douze; le premier aura, pour appeler, un délai de douze jours, et l'autre un délai de quatorze jours.

Si l'un d'eux demeurait hors de la France continentale, l'augmentation des dix jours serait, à son égard, telle que le prescrit l'*art.* 73, concernant les ajournemens: c'est cette même augmentation qui est déterminée pour les appels ordinaires, dans l'*art.* 445. On ne voit pas pourquoi la même règle ne serait pas suivie en cette occasion, puisque la loi a voulu que les dix jours accordés pour les appels dont il s'agit fussent augmentés en raison des distances.

*Quest. II.* Dans le cas où l'un des créanciers contestés par la masse des créanciers postérieurs interjette appel en temps utile, à qui fait-il signifier son intimation ?

Suivant la règle générale, il a pour adversaires tous les créanciers qui lui sont postérieurs ; en conséquence, quelques personnes pensent qu'il doit signifier son appel au domicile réel de chacun de ces mêmes créanciers.

On objecte que, pour simplifier la procédure, la masse des créanciers a dû choisir un seul avoué pour tous ; qu'ainsi, c'est à ce représentant qu'il faut donner l'intimation. S'il en était autrement, on se trouverait en cause d'appel tout aussi embarrassé par le nombre, qu'on l'aurait été en première instance, si on n'eût pas pris la précaution de confier la défense de tous les contestans à un seul avoué.

La réponse de ceux qui s'en tiennent à la règle générale, est que l'avoué commun de première instance n'a point de fonction près de la cour d'appel ; il faudrait donc qu'il y choisît lui-même un avoué, ce qui excède ses pouvoirs. Au contraire, si tous les créanciers contestans sont intimés à personne ou domicile, il se présentent, et soit par eux-mêmes, soit par leurs fondés de pouvoirs, ils confient leur défense à un seul avoué de la cour.

De la part de ceux qui veulent en cette

occasion une exception à la règle générale, on invoque l'*art.* 764 ; il dit que l'avoué du dernier créancier colloqué, c'est-à-dire l'avoué commun, pourra être intimé, s'il y a lieu. D'où il suit que si la partie condamnée a pour adversaire quelque créancier qui ait voulu contester individuellement, elle ne citera sur l'appel que lui, n'étant autorisée à intimer l'avoué commun, que quand les circonstances l'exigent. Mais, lorsque le seul contestant est ce même avoué commun, il y a certainement nécessité de l'intimer. C'est un des cas prévus par l'*art.* 764; on y voit que l'intention de la loi n'est pas alors qu'on cite sur l'appel chacun des créanciers particulièrement. Elle a donc entendu que l'avoué commun était un fondé de pouvoir spécial, non seulement pour défendre les intérêts de tous en première instance, mais encore pour continuer ses soins sur l'appel, quand le cas se présente.

Il ne faut pas conclure que cet avoué de première instance pourra occuper en cause d'appel ; le texte cité signifie seulement que les pouvoirs de ce représentant commun, s'il lui est donné une intimation, l'autorisent à choisir un avoué près de la cour. Si donc, dit-on dans cette opinion, l'appelant réussissait, outre la signification de l'arrêt, d'avoué à avoué, la signification destinée à la partie ne se ferait qu'à l'avoué commun de première instance, puisque c'est lui seul qui a dû être intimé, comme le représentant légal des contestans réunis.

*Quest. III.* Il est dit, par l'*art.* 766, que les parties qui succomberont sur l'appel seront condamnées aux dépens, sans pouvoir les répéter. Supposons que l'avoué commun soit intimé comme seul contestant, et que l'appelant obtienne la réformation du jugement : condamnera-t-on aux dépens les créanciers représentés par l'avoué commun ?

Les uns disent que telle est la volonté de l'article cité, qui est si clair et si positif, qu'on ne peut pas lui donner un autre sens.

D'après cette opinion, il faudrait donc établir une répartition entre tous les créanciers, pour faire supporter à chacun sa portion des dépens; or, dans quelle proportion, de quelle manière? La loi ne l'ayant pas dit, il n'est pas possible de se permettre une pareille opération. Ainsi, il paraît certain que sur l'appel, les dépens ne doivent pas plus qu'en première instance, être supportés par les créanciers réunis. Ceux qui pensent de cette manière, disent que l'intention de l'*art.* 766 a été de ne pas permettre à l'avoué commun d'interjeter appel; par conséquent, jamais il ne peut succomber comme appelant. Si quelques créanciers de la réunion veulent se pourvoir, ils le font alors individuellement; ensorte que, s'ils succombent, ils supportent les dépens. Mais si, par la force d'une des circonstances prévues par l'*art.* 764, l'avoué commun est intimé, il faut bien qu'il paraisse sur l'appel, comme représentant les créanciers réunis; et si le jugement est infirmé, les dépens sont nécessairement employés en frais de poursuite. Cet emploi est prononcé en première instance, parce qu'on ne présume pas que des créanciers se réunissent pour contester légèrement; de manière que, s'ils succombent, les frais qu'ils ont faits sont supportés par l'immeuble. Ils sont encore moins blâmables, quand, par leur représentant commun, ils défendent l'autorité d'un jugement dont il plait à leur adversaire d'interjeter appel. Ainsi, quand, sur l'intimation du commun représentant, le jugement est réformé, l'arrêt doit ordonner que les frais seront employés.

*Quest. IV.* Selon l'*art.* 762, les contestations concernant l'état de collocation ne sont jugées en première instance, qu'après avoir entendu les conclusions du ministère public. Dans les *art.* 765 et 766, qui règlent la procédure sur l'appel, en pareille matière, on ne dit point qu'elle sera communiquée au procureur général. On demande si cette formalité doit y être observée?

En se tenant à la lettre, quelques personnes disent que les conclusions du ministère public, dans les contestations qui s'élèvent sur l'ordre, ne sont nécessaires qu'en première instance, puisqu'elles ne sont pas exigées en cause d'appel.

Suivant d'autres, il est de principe qu'une cause s'instruit sur l'appel, comme elle l'a été en première instance. C'est ainsi que les affaires jugées sommairement au tribunal d'arrondissement ne peuvent pas être jugées avec des formes différentes en cour d'appel. On conclut de là qu'il suffit d'avoir prescrit la communication au ministère public en première instance, pour qu'il soit nécessaire de l'observer également sur l'appel. Il paraît que les intérêts qu'il s'agit de régler en matière d'ordre sont, pour l'ordinaire, d'une importance assez grande pour exiger la surveillance du ministère public, soit quant au nombre des personnes qui y prennent part, soit quant aux principes de droit qui y sont applicables, soit quant à la multitude des titres qu'il faut classer. Or, dans le cas où le jugement, qui prononce en premier ressort sur une pareille matière, est soumis de nouveau à un autre tribunal, il faut bien aussi que le magistrat qui y exerce le ministère public puisse de nouveau prendre connaissance de l'affaire.

## §. III.

### *De l'Exécution des Jugemens concernant l'ordre.*

On se rappelle que, pour les créances antérieures à celles qui sont contestées, l'ordre a été clos, et que les bordereaux ont été délivrés; tout est donc terminé à leur égard. Il ne reste plus à régler que les créances contestées et celles qui leur sont postérieures.

Dans la quinzaine qui suit la prononciation du jugement, et s'il y a eu appel, dans la quinzaine qui suit la signification de l'arrêt, le commissaire fait la clôture définitive des créances qui étaient demeurées en suspens, et, dans son opération, il se conforme à ce qui a été jugé. *Art.* 767.

Le juge-commissaire procède, dans cette partie de son procès verbal, comme dans le cas où il arrête l'état de collocation quand il n'y a pas de contestation : nous l'avons expliqué dans l'article précédent. *Ibid.*

A l'expiration de la même quinzaine, les intérêts des capitaux, et les arrérages des rentes dus aux créanciers utilement colloqués, cessent de courir; c'est donc seulement jusqu'à cette époque qu'ils sont employés dans l'état de collocation, arrêté par le juge-commissaire. *Ibid.*

Les frais de l'avoué, représentant les créanciers réunis pour contester, sont colloqués, par préférence à toute autre créance, sur les deniers qui restent à distribuer. On ne parle ici que d'un reste de prix; car, dans cette seconde opération, le juge-commissaire ne s'occupe plus des sommes qui ont servi à payer les créanciers antérieurs, et dont l'ordre a été clos pendant les contestations. *Art.* 768.

Celui qui succombe sur l'appel doit supporter les dépens, comme on l'a dit plus haut : mais souvent il arrive que l'arrêt permet de les employer; c'est-à-dire, de les prélever sur les deniers à distribuer, sauf à les faire payer ensuite par la partie qui a été condamnée.

De là il résulte que si le prix de l'immeuble ne suffit pas pour acquitter les frais et les dettes, le créancier sur qui les fonds manquent, c'est-à-dire, le premier pour lequel il ne se trouve plus d'argent à distribuer, aurait au moins touché ce qui a été prélevé pour les frais de la contestation, si elle n'avait pas eu lieu. C'est donc à lui qu'appartient le droit de poursuivre la partie qui a succombé, pour se faire payer du montant des frais. A cet effet, pour lui procurer un titre exécutoire, l'arrêt qui ordonne l'emploi des frais, prononce en même temps une subrogation au profit de ce créancier. *Art.* 769.

Lorsque le prix à distribuer excède ce qui est nécessaire pour les frais employés, et pour solder l'état de collocation, ce qui reste appartient à la partie saisie; c'est donc à elle à poursuivre le paiement des frais de contestations; puisque, si elles n'eussent pas existé, le reste du prix de son immeuble en serait plus considérable. C'est pourquoi, en pareil cas, la subrogation est prononcée à son profit par l'arrêt. *Ibid.*

Au reste, l'exécutoire, délivré par suite de cette subrogation, doit énoncer qu'elle a été prononcée par l'arrêt, et indiquer la partie à qui appartient la faculté d'en profiter. *Art.* 769.

Pareillement, le créancier sur qui les fonds manquent, ou bien la partie saisie, quand l'état de collocation est acquitté, doit exercer en outre, contre ceux qui ont succombé dans les contestations, un recours pour les intérêts et arrérages qui ont couru pendant le temps de ces mêmes contestations. En effet, si elles n'avaient pas été suscitées, les créanciers colloqués utilement n'auraient pas eu à réclamer des intérêts et arrérages pour le temps qu'elles ont duré; et le créancier qui ne vient pas en ordre utile, ou, au moins, la partie saisie, en aurait profité. *Art.* 770.

Le créancier sur lequel les fonds viennent à manquer, ou la partie saisie, est, par la même raison, fondé à réclamer les intérêts et arrérages dont sont garans, comme on l'a dit plus haut, les créanciers qui, ayant produit leurs pièces après le délai fixé, ont occasionné du retard à la clôture de l'ordre.

*Quest. I.* De quel jour cessent de courir les intérêts et arrérages des créances colloquées, lorsque la clôture de l'ordre s'opère sans contestation? La même question s'applique aux créances comprises dans une première clôture d'ordre, et qui sont par conséquent étrangères aux contestations des créances postérieures.

Comme le greffier, selon l'*art.* 771, n'est tenu de délivrer les bordereaux de collocation que dans les dix jours qui suivent l'ordonnance de clôture, quelques personnes pensent que c'est seulement à compter du jour où chacun reçoit son bordereau que doivent cesser les intérêts ou arrérages à son profit.

D'autres disent que, lors de la clôture, le juge-commissaire doit déterminer le montant de chaque créance en principal, intérêts et frais; qu'il ne peut en conséquence porter ses calculs au-delà du jour où cette clôture est arrêtée: autrement, il faudrait admettre que le greffier, en délivrant les bordereaux, pourrait y ajouter ce qui concernerait les intérêts; ce qui ne doit pas se supposer, puisque la loi ne lui a pas donné ce pouvoir. L'état de collocation, aussitôt après sa clôture, est irrévocablement arrêté, et il n'est permis ni au juge-commissaire lui-même, ni au greffier, d'y rien changer; les bordereaux doivent être délivrés fidèlement d'après l'ordonnance de clôture, qui, par conséquent, doit faire cesser les intérêts des créances colloquées.

On tire, en faveur de cette opinion, un argument de l'*art.* 767: il dit que, quinzaine après la signification du jugement qui aura statué sur les créances contestées, le juge-commissaire procédera à la clôture de l'ordre, et que les intérêts et arrérages cesseront de courir. C'est donc seulement jusqu'au jour de la clôture, et non pas jusqu'à celui de la délivrance des bordereaux, que sont calculés les intérêts et arrérages dus aux créanciers utilement colloqués.

*Quest. II.* On voit, dans l'*art.* 767, que la clôture de l'ordre se fait quinzaine après le jugement des contestations, et en cas d'appel, quinzaine après la signification de l'arrêt : le délai court-il, pour le jugement de première instance, du jour où il est prononcé, ou du jour de sa signification? A l'égard du cas où il y a eu appel, le même délai court-il du jour où l'arrêt est signifié à avoué, ou bien du jour de la signification à personne ou domicile?

C'est sans doute du jour de la signification du jugement de première instance qu'il faut calculer le délai, disent les uns ; car, en ne s'expliquant pas, la loi a entendu ce qui se pratique ordinairement. Or, tout délai pour appeler court du jour de la signification à personne ou domicile, à moins qu'il n'y ait une exception formelle qu'on ne trouve pas dans le texte cité.

D'autres, qui croient connaître particulièrement l'intention des rédacteurs, soutiennent que le délai de quinzaine dont il s'agit court du jour de la prononciation du jugement de première instance : ils ajoutent que l'*article* 767 s'exprime de manière à ne pas laisser le moindre doute, parce que le jour du jugement est évidemment celui où il est prononcé. Ce qui confirme cette explication, c'est qu'en parlant du cas où il y a eu appel, le même article fait courir le délai du jour de la signification de l'arrêt. On voit donc que le jour du jugement et celui de la signification ne sont pas confondus ; et que, par conséquent, la quinzaine dont il s'agit doit courir du jour de la prononciation du jugement de première instance.

Si pendant la durée de ce délai, une partie

avait interjeté appel, il faudrait surseoir à la clôture de l'ordre, jusqu'après la décision de la cour ; alors cette clôture se ferait quinzaine après la signification de l'arrêt. On demande s'il s'agit de la signification à avoué ou à domicile ? C'est en cette occasion qu'on peut raisonnablement dire que le terme de signification n'étant pas spécifié, il faut l'entendre dans le sens le plus ordinaire. Or, quand il s'agit d'exécuter un jugement, le délai fixé doit naturellement courir du jour où il a été signifié à personne ou domicile. En effet, la clôture de l'ordre doit se faire conformément à ce qui a été ordonné par l'arrêt. Il ne suffit donc pas que les avoués de la cour en connaissent la décision ; elle doit être manifestée aux parties elles-mêmes, pour qu'elles puissent provoquer en conséquence la clôture du procès verbal d'ordre dans le tribunal de première instance.

## ARTICLE VI.

### *De l'exécution de l'Etat de collocation.*

Nous avons vu comment se fait la clôture de l'état de collocation, d'abord, quand il n'est pas contesté, et ensuite quand il y a eu contestation. Maintenant, expliquons comment cet état de la distribution du prix de l'immeuble est exécuté, lorsqu'il est définitivement arrêté.

Dans les dix jours qui suivent la clôture de l'ordre, le greffier délivre à chaque créancier utilement colloqué le bordereau de ce qui lui revient, d'après l'ordonnance rendue par le juge-commissaire en l'état de collocation. Ce bordereau est exécutoire contre l'adjudicataire, et, en cas de vente à l'amiable, contre l'acquéreur. *Art.* 771.

En recevant le montant du bordereau, le créancier qui en est porteur donne sa quittance; il doit y exprimer son consentement à la radiation de son inscription hypothécaire. *Art.* 772.

A chaque paiement, le conservateur des hypothèques, sur la représentation qui lui est faite du bordereau et de la quittance du créancier, décharge l'inscription d'office, jusqu'à concurrence de la somme acquittée. *Art.* 773.

Pour comprendre cette disposition, supposons que l'adjudicataire, ou l'acquéreur d'un immeuble, ait fait transcrire, à la conservation des hypothèques, son titre d'acquisition; cette formalité sert elle-même d'inscription pour sûreté du prix dont il est débiteur; voilà pourquoi la sûreté légale qui résulte de cette transcription, se nomme *inscription d'office*.

Le nouveau propriétaire doit donc s'occuper à dégager l'immeuble de l'inscription d'office, s'il veut être affranchi de toute hypothèque antérieure à son acquisition. A cet effet, il emploie le prix de l'adjudication ou de la vente à acquitter les créanciers inscrits; chaque payement éteint une hypothèque. S'il reste des deniers, quand toutes sont soldées, ils sont remis au vendeur. Dès que la totalité du prix est ainsi employée, l'inscription d'office est entièrement déchargée.

On conçoit maintenant pourquoi, lors du paiement de chaque bordereau, l'inscription du créancier qui en est porteur, est rayée, et pourquoi l'inscription d'office est déchargée de la portion acquittée. Quand vient le dernier bordereau, l'immeuble est débarrassé entièrement de l'inscription d'office, et les inscriptions de tous les créanciers colloqués utilement se trouvent rayées.

A l'égard des inscriptions des créanciers dont les collocations ne sont pas utiles, elles doivent être également rayées ; elles ne peuvent plus affecter l'immeuble, dès que l'inscription d'office n'existe plus, dès que le prix total est soldé.

Au reste, que l'inscription d'office soit, ou non, déchargée partiellement à la représentation de chaque bordereau, le conservateur n'en doit pas moins rayer définitivement l'inscription d'office, quand l'acquéreur ou l'adjudicataire justifie avoir payé la totalité du prix, soit aux créanciers colloqués utilement, soit à la partie saisie ou au vendeur, et représente l'ordonnance du juge-commissaire, qui a prononcé la radiation des inscriptions non colloquées utilement. *Art.* 774.

Pour satisfaire aux frais de radiation, que l'acquéreur ou l'adjudicataire est tenu de payer, on a vu qu'il est autorisé à distraire sur chaque bordereau ce qui s'y trouve taxé pour ces sortes de frais.

Quant à la radiation des inscriptions non colloquées utilement, le juge-commissaire passe en taxe, dans l'article des frais, la somme nécessaire pour cette dépense, et l'acquéreur est autorisé à la retenir.

Lorsqu'il s'agit d'une vente d'immeubles à l'amiable, après avoir fait transcrire son titre, ce qui opère l'inscription d'office, l'acquéreur, qui veut payer les hypothèques, est tenu de lever l'extrait de toutes les inscriptions particulières, et de dénoncer son acquisition à tous les créanciers inscrits. Or, pour le coût de l'extrait et des exploits de dénonciation, l'acquéreur a un premier privilége sur son prix. En conséquence, si cette acquisition donne lieu à un ordre, l'acquéreur y est employé, par préférence à toute autre créance, pour les dépenses dont on vient de parler. *Art.* 777.

Il sera également privilégié, d'après ce qu'on a vu plus haut, pour les frais de la radiation des inscriptions non colloquées utilement. Il garde en ses mains les sommes qui lui sont passées pour frais, et l'état de collocation lui sert de titre pour faire cette retenue.

## ARTICLE VI.

### *Modèle pour l'ordre entre les Créanciers.*

### §. I^er^.

### *Réquisition et Nomination de Commissaire.*

Sur le registre des adjudications qui se tient au greffe, la réquisition du créancier qui a poursuivi l'expropriation, est constatée en ces termes :

« Requiert le sieur Bernard H...., négociant à Nantes, qu'il plaise à M. le président de nommer un des membres du tribunal, pour procéder à l'ordre des créanciers ayant droit sur le prix d'une maison située à Paris, rue St. Antoine, n°. 21 ; elle a été saisie à la requête dudit sieur H...., sur le sieur Maurice G...., marchand teinturier, demeurant à Paris, en vertu d'un jugement rendu au tribunal de première instance, séant à Paris, le onze janvier dernier, et adjugée à l'audience des criées du même tribunal, le vingt octobre suivant.

» A Paris, ce vingt-six novembre dix-huit cent cinq. *Signé* P...., avoué ».

Si l'ordre est requis par le plus diligent des créanciers inscrits, faute par celui qui a fait vendre l'immeuble, de provoquer l'ordre dans le délai prescrit, on dira :

« Requiert le sieur André D...., marchand orfèvre à Blois, créancier hypothécaire du sieur Maurice G...., marchand teinturier, demeurant à Paris, qu'il plaise à M. le président de nommer un des membres du tribunal pour procéder à l'ordre des créanciers ayant droit sur le prix d'une maison, située à Paris, rue Saint Antoine, n°. 21 ; elle a été saisie à la requête du sieur Bernard H...., négociant à Nantes, en vertu d'un jugement rendu au tribunal de première instance, séant à Paris, et elle a été adjugée à l'audience des criées du même tribunal, le vingt octobre suivant. Ledit sieur H.... n'ayant pas requis l'ordre dans le délai qui lui était fixé par la loi, le requérant a droit de se rendre poursuivant.

» A Paris, ce deux décembre mil huit cent cinq. *Signé* Q...., avoué ».

L'adjudicataire a aussi le droit de requérir l'ordre, quand la huitaine, accordée au poursuivant la saisie, est expiré. Si donc l'adjudicataire est le plus diligent, sa réquisition sera rédigée de même.

Au bas de la réquisition, le président appose son ordonnance comme il suit :

« Nous commettons M. B.... aux fins de la réquisition ci-dessus.

» A Paris, ce trois décembre mil huit cent cinq. *Signé* A....., président ».

Pour requérir l'ordre sur le registre, comme on vient de le voir, il est alloué à l'avoué dont la réquisition est reçue, une vacation taxée à Paris et dans les quatre villes assimilées, 6 fr.

Dans les villes du second ordre, 5 fr. 40 c.

Partout ailleurs, 4 fr. 50 c.

S'il se présente au greffe en même temps plusieurs requérans, ils se retirent devant le président pour faire décider sur le champ la préférence. La décision du président n'est susceptible ni d'appel, ni d'opposition, et il n'est alloué aux avoués aucune vacation pour ce référé dont il n'est dressé aucun procès verbal. *Tarif, art.* 130; *Décret, art.* 2 *et* 3.

§. II.

*Requête au Juge-Commissaire, son Ordonnance, et Sommation de produire.*

« A M. B...., Juge-Commissaire,

» Le sieur Bernard H...., négociant à Nantes, expose: qu'ayant fait saisir une maison, sise à Paris, rue St. Antoine, sur le sieur Maurice G..., marchand teinturier, demeurant à Paris, il l'a fait adjuger à l'audience, le vingt octobre dernier. Dès le deux de ce mois il a requis la nomination d'un commissaire pour procéder à l'ordre; il voudrait être autorisé à sommer les créanciers inscrits de produire leurs titres; pourquoi il vous prie, Monsieur, de lui délivrer votre ordonnance.

» A Paris, ce 6 décembre 1805.

» *Signé* P...., avoué.

Au bas de cette requête est apposée l'ordonnance du juge-commissaire en ces termes:

« Soient sommés les créanciers inscrits hypothécairement sur ladite maison, de produire leurs titres de créance, pardevant nous, dans le mois, à l'effet, par nous, de dresser l'ordre et distribution du prix de ladite maison, entre lesdits créanciers; leur déclarant que, faute par eux de produire dans ledit délai, l'ordre sera dressé sur les seules pièces qui nous auront été remises. *Signé* B...., juge commissaire. »

On avait d'abord pensé que, pour obtenir l'ordonnance du juge-commissaire, le poursuivant l'ordre se présentait; que le procès verbal était ouvert par cette réquisition, que l'ordonnance était écrite à la suite; et que, sur l'expédition de cette première vacation du procès verbal, les créanciers inscrits étaient sommés de produire. Les termes mêmes de *l'art.* 752 semblaient prescrire cette marche assez clairement. Cependant, le décret sur la taxe des frais et dépens ayant fixé un prix pour la requête présentée dans cette circonstance au juge-commissaire, il en résulte que son ordonnance est apposée au bas de la requête, qui est rendue en cet état à l'avoué; celui-ci en fait signifier des copies en tête des sommations qu'il adresse aux créanciers inscrits. Le juge-commissaire se contente de mentionner cette ordonnance dans la première vacation de son procès verbal qu'il ouvre en même temps, en ces termes:

« Aujourd'hui 6 décembre 1806, devant nous, Thomas B....., juge-commissaire, nommé par M. le président, sur le registre des adjudications, en date du trois du courant, a comparu Me. P....., avoué du sieur Bernard H....., négociant à Nantes; il nous a présenté requête à l'effet d'être autorisé à faire sommer les créanciers inscrits de produire leurs titres, afin d'être, par nous, procédé à la distribution, par ordre d'hypothèques, du prix d'une maison sise à Paris, rue St. Antoine, saisie sur le sieur Maurice G...., marchand teinturier, demeurant à Paris, et adjugée à l'audience, le vingt octobre dernier, pour la somme de 15,000 francs. Nous avons rendu notre ordonnance aux fins de ladite requête : à l'égard de l'extrait des inscriptions à nous remis par ledit M^e. P...., et délivré le trois de ce mois par le conservateur des hypothèques du bureau de Paris, il demeurera annexé au procès verbal qui a été signé par ledit M^e. P...., est ensuite par nous et notre greffier.

» *Signé* P...., avoué. B...., juge-commissaire.
C...., greffier ».

La requête présentée au juge-commissaire, et la vacation pour obtenir son ordonnance, sont taxées ensemble, pour Paris et les quatre villes du premier ordre, à 3 francs.

Pour les villes du second ordre, un dixième de moins, 2 fr. 70 c.

Partout ailleurs, 2 fr. 25 c.

Il est aussi alloué à l'avoué poursuivant l'ordre, une vacation pour se faire délivrer, par le conservateur des hypothèques, l'extrait des inscriptions ; elle est taxée 6 francs, ou 5 fr. 40 c., ou 4 fr. 50 c., selon qu'on est dans une ville du premier ou du second ordre, ou partout ailleurs. *Tarif, art.* 131 ; *Décret, art.* 2 *et* 3.

En vertu de l'ordonnance du juge-commissaire, le poursuivant fait aux créanciers une sommation de produire leurs titres ; les créanciers, qui ont un avoué en cause, sont sommés par acte d'avoué.

Pour un pareil acte, on copie d'abord la requête et l'ordonnance mise au bas, pour autoriser la sommation à faire aux créanciere inscrits à l'effet de produire leurs titres; ensuite l'avoué dresse son acte en ces termes :

« A la requête du sieur Bernard H...., négociant à Nantes, poursuivant l'ordre,

» En vertu de l'ordonnance rendue le six de ce mois, par M. B....., juge-commissaire, et dont copie est ci-dessus.

» Soient sommés,

» Me. J..., avoué de la veuve M...., demeurant à Paris,

» Et Me. Ch...., avoué du sieur X...., serrurier à Paris, tuteur des mineurs Z...;

» Tous deux créanciers inscrits hypothécairement sur ladite maison,

» De produire les titres de leurs créances dans le mois, entre les mains de M. le commissaire; leur déclarant que, faute de faire leurs productions dans ledit délai, l'ordre sera dressé sur les seules pièces produites.

» Fait à Paris, ce huit décembre mil huit cent cinq. *Signé* P..., avoué ».

Cet acte est signifié dans la forme ordinaire, par un huissier audiencier, qui en laisse une copie au domicile de chacun des avoués.

Pour cette sommation faite par acte d'avoué, il est attribué 1 fr., ou 90 c. ou 75 c., selon qu'on est dans une ville du premier ordre, ou du second, ou partout ailleurs. Chaque copie de cet acte est payé le quart de l'original. *Tarif, art.* 132; *Décret, art.* 2 *et* 3.

Quand il s'agit de faire sommation à un créancier qui n'a pas d'avoué en cause, la forme est celle d'un exploit, comme il suit :

« L'an mil huit cent cinq, le huit décembre, en vertu de l'ordonnance ci-dessus transcrite, rendue le six de ce mois, par M. B....., juge-commissaire, nommé pour procéder à l'ordre, entre les créanciers ayant droit au prix d'une maison, sise à Paris, rue St. Antoine, n°. 21; laquelle a été adjugée aux criées le vingt octobre dernier, sur le sieur Maurice G...., marchand teinturier à Paris;

» Et à la requête du sieur Bernard H..., négociant à Nantes, pour lequel domicile est élu à Paris, en la demeure de Me. P..., avoué, chargé d'occuper pour lui; moi, André N..., huissier reçu au tribunal de première instance de Paris, y demeurant, rue du Bouloi, n°. 71, j'ai sommé le sieur Ambroise R....., marchand épicier, demeurant à Orléans, créancier hypothécairement inscrit sur ladite maison, de produire les titres de sa créance; lui déclarant que, faute de faire sa production entre les mains dudit juge-commissaire dans le mois, à compter de ce jour, l'ordre sera dressé sur les pièces des seuls créanciers qui auront produit.

» La présente sommation a été faite par moi audit sieur R....., en son domicile élu par son inscription, en la demeuse du sieur I...., banquier à Paris, rue des Jeûneurs, n°. 8, en parlant à un commis dudit sieur I...., et à qui j'ai laissé copie de l'ordonnance ci-dessus mentionnée, et du présent acte, dont le coût est de.....

» *Signé* N....., huissier ».

Cet acte est compris parmi les exploits de

première classe, et taxé 2 fr. 20 c. ou 1 fr. 98 c., ou 1 fr. 50 c., selon qu'on est dans une ville de premier ou second ordre, ou partout ailleurs.

## §. II.

### *Acte de produit.*

« La veuve Denis M...., demeurant à Bourges, créancière hypothécaire du sieur Maurice G..., marchand teinturier à Paris, comme il paraît par l'extrait des inscriptions prises sur une maison, sise à Paris, rue St. Antoine, n°. 21, et adjugée sur ledit sieur G...., à l'audience des criées, le vingt octobre dernier,

» Requiert M. le commissaire, nommé pour procéder à l'ordre des créanciers ayant droit au prix de ladite maison, de la comprendre dans ledit ordre, suivant le rang où se trouve sa créance, d'après la date de son hypothèque;

» 1°. Pour la somme de mille francs, montant d'un billet souscrit à son profit par ledit sieur G...., et au paiement duquel il a été condamné par jugement du tribunal de première instance séant à Paris, le 15 décembre dix-huit cent quatre;

» 2°. Pour les intérêts, à compter du sept novembre même année, jour de la demande sur laquelle est intervenu ledit jugement;

» 3°. Pour les frais faits sur ladite demande, et taxés par exécutoire du quatre janvier dernier, à la somme de quatre cent quarante-deux francs.

» Afin de justifier la créance dont il s'agit, la veuve M.... produit:

» 1°. Le billet de mille deux cents francs, souscrit par le sieur G...., en date du trois mars mil huit cent quatre, au profit de la requérante ;

» 2°. L'expédition du jugement rendu le quinze décembre mil huit cent quatre, et qui condamne ledit sieur G.... au paiement du billet ci-dessus mentionné.

» 3°. L'exécutoire de dépens délivré le quatre janvier dernier, et ci-dessus énoncé ;

» 4°. L'emploi de l'inscription hypothécaire, prise par la requérante à la date du 10 janvier mil huit cent cinq, ainsi qu'il est prouvé par l'extrait de toutes les inscriptions, qui est annexé au procès verbal de M. le commisssaire.

» Fait à Paris, ce seize décembre mil huit cent cinq. *Signé* J...., avoué ».

Cet acte de produit, contenant demande en collocation, est remis par l'avoué au commissaire qui en fait mention à la suite de son procès verbal, comme il suit :

« Le seize décembre dix-huit cent cinq, Me J.., avoué de la veuve M....., créancière hypothécairement inscrite, et ayant droit sur le prix dont il s'agit de faire la distribution, a produit, avec sa demande en collocation, trois pièces formant les titres de la créance de sa partie. Ledit Me. J..... a signé en cet endroit. *Signé* J......, avoué. »

Les autres productions sont constatées de la même manière, à la suite les unes des autres; et, à chaque vacation, le juge-commissaire ferme le procès verbal par sa signature et celle du greffier.

Pour cet acte de produit qui ne doit pas être signifié, et pour la vacation employée à produire sur le procès verbal, il est alloué à l'avoué, 20 fr. ou 18 fr. ou 15 fr. ; selon qu'on est dans une ville du premier ordre ou du second ordre, ou partout ailleurs.

## §. IV.

### *Etat de Collocation.*

« Etat de collocation des créanciers ayant droit :

» 1°. A la somme de quinze mille francs, formant, outre les autres charges de l'adjudication, le prix d'une maison sise à Paris, rue SaintAntoine, n°. 21, vendue aux criées, par jugement du vingt octobre dernier, sur le sieur Maurice G....., marchand teinturier à Paris, au profit du sieur Charles O...., marchand de grains, demeurant à Paris ;

» 2°. A la somme de huit cents francs, provenant des loyers saisis et arrêtés, à la requête du poursuivant, entre les mains du sieur K......, principal locataire de ladite maison.

» Le présent état de collocation est fait par nous, Thomas B..... , juge-commissaire nommé par ordonnance de M. le Président, sur le registre des adjudications, le trois décembre dernier,

» Entre le sieur Bernard H......, négociant à Nantes, à la requête duquel s'est faite la vente de ladite maison, et qui est aujourd'hui poursuivant l'ordre ;

» Et les créanciers inscrits hypothécairement, qui nous ont produit leurs titres et pièces, avec leurs demandes de collocation ;

» Contre ledit sieur G...., partie saisie,

» En exécution de notre ordonnance du six décembre dernier, portant que les créanciers hypothécaires seraient sommés de produire dans le mois.

» Pour y satisfaire, le délai prescrit par la loi étant expiré, nous avons, à la requête dudit poursuivant l'ordre, et sur les pièces produites et mentionnées en nôtre procès verbal ci-dessus, procédé audit ordre, ainsi qu'il suit.

*Créances privilégiées.*

« Sur la somme de quinze mille francs, prix de l'adjudication ;

» 1°. Celle de deux cens francs, montant des frais que nous avons taxés pour la radiation des inscriptions existantes, sera retenue par ledit sieur O....., adjudicataire de ladite maison ;

» 2°. Celle de quatre cens francs, à quoi se montent les frais extraordinaires, faits sur la saisie immobilière, et liquidés par jugement du vingt-sept septembre dernier, qui a ordonné de les employer ;

» Et celle de quatorze cens francs, à quoi se montent les frais de la poursuite du présent ordre, et par nous taxés, seront payées à Me. P..., avoué du poursuivant, comme les ayant avancées ;

» 3°. Celle de trois cent cinquante francs, à quoi se montent les frais faits au nom des créanciers contestans, et par nous taxés, sera payée à Me. S..., avoué, représentant la masse desdits créanciers, et qui les a avancés ».

*Créances Hypothécaires.*

« Sur le surplus de la même somme il sera payé :

» 1°. Celle de trois mille cinq cens francs au sieur Bertrand H....., négociant à Nantes, créancier poursuivant, en vertu d'une obligation de pareille somme souscrite par le sieur G......, devant L..... et son confrère, notaires à Paris, le huit septembre mil huit cent deux, et pour laquelle inscription hypothécaire a été prise sur ladite maison à la date du cinq octobre suivant ;

» 2°. Celle de mille six cent quarante-deux francs due à Sophie T...., veuve de Denis M...., demeurant à Versailles, savoir : mille francs pour le montant d'une condamnation prononcée à son profit contre ledit sieur G...., par jugement rendu le quinze décembre mil huit cent quatre, au tribunal de première instance de Paris ; plus celle de deux cens francs à quoi se trouveront monter les intérêts de ladite somme, jusqu'au jour où les bordereaux de collocation seront délivrés ; et quatre cent quarante-deux francs pour le montant d'un exécutoire de dépens du quatre janvier mil huit cent cinq. Pour cette créance, inscription hypothécaire a été prise sur ladite maison, le vingt-deux du même mois de janvier mil huit cent cinq.

» 3°. Celle de sept mille trois cent cinquante francs due au sieur Joseph X......, serrurier à Paris, en sa qualité de tuteur des enfans mineurs de défunt Michel Z...., savoir : sept mille francs, pour le remboursement d'une rente de trois cent cinquante francs constituée par le sieur G......, au profit du père desdits mineurs, suivant un acte passé devant B..... et son confrère, notaires à Paris, le trente janvier mil huit cent ; plus, trois cent cinquante francs, pour une année d'arrérages qui se trouvera échue lors de la délivrance des bordereaux de collocation. Pour cette créance, inscription hypothécaire a été prise sur ladite maison, le vingt-trois janvier mil huit cent cinq ».

*Créances Chirographaires.*

« Le restant des quinze mille francs du prix de ladite maison est de cent cinquante-huit francs, lesquels, avec les huit cens francs provenant des loyers saisis et arrêtés entre les mains du sieur K...., principal locataire, font la somme de neuf cent cinquante-huit francs, appartenant aux créanciers chirographaires qui ont produit leurs titres entre nos mains, après avoir, par saisie - arrêt, formé opposition à la délivrance des deniers qui pourraient excéder le montant des créances employées dans l'ordre.

» Cette somme étant insuffisante pour satisfaire à tous les créanciers chirographaires, dont les créances se montent, en total, à trois mille huit cent trente-deux francs, elle doit être distribuée entre eux par contribution, à raison du quart, pour chaque créance, ainsi qu'il suit :

» 1°. Au sieur C....., marchand tailleur, créancier d'un somme de cent francs, selon un mémoire arrêté par le sieur G...., et enregistré le huit janvier mil huit cent quatre, il sera payé, pour sa portion contributoire, la somme de vingt-cinq francs.

» 2°. Au sieur En...., marchand épicier, créancier d'une somme de quatre cents francs, montant d'un billet à ordre, souscrit par le sieur G..., et protesté par exploit du vingt-un mars mil huit cent quatre, il sera payé, pour sa portion contributoire, la somme de cent francs.

» 3°. Au sieur Di....., entrepreneur de bâtimens, créancier d'une somme de trois mille trois cent trente-deux francs, pour réparations faites en diverses années à ladite maison, ainsi qu'il résulte de divers mémoires réglés par un expert nommé d'office, en exécution d'un jugement rendu au tribunal de première instance de Paris, le douze mai mil huit cent quatre, il sera payé, pour sa portion contributoire, la somme de huit cent trente-trois francs.

» Le présent ordre ayant été par nous clos et arrêté, nous ordonnons qu'à la diligence du poursuivant, les créanciers produisans et la partie saisie soient sommés d'en prendre communication, et de contredire, s'il y a lieu, dans le mois, sur notre présent procès verbal, qui a été signé par nous et notre greffier.

» Fait à Paris, ce quinze janvier mil huit cent six.

» *Signé* B....., juge-commissaire;
C....., greffier ».

La taxe des frais employés dans l'état de collocation est faite par le commissaire, sur les pièces qui sont en ses mains.

## §. V.

### *Sommation de prendre communication; Contredits.*

Dès que l'état de collocation est dressé, le poursuivant fait aux créanciers qui ont produit et à la partie saisie une sommation par acte d'avoué, en ces termes :

« A la requête du sieur Bernard H...., négociant à Nantes, poursuivant l'ordre, entre les créanciers ayant droit au prix d'une maison sise rue du faubourg Saint Antoine, n°. 21, vendue aux criées, le vingt octobre dernier, sur le sieur G....., soit signifié à Me J....., avoué de la veuve M....., demeurant à Versailles;

» A Me Ch....., avoué du sieur X....., tuteur des mineurs Z....., demeurant à Paris,

» Tous deux créanciers hypothécaires du sieur G....., et qui ont produit leurs titres à M. le commissaire,

» Enfin à Me Y....., avoué du sieur G....., partie saisie,

» Que l'état de collocation est clos et arrêté.

» En conséquence, en vertu de l'ordonnance du quinze janvier, présent mois, par laquelle M. le commissaire a terminé cet état, soient sommés lesdits M^es J....., Ch....., et Y..... d'en prendre communication, et d'y contredire sur le même procès verbal, s'ils le jugent convenable; leur déclarant que, faute de le faire dans le mois, à compter de ce jour, ils seront forclos, sans nouvelle sommation ni jugement.

» Fait à Paris, ce dix-sept janvier mil huit cent six. » *Signé* P....., avoué.

» Le présent acte a été signifié par moi soussigné, huissier audiencier du tribunal civil de Paris, à MM^es J....., Ch....., et Y....., en leur domicile, en parlant chez tous trois à un clerc, et à chacun desquels j'ai laissé une copie de la présente signification.

» A Paris, ce dix-huit janvier mil huit cent six. » *Signé* N....., huissier ».

La taxe de cet acte est, pour les villes du premier ordre, 3 fr.

Pour celles du second, 2 fr. 70 c.

Et partout ailleurs, 2 fr. 25 c.

Chacune des copies de ce même acte est payée le quart de l'original.

Avec cet acte on ne doit pas signifier le procès verbal dont les parties sont sommées de prendre communication; il n'est pas permis de délivrer expédition. L'enregistrement de cet état de collocation, n'est effectué que lors de la délivrance des mandemens. *Tarif, art.* 143; *Déc., art.* 2 et 3.

## §. VI.

### *Contredits de l'Etat de Collocation.*

La clôture de l'ordre se fait dès que le délai

pour prendre communication est expiré, et qu'il ne s'est élevé aucune contestation ; mais si, lors de l'examen de l'état de collocation, l'un des créanciers qui s'y trouve placé, ou la partie saisie, voulait critiquer quelqu'article, les observations seraient consignées au procès verbal en cette forme :

« Le deux février mil huit cent six, devant nous, commissaire nommé comme il est dit ci-dessus, est comparu Me Kr....., avoué du sieur G....., qui, après avoir pris communication de l'état de collocation ci-dessus dressé par nous le quinze du mois dernier, a observé que la créance du sieur X....., tuteur des mineurs Z....., ne peut pas être portée à la somme de sept mille trois cent cinquante francs, parce que le père des mineurs a reçu, avant son décès, une somme de trois mille livres, ainsi que le prouve la quittance qu'il en a donnée par acte notarié du onze avril mil huit cent quatre. L'inscription n'aurait donc pas dû être prise pour la totalité de la créance. C'est pourquoi le comparant requiert que la collocation des mineurs Z....... soit réduite à la somme de quatre mille trois cent cinquante francs ; et, pour justifier de sa demande, il nous a remis la quittance mentionnée ci-dessus.

» Ledit Me Kr..... a signé en cet endroit.

» *Signé* Kr....., avoué.

» Nous avons donné acte à Me Kr..... de sa comparution, de ses dires et réquisition, et l'avons renvoyé à l'audience, pour faire droit à sa demande.

» En foi de quoi nous avons signé avec notre greffier le présent procès verbal.

» *Signé* B....., juge-commissaire ; C....., greffier.

» Le quatre février mil huit cent six, devant nous, juge-commissaire nommé comme il est dit ci-dessus, est comparu Me Ch....., avoué du sieur X....., tuteur des mineurs Z.... Après avoir pris communication de l'état de collocation par nous dressé, et qui est ci-dessus, à la date du quinze janvier dernier, ainsi que de la demande en réduction de sa créance, formée par le sieur G....., sur notre procès verbal, à la date du deux de ce mois, il a dit que le payement des trois mille francs énoncés en la quittance dont argumente le sieur G....., a été effectué en un billet à ordre dudit sieur G....., qui n'a point été acquitté au trente novembre mil huit cent quatre, époque de l'échéance. Pour le prouver, ledit Me C..... a représenté ledit billet à ordre, avec le protêt dudit jour, trente novembre mil huit cent quatre, et il nous a remis ces deux pièces. Il a demandé, en conséquence, que la collocation des mineurs Z..... fût maintenue telle qu'elle est portée en l'état par nous dressé.

» Ledit Me B..... a signé en cet endroit.

» *Signé* Ch....., avoué.

» Nous avons donné acte à Me Ch..... de sa comparution et de sa réponse au contredit du sieur G.....

» Pour faire droit aux parties, nous les avons renvoyées à l'audience.

» En foi de quoi, nous avons signé le présent procès verbal avec notre greffier.

» *Signé* B....., juge-commissaire ;
C....., greffier ».

Pour prendre communication et contredire, il ne peut pas être alloué plus d'une vacation à chaque avoué, dans le même ordre. Cette vacation est taxée à Paris et dans les quatre villes assimilées, 10 fr.

Dans les villes du second ordre, 9 fr.

Partout ailleurs, 7 fr. 50 c.

Cette fixation ne concerne pas l'avoué du poursuivant; il est alloué particulièrement à cet avoué, une demi-vacation pour chaque production, pour en prendre communication et y contredire s'il y a lieu; ce qui fait ou 5 fr. ou 4 fr. 50 c., ou 3 fr. 75 c. selon la ville où on se trouve. *Tarif, art.* 135; *Déc., art.* 2 *et* 3.

Quand il est fait des productions tardives, c'est-à-dire, après le mois fixé pour produire, il faut que l'avoué poursuivant en donne connaissance par acte d'avoué aux créanciers produisans et à la partie saisie, si elle a constitué avoué. Cette dénonciation des productions tardives, est taxée pour Paris, et les quatre villes du premier ordre, à 3 fr.

Pour les villes du second ordre, à 2 fr. 70 c.

Partout ailleurs, 2 fr. 25 c.

Chacune des copies de cet acte d'avoué à avoué, est taxée le quart de l'original. *Tarif, art.* 136; *Déc., art.* 2 *et* 3.

## §. VII.

### *Clôture du Procès Verbal d'Ordre.*

Dès que le délai pour prendre communication et contredire, est expiré sans contestation; ou bien quand, sur les contestations élevées à l'occasion de l'état de collocation, il est intervenu jugement dont il n'y a pas appel, le juge-commissaire procède à la clôture du procès verbal d'ordre en ces termes:

« Aujourd'hui, vingt-un février mil huit cent six, devant nous, juge-commissaire nommé, comme il est dit ci-dessus, est comparu Me P...., avoué du sieur H....., poursuivant l'ordre des créanciers du sieur G.....

» Il nous a représenté l'original d'un acte signifié le huit décembre dernier aux avoués de la veuve M..... et du sieur X....., tuteur des mineurs Z....., créanciers inscrits hypothécairement sur la maison dont il s'agit de distribuer le prix. Pareillement il nous a représenté l'original d'un exploit signifié le même jour, huit décembre, au sieur Ambroise R....., marchand épicier à Orléans, au domicile élu par l'inscription prise par ce dernier sur ladite maison.

» Ces deux actes avaient pour but de sommer les créanciers inscrits du sieur G..... de produire leurs titres en nos mains dans le mois, en vertu de notre ordonnance écrite au présent procès verbal, à la date du six décembre dernier.

» La veuve M..... et le sieur X..... ont remis leurs titres; mais le sieur R..... n'a point produit.

» En conséquence, l'état de collocation ayant été par nous dressé le quinze janvier dernier, sur les seules pièces remises en nos mains, les créanciers produisans ont été sommés d'en prendre communication, et d'y contredire dans le mois; ce que justifie la représentation par Me P....., de l'original de la sommation faite le dix-sept du mois dernier aux avoués des produisans.

» Ledit Me P..... nous a observé que le mois accordé pour contredire était expiré sans qu'aucune contestation ait été élevée; et sans qu'aucune nouvelle production ait été faite; il nous a ensuite requis de procéder à la clôture de l'ordre, et de déclarer la forclusion acquise contre le sieur R....., et il a signé en cet endroit.

» *Signé* P....., avoué.

» Nous avons donné acte audit Me P..... de sa comparution ; et, faisant droit à sa réquisition, nous avons déclaré déchu du présent ordre le sieur R....., créancier inscrit non produisant ; son inscription sera rayée en ce qu'elle frappe sur la maison dont le prix est distribué par le présent ordre.

» Nous avons ensuite clos et arrêté l'état de collocation des créanciers du sieur G....., tel qu'il est dressé au présent procès verbal, à la date du quinze janvier dernier, pour être exécuté selon sa forme et teneur ; en conséquence, les bordereaux de collocation seront délivrés à chaque créancier utilement colloqué, à la charge par lui de consentir, sur sa quittance, la radiation de son inscription, et, en recevant le montant de sa collocation, de souffrir, au profit de l'adjudicataire, la déduction des frais de ladite radiation, tels que nous les avons taxés, et que l'indiquera chaque bordereau.

» En foi de quoi, nous avons signé avec notre greffier le présent procès verbal.

» *Signé* B....., juge-commissaire ;
C....., greffier ».

## §. VIII.

### *Bordereau de Collocation.*

« Sur la somme de quinze mille francs que doit le sieur Charles O....., marchand de grains, demeurant à Paris, rue St. Germain l'Auxerrois, n°. 17, comme adjudicataire d'une maison sise à Paris, rue Saint Antoine, en vertu d'un jugement rendu à l'audience des criées le vingt octobre dernier, sur la poursuite du sieur H....., négociant à Nantes, contre le sieur G....., marchand teinturier à Paris.

» Il payera au sieur X....., serrurier à Paris, en sa qualité de tuteur des enfans mineurs de défunt Michel Z....., la somme de sept mille trois cent cinquante francs; savoir : sept mille francs pour le remboursement d'une rente de trois cent cinquante francs, constituée par ledit sieur G...., au profit du père desdits mineurs, suivant un acte passé devant Me Bl..... et son confrère, notaires à Paris, le trente janvier mil huit cent, et trois cent cinquante francs pour une année d'arrérages de ladite rente.

» Ledit sieur X....., audit nom, a été colloqué pour lesdites sommes, sur l'état de collocation clos et arrêté définitivement, le quinze janvier dernier, par M. B....., juge-commissaire nommé à cet effet, et qui a ordonné qu'en recevant le montant du présent bordereau, le sieur X....., en donnant quittance, consentira la radiation de son inscription, et souffrira, au profit dudit sieur O....., adjudicataire, la déduction de la somme de ...... à laquelle ont été taxés, par ledit commissaire, les frais de cette même radiation.

» En effectuant le paiement du présent bordereau, ledit sieur O..... en sera valablement déchargé; sur son refus, il y sera contraint par toutes les voies d'exécution.

» Fait au greffe du tribunal civil de Paris, ce trois avril mil huit cent six.

*Signé* C....., greffier. »

Le montant de chaque radiation se trouve sur l'extrait des inscriptions, qui est annexé au procès verbal d'ordre; c'est sur cette pièce que le commissaire a fait la taxe des frais de radiation.

La vacation pour acquérir et se faire délivrer le mandement ou bordereau de collocation est taxée, à Paris et les quatre villes du premier ordre, 5 fr.

Dans les villes du second ordre, 4 fr. 50. c.

Partout ailleurs, 3 fr. 75 cent.

Au moyen de ce que chaque bordereau de collocation et l'ordonnance de main levée des inscriptions non utilement colloquées, sont expédiés et enregistrés séparément, ce qui comprend la totalité du procès verbal d'ordre, il est défendu de lever ce procès-verbal en entier, et de le faire signifier.

# SECTION TROISIÈME.

## *De la Saisie personnelle ou de l'Emprisonnement.*

En matière civile, on ne peut ordinairement attaquer un débiteur que dans ses biens ; par conséquent, les contraintes qu'on exerce pour le forcer à payer, se bornent aux différentes sortes de saisies mobilières, et à la saisie immobilière. Cependant, il est certaines créances pour raison desquelles on a le droit de priver son débiteur de sa liberté ; alors, on peut saisir sa personne pour le faire mettre en prison jusqu'à ce qu'il ait payé. Cette manière de contraindre un débiteur se nomme *contrainte par corps*.

Un moyen accordé au débiteur pour éviter d'être emprisonné, est la cession de tous ses biens au profit de ses créanciers, ce qui nécessite de parler du bénéfice de cession pour completter ce qui concerne la contrainte par corps.

On divisera cette section en deux chapitres dont l'un indiquera les principes posés par le Code civil sur la contrainte par corps, et les formalités prescrites par le Code judiciaire, pour opérer l'emprisonnement. Le second aura pour objet le bénéfice de cession qui sera expliqué selon ce qui en est dit dans l'une et l'autre loi.

## CHAPITRE I.

### *De la contrainte par Corps.*

La contrainte par corps consiste dans la faculté que l'on a de faire mettre son débiteur en prison et de l'y retenir jusqu'à ce qu'il ait payé. Les principes relatifs à cette contrainte rigoureuse se trouvent dans le Code civil.

On y voit que l'exercice de cette saisie personnelle n'empêche pas et ne suspend en aucune manière la poursuite, soit des saisies mobilières, soit des saisies immobilières. *Cod. civ., art.* 2069.

A l'égard des formes à suivre pour procéder à l'exécution de la contrainte par corps, c'est-à-dire à l'emprisonnement, elles sont déterminées par le Code judiciaire.

Dans ces deux lois, nous trouvons pour ce chapitre la matière de sept articles où on verra; 1°. en vertu de quel titre, pour quelles créances, et contre quelles personnes a lieu la contrainte par corps; 2°. ce qui doit précéder l'emprisonnement; 3°. les formalités de l'emprisonnement; 4°. ce que c'est que la recommandation d'une personne déjà capturée; 5°. ce qui concerne les demandes en nullité de l'emprisonnement; 6°. comment finit l'emprisonnement qui a été régulièrement exécuté; 7°. enfin, des modèles pour la procédure d'emprisonnement.

### ARTICLE Ier.

*En vertu de quel titre, pour quelles créances et contre quelles personnes s'exerce la Contrainte par corps.*

Cet article est divisé en deux paragraphes, dont l'un dira en vertu de quel titre, et pour quelles créances s'exerce la contrainte par corps; l'autre contre quelles personnes on ne peut pas user de cette voie rigoureuse.

## §. Ier.

### *En vertu de quel titre, et pour quelles créances s'exerce la Contrainte par corps.*

Il en est de la contrainte par corps, comme de toutes les autres espèces de contraintes ; on ne peut l'exercer qu'en vertu d'un titre exécutoire. Elle en diffère pourtant en deux points : d'abord, jamais elle ne peut avoir lieu pour une somme au-dessous de trois cents francs, même dans les cas où elle est prononcée par la loi. *Cod. civ.*, *art.* 2065.

En second lieu, toutes les contraintes sur les biens s'exercent, soit en vertu de jugement, soit en vertu de titres exécutoires consentis volontairement ; mais, pour la contrainte par corps, il faut nécessairement qu'un jugement en ait prononcé la condamnation. *Cod. civ.*, *art.* 2067.

Une clause par laquelle un débiteur se serait obligé volontairement à la prison, en cas d'inexécution de ses promesses, serait nulle ; il est défendu, à peine de nullité, et de dépens, dommages-intérêts, à tous notaires et greffiers, de recevoir pareille stipulation dans leurs actes. Il n'est même permis à aucun Français d'en consentir l'exécution, quand même les actes où elle se trouverait, auraient été passés en pays étrangers. *Cod. civ.*, *art.* 2063.

C'est la justice seule qui a droit de disposer de la liberté personnelle des citoyens ; la contrainte par corps ne peut donc jamais être exercée, à moins qu'elle n'ait été prononcée par un jugement. Bien plus, le même texte défend à tous les juges, sous peine de nullité, dépens, dommages et intérêts, de prononcer la condamnation par corps, si ce n'est dans les seuls cas déterminés formellement par les lois.

Les emprisonnemens qui se font dans les affaires criminelles ne sont pas de notre sujet; ils sont réglés par le Code criminel. La contrainte par corps ne s'entend que de la faculté de faire emprisonner un débiteur en matière civile; elle est prononcée pour plusieurs causes.

1°. Le stellionat donne lieu à la contrainte par corps. Il y a stellionat, lorsqu'on vend ou qu'on hypothèque un immeuble dont on sait n'être pas propriétaire; lorsqu'on présente comme libres d'hypothèques, des biens qui en sont grevés; ou enfin lorsqu'on les déclare soumis à des hypothèques moindres que celles dont ils sont chargés. *Cod. civ., art.* 2059.

2°. Tout dépôt fait en cas de nécessité, comme lors d'un incendie, d'une inondation, oblige même par corps celui qui le reçoit. *Cod. civ., art.* 2060.

3°. Un propriétaire ayant été dépouillé par voie de fait de son immeuble, le jugement rendu sur sa demande en réintégrande condamne le défendeur, même par corps, non seulement au délaissement de l'immeuble, mais encore à la restitution des fruits perçus pendant l'indue possession, et aux dommages-intérêts dus au propriétaire. *Ibid.*

4°. Toute personne publique, entre les mains de qui des deniers ont été consignés, à cause de sa qualité, est contraignable par corps à la restituer. *Cod. civ., art.* 2060.

5°. Un séquestre, un commissaire, un gardien établi par justice, est contraignable par corps, pour le forcer à représenter les choses qui lui ont été confiées. *Cod. civ.*, *art.* 3060.

6°. La contrainte par corps a lieu contre les cautions judiciaires, et même contre ceux qui, en cautionnant des personnes contraignables par corps, se sont soumis formellement à cette contrainte. *Ibid.*

7°. Quand la représentation d'une minute d'acte ou de jugement est ordonnée, l'officier public, détenteur de cette minute, est tenu, même par corps, de la représenter. *Ibid.*

8°. La contrainte par corps est également prononcée contre les notaires, les avoués et les huissiers, pour les forcer à restituer les titres qui leur ont été confiés, et les deniers qu'ils peuvent avoir reçus pour leurs cliens, par suite de leurs fonctions. *Ibid.*

9°. On a parlé plus haut du cas où, sur le possessoire, un propriétaire se fait réintégrer dans son bien, dont il avait été dépossédé par voie de fait. Maintenant supposons qu'il s'agisse du pétitoire, et qu'il ait été décidé, par un jugement dont il ne peut plus y avoir appel, que l'immeuble contesté appartient à celui qui le réclame; si la partie condamnée à laisser la jouissance au propriétaire, refuse de désemparer, on peut l'y contraindre par corps, en vertu d'un second jugement; mais seulement quinzaine après que le premier a été signifié à personne ou domicile. Quand l'immeuble est éloigné de plus de cinq myriamètres du domicile de la partie condamnée, ce délai de quinzaine est augmenté d'un jour par cinq myriamètres. *Cod. civ.*, *art.* 2061.

10° Quoique la loi ne permette pas de stipuler dans les actes la contrainte par corps, elle fait exception en faveur des baux à fermes des biens de campagne. Mais cette contrainte ne peut s'exercer contre un fermier, à moins que le bail n'en contienne formellement la clause. Observez que, même quand cette clause rigoureuse est écrite dans l'acte, il faut, pour exercer la contrainte par corps, qu'un jugement l'ait ordonnée. *Cod. civ., art.* 2062.

Le même article dit que, sans qu'il soit besoin d'une stipulation formelle dans l'acte, les fermiers partiaires, c'est-à-dire ceux qui tiennent à titre de cheptel, peuvent être condamnés par corps, faute par eux, à la fin du bail, de représenter le bétail, les semences et les instrumens aratoires qui leur ont été confiés, à moins qu'ils ne justifient que le déficit de ces objets ne procède pas de leur fait.

11°. A ces dispositions générales du Code civil, qui déterminent les cas où les juges peuvent prononcer la contrainte par corps, il faut ajouter les dispositions de certaines lois particulières où la prise de corps doit être permise, pourvu que ces lois le décident formellement. *Cod. civ., art.* 2063.

Le Code judiciaire, par exemple, que nous expliquons, prononce en certaines circonstances la contrainte par corps.

12°. Le Code civil n'entend pas déroger à la contrainte par corps autorisée, soit en matière de commerce, soit pour cause de police correctionnelle, soit par les lois relatives à l'administration des deniers publics. *Cod. civ., art.* 2070.

## §. II.

### *Des personnes contre lesquelles la contrainte par corps n'a pas lieu.*

1°. Aucun débiteur ne peut être contraint par corps, dans le cas où cette voie est prononcée par la loi, lorsque l'objet de la dette est au-dessous de trois cents francs. *Cod. civ., art.* 2065.

2°. Pendant le mariage, le stellionat ne peut être commis par une femme, et par conséquent il ne peut lui être imputé, quelque signature qu'elle ait donnée, que quand elle est séparée de biens, ou lorsque, par contrat de mariage, elle s'est réservé la libre administration de quelque immeuble; c'est alors seulement, et pour raison des engagemens qui concernent ces mêmes biens, qu'elle est dans le cas d'être contrainte par corps pour cause de stellionat. *Cod. civ., art.* 2066.

3°. A l'égard de la femme qui est en communauté de biens, elle ne participe point au stellionat, qui peut se trouver dans l'acte où elle s'est obligée conjointement et solidairement avec son mari. Celui-ci seul est coupable, et doit être condamné par corps. *Ibid.*

4°. Excepté le cas du stellionat commis par une fille majeure, par une femme veuve, ou ayant la libre administration de son bien pendant le mariage, la contrainte par corps n'a point lieu contre les femmes ni contre les filles, même dans les autres cas où elle est prononcée par la loi. *Ibid.*

5°. Toute personne dont la soixante-dixième année d'âge est commencée, jouit de l'avantage de n'être pas contraignable par corps, si ce n'est quand il s'agit de stellionat. *Ibid.*

6°. Dans aucun cas, la contrainte par corps ne

peut être prononcée contre les mineurs. *Cod. civ., art.* 2064.

La jurisprudence avait établi qu'un mineur qui fait le négoce est censé majeur, pour les engagemens relatifs aux objets dont il trafique ; le Code civil, n'ayant pas dérogé à ce qui est autorisé, en matière de commerce, un mineur est donc contraignable par corps, pour dettes de son négoce.

7°. Un héritier est tenu sans doute de satisfaire aux condamnations prononcées contre celui dont il prend les biens ; mais si ces condamnations s'étendent à la contrainte par corps, cette voie rigoureuse ne pourra pas s'exercer contre l'héritier, elle ne passe pas d'une personne à l'autre ; c'est un principe admis par tous les jurisconsultes. Si donc le fermier qui, dans le bail d'un bien rural, s'est soumis à la contrainte par corps, vient à décéder, son héritier sera tenu de l'exécution du bail ; mais il n'y sera pas contraignable par corps. Le fermier avait bien la faculté, en ce seul cas, de disposer de sa personne ; mais il n'avait pas le droit de disposer de celle de son héritier.

## ARTICLE II.

## *De ce qui précède l'Emprisonnement.*

On parlera du commandement préalable dans un premier paragraphe ; dans un second, du temps et du lieu où la saisie de la personne peut être faite ; et dans un troisième, du sauf-conduit accordé au débiteur contraignable par corps, lorsqu'il est appelé en témoignage.

### §. Ier

### *Du Commandement Préalable.*

Toutes les espèces de contraintes, dont nous avons parlé jusqu'ici, doivent être précédées d'un commandement, afin de mettre le débiteur en demeure complète de payer, et pour l'avertir suffisamment de la rigueur qui l'attend.

Il ne doit pas être pris de moindres précautions, avant d'exercer la contrainte par corps; c'est pourquoi *l'art.* 780 veut que l'on ne puisse procéder à l'emprisonnement, avant que le jugement qui l'autorise n'ait été signifié un jour franc avant la capture, avec commandement.

Cette signification est trop importante pour la laisser faire par le premier huissier requis. Suivant le même article, elle doit être opérée par un huissier commis expressément par le jugement qu'il s'agit d'exécuter.

Si ce jugement ne prononçait point de nomination d'huissier, ou si le débiteur était allé demeurer dans un lieu où l'huissier commis par le jugement n'a pas droit d'instrumenter, il faudrait faire nommer un autre huissier par le président du tribunal de première instance, dans l'arrondissement duquel la prise de corps doit s'exécuter. *Ibid.*

Le commandement fait ainsi avec la signification du jugement, doit contenir élection de domicile dans la commune où réside le tribunal d'où émane ce même jugement, si le poursuivant n'y demeure pas. *Ibid.*

L'effet de ce commandement préalable ne dure qu'une année, en sorte que, si, depuis qu'il a été signifié, il s'est écoulé un an avant que la prise de corps ait eu lieu, on ne pourra y procéder qu'après un nouveau commandement fait dans les mêmes formes, et par un huissier commis à cet effet, comme on l'a expliqué. Il faudra pareillement qu'il contienne la signification du jugement, et qu'il contienne élection de domicile. *Art.* 784.

Les formalités sont exigées pour le commandement, sous peine de nullité de cet acte ; et par conséquent de ce qui en serait la suite : c'est du moins ce que nous concluons de la disposition de *l'art.* 794, qui dit, en général, qu'à défaut d'observation des formes prescrites, la demande en nullité de l'emprisonnement peut être formée.

*Quest.* Ire. La signification du titre exécutoire, dont *l'art.* 780 veut que soit accompagné le commandement, est-elle nécessaire, lorsque le jugement a déjà été signifié précédemment ? Cette question a été examinée, en parlant du commandement préalable à la saisie immobilière, sect. Ire, chap. Ier, art. IV, §. II, Quest. Ire. Les raisons de décider étant les mêmes pour le cas d'emprisonnement, nous y renvoyons : voyez page 40.

*Quest.* II. Le jour d'intervalle, qu'il faut laisser entre le commandement et l'exécution de la contrainte par corps, doit-il être augmenté en raison de la distance du domicile du débiteur ?

Exemple : un débiteur qui demeure à Brest a été condamné par corps, au tribunal de Rouen, à une restitution de fruits pour l'indue possession d'un bien situé dans l'arrondissement de Rouen. Après la liquidation des fruits, signification est faite du jugement de condamnation au domicile du débiteur. En même temps un commandement lui annonce l'intention d'exercer la contrainte par corps, faute de paiement, et contient, conformément à *l'art.* 780, élection de domicile dans la ville de Rouen, où siège le tribunal qui a prononcé le jugement qu'il s'agit d'exécuter. On demande si, un jour après ce commandement, le débiteur, faute de payer, pourra être emprisonné, ou bien s'il faudra que le délai soit augmenté en proportion de la distance qu'il y a de Brest à Rouen.

Ceux qui ne sont pas d'avis que le délai soit augmenté, disent d'abord que la loi n'en parle pas. La disposition générale de *l'art.* 1033 n'est pas applicable au cas dont il s'agit, parce qu'on n'appelle point le débiteur comme quand il s'agit d'un ajournement; c'est une contrainte qu'on exerce contre lui: le véritable moyen de l'éviter est de payer. On lui laisse, comme la loi le veut, un jour pour trouver des ressources; s'il réussit, le jour qu'on viendra pour l'arrêter, il répondra à l'itératif commandement, en payant, et les poursuites n'iront pas plus loin. Si lors de l'itératif commandement il ne présente pas d'argent, rien n'empêchera l'incarcération d'être effectuée. Cette marche semble être la seule que la loi prescrive.

Pour ceux qui exigent une augmentation de délai en raison de la distance, on soutient que le jour accordé après le commandement est un délai occasionné par un exploit fait à personne ou domicile, et que par conséquent il est compris dans la disposition générale de *l'art.* 1033.

En effet, il n'est pas douteux que ce jour d'intervalle, comme celui qui doit être observé après le commandement de la saisie-exécution, ne soit accordé pour donner au débiteur le temps de trouver soit des ressources pour payer, soit les moyens de résister à une attaque peut-être fondée sur un titre qui n'a plus de valeur, ou qui ne s'applique pas à sa personne, ou contre lequel il a un droit quelconque de se pourvoir. C'est même uniquement pour que le débiteur puisse facilement s'opposer à toute vexation, qu'on oblige le poursuivant d'élire domicile dans le lieu où siège le tribunal qui doit connaître de la validité du titre. En effet, c'est seulement lorsque l'emprisonnement s'effectue, que l'art. 782 exige du poursuivant une nouvelle élection de domicile dans la commune où le débiteur se trouve détenu. De là il suit que l'élection de domicile faite par le commandement, dans le lieu où siége le tribunal qui a prononcé la contrainte par corps, n'a pas d'autre but que de faciliter au débiteur les moyens de recourir, en cas de besoin, à ce même tribunal. C'est donc une conséquence très-naturelle que de laisser au débiteur, outre le jour d'intervalle consacré à chercher des ressources ou des moyens de défense, un temps suffisant pour franchir la distance qui le sépare du lieu où sont ses juges, et où son adversaire a élu domicile.

Une question semblable a été examinée en parlant du délai d'un jour qu'il faut laisser entre le commandement et la saisie exécution : les raisons données alors de part et d'autre sont applicables à l'espèce dont il s'agit. Voyez t. 1 p. 87.

## §. II.

### *En quel tems et en quels lieux on peut saisir la Personne du débiteur.*

Il est de principe que les arrestations en matière civile ne peuvent avoir lieu que dans le jour, c'est-à-dire, depuis le lever du soleil jusqu'à son coucher, comme tous les exploits et autres actes de justice. Afin qu'il n'y ait aucun doute à cet égard dans cette procédure de rigueur, la loi en a fait une disposition formelle, relative à l'emprisonnement. *Art.* 781,

Ici reçoit son application la disposition générale de *l'art.* 1037. On y voit que le lever et le coucher du soleil sont fixés à six heures du matin et à six heures du soir, depuis le premier octobre jusqu'au trente-un mars ; tandis qu'ils sont fixés à quatre heures du matin, et à neuf heures du soir depuis le premier avril, jusqu'au trente septembre.

Il n'est pas permis non plus d'exécuter la contrainte par corps les jours des fêtes légales, tels que les dimanches et autres jours, pendant lesquels la cessation des travaux est ordonnée. *Art.* 781.

Une arrestation ne serait pas non plus régulière, si elle était faite dans les édifices consacrés aux cultes pendant le temps des exercices religieux; et dans les lieux où siègent les autorités constituées, pendant la tenue des séances. *Ibid.*

De là il suit qu'on peut saisir une personne dans un temple, quand il ne s'y fait aucun acte public de religion; comme aussi dans un tribunal, tant qu'il n'y a pas d'audience; et dans une salle d'assemblée de toute autorité, tant que la séance n'est pas ouverte.

La demeure des citoyens est un asyle sacré, dont la violation n'est permise à un huissier dans aucun cas. Il est donc défendu d'exercer la prise de corps contre un débiteur, dans aucune maison particulière, même dans son propre domicile, à moins que le juge de paix du lieu ne l'ait permis formellement. Alors, il doit lui-même se transporter dans la maison, assisté de l'officier chargé d'exécuter l'arrestation. *Ibid.*

Il est alloué à l'huissier, chargé d'exécuter l'emprisonnement, pour le temps qu'il employe à requérir le juge de paix, dans le cas dont il s'agit;

à Paris et les quatre villes assimilées, 2 fr. 50 c.

Dans les villes du second ordre, 2 fr. 25 c.

Partout ailleurs, 2 fr. *Tarif, art.* 52; *Décret, art.* 2 et 3.

On ne peut violer les formes dont on vient de parler, sans s'exposer à la demande en nullité de l'emprisonnement. *Art.* 794.

## § III.

### *Du Sauf-Conduit.*

Un débiteur contre lequel a été prononcée la contrainte par corps, se tient caché pendant que les personnes à qui il a accordé sa confiance s'occupent d'arranger ses affaires avec les créanciers.

Dans une pareille circonstance, si le débiteur est appelé en témoignage, soit en matière civile, soit en matière criminelle, il n'est pas naturel que pour les intérêts d'autrui, il s'expose à perdre sa liberté ; il est donc certain qu'il ne comparaîtra pas sur l'assignation qui lui est donnée comme témoin.

Pour ne pas perdre les renseignemens que ce débiteur caché pourrait donner sur les faits qu'il s'agit d'éclaircir, et parce que la découverte de la vérité est l'intérêt le plus pressant pour la justice, la loi a voulu que la contrainte par corps ne pût pas être exercée contre le débiteur qui se rend au tribunal où il est appelé pour déposer, ou qui en revient.

Il était nécessaire de régler comment le débiteur caché serait assuré de n'être pas incarcéré pendant le temps consacré à sa fonction de témoin. Pareillement, il fallait éviter que, sous prétexte d'être appelé dans une enquête, ou dans une information, un débiteur pût se soustraire arbitrairement à la prise de corps.

En conséquence, lorsqu'un débiteur, condamné par corps, est appelé en témoignage, ou bien la partie qui le veut faire entendre connaît l'obstacle qui le tient caché, ou bien elle n'en est pas instruite.

Si elle sait que son témoin craint d'être emprisonné, elle requiert le juge d'accorder un sauf-conduit.

Si elle ne connaît pas l'empêchement du témoin, celui-ci, en réponse à l'assignation, donne avis des motifs qui le retiennent, et le juge, soit sur la requête du témoin, soit sur celle de la partie intéressée, décerne un sauf-conduit.

On voit qu'un sauf-conduit est une défense faite par la justice, d'exécuter la contrainte par corps, contre un débiteur appelé en témoignage, lorsqu'il vient déposer, ou lorsqu'il s'en retourne après que sa déposition a été entendue :

Le sauf-conduit est accordé à un débiteur contraignable par corps, toutes les fois qu'il est assigné comme témoin, soit en matière civile, devant un tribunal de première instance ou une Cour d'appel ; soit en matière criminelle, devant un Directeur de jury ou une Cour de justice criminelle. *Art.* 782.

La forme d'un sauf-conduit est celle d'une ordonnance rendue par un juge, sur requête communiquée au ministère public. Quand il s'agit d'une information, cette ordonnance est délivrée, ou par le directeur du jury, ou par le président de la Cour de justice criminelle, selon que le témoin doit être entendu par l'un ou par l'autre. En matière civile, c'est le président, ou du tribunal, ou de la Cour d'appel, qui accorde le sauf-conduit, selon que l'enquête se fait, ou en première instance, ou en cause d'appel. Ainsi, quoiqu'il y ait un juge-commissaire pour procéder à l'enquête, ce n'est pas à lui qu'il faut s'adresser pour avoir le sauf-conduit, puisque la loi n'attribue qu'au président la faculté de l'accorder. Elle veut, de plus, que le ministère public ait donné ses conclusions; par conséquent, l'ordonnance qui prononce le sauf-conduit, doit faire mention des conclusions du procureur impérial. *Ibid.*

En vertu du sauf-conduit, le débiteur qui en est porteur, comme d'un passe-port, ne peut être arrêté ni le jour indiqué pour sa comparution en témoignage, ni pendant le temps qui lui est nécessaire pour se rendre dans le lieu où sa déposition doit être entendue, ni pendant le temps qu'il lui faut pour revenir dans le lieu où il s'était retiré. *Ibid.*

Au reste, pour qu'il ne puisse s'élever aucune difficulté sur le temps employé au voyage et au retour, le sauf-conduit doit toujours exprimer le temps pendant lequel il produira son effet. La fixation de sa durée dépend de l'éloignement du témoin à qui il est accordé : l'omission de cette formalité rendrait le sauf-conduit nul. *Ibid.*

Après l'expiration du sauf-conduit, il est évident qu'il ne peut produire aucun effet, sous quelque prétexte que ce puisse être; il n'a plus aucune force pour empêcher l'emprisonnement du débiteur.

## ARTICLE III.

## *Des Formalités de l'Emprisonnement.*

Pour opérer l'emprisonnement, il faut d'abord un procès verbal de capture; ce sera l'objet d'un premier paragraphe. On doit ensuite conduire en prison la personne capturée; nous en parlerons dans un second paragraphe.

### §. Ier.

### *Du Procès verbal de Capture.*

Le procès verbal de capture est un acte par

lequel un huissier constate que le débiteur a été appréhendé au corps.

Cet exploit doit contenir itératif commandement de payer ce qui est dû au poursuivant; sur le refus du débiteur, il lui est déclaré que la prise de corps est exercée contre sa personne. Le même acte fait élection de domicile, pour le créancier, dans la commune où le débiteur va être détenu; enfin l'huissier doit être accompagné de deux recors. *Art.* 783.

Toutes les autres formalités qui sont exigées pour les exploits, doivent être observées pour le procès verbal de capture, indépendamment de celles dont on vient de parler. *Ibid.*

Comme il y a des lieux et des heures où l'on ne peut pas exercer la prise de corps, il est bon, pour éviter toute contestation, que l'huissier déclare, dans son procès verbal, à quelle heure et dans quel endroit il a trouvé le débiteur.

La loi ne dit pas quelles qualités doivent avoir les recors qui assistent au procès verbal de capture. Mais il semble raisonnable d'appliquer ici ce qu'elle décide concernant les témoins, dont un huissier est accompagné, pour faire une saisie-exécution. Ils doivent être Français majeurs; nullement parens, ni alliés, ni domestiques des parties ou de l'huissier, jusqu'au degré de cousin issu de germain inclusivement; leurs noms, professions et demeures sont énoncés, et ils doivent signer tant l'original que la copie du procès verbal.

En cas de rébellion de la part du débiteur, l'huissier est autorisé à établir garnison aux portes pour empêcher l'évasion, et à requérir la force armée, afin de l'aider dans son expédition; et néanmoins le débiteur est poursuivi extraordinairement, conformément au Code criminel *Art.* 785.

Ces différentes circonstances doivent être mentionnées au même procès verbal de capture. Sans opposer de violence, le débiteur peut demander qu'il en soit référé ; à l'instant, il est conduit devant le président du tribunal de première instance, dans l'arrondissement duquel se fait la prise de corps, et dans le lieu des séances du tribunal. Mais si l'arrestation est faite hors des heures de l'audience, le débiteur est conduit chez le président ; en tous les cas, le magistrat prononce sur la difficulté en état de référé. *Art.* 786.

Il est alloué à l'husssier pour la vacation en référé, à Paris et dans les villes assimilées, 8 fr.

Dans les villes du second ordre, 7 fr. 40 c.

Partout ailleurs, 6 fr. *Tarif, art.* 54 ; *Décret, art.* 2 *et* 3.

*Quest.* III. Un débiteur qui se trouve arrêté par un huissier, en vertu d'un jugement, peut-il éviter d'être conduit en prison, en déclarant, au procès verbal d'arrestation, qu'il se rend appelant ?

Pour l'affirmative, on soutient que la capture n'est pas effectuée, tant que le débiteur n'est pas écroué dans la maison d'arrêt ; qu'ainsi l'appel déclaré par celui-ci doit suspendre l'emprisonnement, et conséquemment lui rendre sa liberté.

On cite à l'appui *l'art.* 162, qui permet de former opposition à un jugement rendu par défaut contre la partie, sur le procès verbal d'emprisonnement, à la charge de réitérer l'opposition dans la huitaine, par requête d'avoué. Ce qui a lieu pour l'opposition, ajoute-t-on, semble devoir être pratiqué pour l'appel ; il y a même raison ; ce sont deux manières ordinaires de se pourvoir contre les jugemens ; l'une et l'autre sont suspensives.

Si la déclaration de l'opposition sur le procès verbal d'emprisonnement, à la charge de la réitérer plus régulièrement dans la huitaine, empêche que cette contrainte ne soit effectuée, pourquoi l'appel déclaré pareillement au procès verbal, à la charge de le régulariser dans la huitaine, ne produirait-il pas la suspension des poursuites ? La rigueur de la contrainte par corps porte naturellement à étendre les dispositions qui peuvent servir à la tempérer.

Dans l'opinion contraire, on soutient que ce qui est établi pour l'opposition à un jugement rendu par défaut contre partie est une mesure particulière, imaginée pour remédier à l'infidélité d'un huissier qui ne remettrait pas la copie du jugement par défaut. C'est seulement pour cette raison qu'il est permis de former opposition jusqu'à l'exécution du jugement, et même sur l'exploit d'exécution : on ne peut pas trouver le même motif pour autoriser un appel par déclaration sur procès verbal d'emprisonnement.

En effet, ou le jugement en vertu duquel est poursuivi le débiteur est par défaut contre partie, ou par défaut contre avoué, ou contradictoire. Dans le premier cas, le véritable secours que le débiteur doit invoquer, n'est pas la voie de l'appel; *l'art.* 162 lui ouvre celle de l'opposition sur le premier exploit d'exécution. Dans les deux autres cas, le débiteur contre lequel on exerce des contraintes n'a plus d'autre ressource que l'appel; mais alors le débiteur n'a pas pu ignorer le jugement, et il n'y a plus à craindre l'infidélité de l'huissier. Le remède imaginé par la loi contre cette infidélité ne doit donc pas s'appliquer au cas de l'appel, comme à celui de l'opposition.

De là on conclut que la représentation de l'original d'un acte d'appel régulièrement signifié doit suspendre l'emprisonnement et procurer au débiteur sa liberté, tant qu'il n'a pas encore été conduit à la maison d'arrêt. Mais la déclaration que ce débiteur ferait sur le procès verbal d'arrestation, de l'appel qu'il entend interjetter, ne serait pas suffisante pour lui éviter l'emprisonnement. Car l'acte d'appel, signifié dans la forme prescrite par *l'art.* 456, est seul capable de suspendre l'exécution.

Remarquez que la suspension dont il est parlé ici, et opérée, soit par une opposition, soit par un appel régulièrement fait, n'a pas lieu quand le jugement est exécutoire par provision ; c'est la disposition de *l'art.* 457.

## §. II.

## *De l'Incarcération et de l'Ecrou.*

Quand l'huissier a trouvé la personne du débiteur, il lui fait itératif commandement ; et, à défaut de payer à l'instant, il le somme de le suivre en prison : si le débiteur demande qu'il en soit référé, il est conduit devant le président ; voilà ce que l'on a vu au paragraphe précédent. Mais, s'il n'y a pas de référé, ou si le président, en référé, a ordonné la continuation des poursuites, l'huissier, avec l'aide de ceux dont il est assisté, ou même avec le secours de la force armée, conduit le débiteur dans la prison du lieu où l'arrestation se fait, et s'il n'y en a point, dans la prison de la commune la plus voisine ; le débiteur est remis à la garde du geolier. *Art.* 788.

Il est expressément défendu à l'huissier et à

tous autres, de conduire, recevoir, retenir le débiteur dans un lieu non légalement destiné à la détention. Ceux qui agiraient en contravention à cette disposition, seraient poursuivis comme coupables du crime de détention arbitraire; quoique les poursuites fussent faites en vertu d'un jugement prononçant la contrainte par corps. *Ibid.*

Le dépôt de la personne capturée est constaté par un acte d'écrou, qui s'écrit sur un registre destiné à cet usage dans chaque prison; cet acte contient, 1°. l'énonciation du jugement en vertu duquel est fait l'emprisonnement; 2°. les noms et le domicile du créancier; 3°. l'élection de domicile faite par ce dernier dans la commune de la détention, s'il n'y demeure pas; 4°. les noms, profession et demeure du débiteur arrêté; 5°. la consignation effectuée entre les mains du geolier, de la somme nécessaire pour alimenter le prisonnier, au moins pendant un mois; 6°. mention de la copie qui doit être laissée à la personne même du prisonnier, tant du procès verbal d'emprisonnement que de l'écrou; 7°. enfin cet acte doit être signé de l'huissier. *Art.* 789.

Outre l'acte d'écrou qui constate que le débiteur a été reçu dans la prison, le geolier doit encore transcrire sur son registre le jugement qui a prononcé la contrainte par corps. Si l'huissier ne représentait pas ce jugement en bonne forme, le geolier refuserait et de retenir le débiteur, et de l'écrouer. *Art.* 790.

En se retirant, l'huissier remet au débiteur, en parlant à sa personne, comme on l'a dit, copie tant du procès verbal de capture que de l'acte d'écrou. De plus, il doit réellement consigner d'avance, entre les mains du geolier, la somme nécessaire aux alimens du débiteur, au moins pour le premier mois de sa détention ; si cette consignation n'était pas effectuée, l'emprisonnement ne serait pas régulier, et le geolier refuserait de retenir le débiteur. *Art.* 791.

Pour déterminer à quoi se doit monter la somme d'un mois d'alimens, il faut suivre le réglement fait par l'autorité compétente, pour la prison dans laquelle est détenu le débiteur.

Les formes prescrites pour l'incarcération et l'écrou ne peuvent être négligées sans s'exposer à la nullité de l'emprisonnement. *Art.* 794.

## ARTICLE IV.

### *Des Recommandations.*

La recommandation est un acte par lequel un créancier, muni d'un jugement qui prononce la contrainte par corps contre son débiteur déjà incarcéré, déclare qu'il entend pareillement le retenir prisonnier, à raison de ce que lui doit ce même détenu.

Suivant l'*art.* 792, tout créancier qui a une contrainte par corps à exercer contre son débiteur qu'il trouve en prison, peut le recommander. Qu'il ait été arrêté pour dettes, ou comme prévenu d'un délit, la recommandation a le même effet ; le débiteur est retenu en prison, jusqu'à ce qu'il ait obtenu son élargissement contre le recommandant. En vain il aurait payé le créancier qui l'a fait arrêter ; en vain il se trouverait acquitté du délit pour lequel il a été mis en prison ; sa liberté ne peut lui être rendue, tant que subsiste la recommandation.

Si, outre le créancier qui a fait incarcérer le débiteur, plusieurs autres ont obtenu contre lui des condamnations par corps, ils peuvent le recommander chacun séparément; alors il ne pourra être élargi qu'après avoir désintéressé, non seulement celui qui a fait faire l'arrestation, mais encore tous les recommandans.

Puisque la recommandation est une véritable exécution de la contrainte par corps, il faut qu'elle se fasse d'après les formes prescrites pour l'emprisonnement. Ainsi, un commandement préalable, avec signification du jugement qui prononce la contrainte par corps, doit précéder d'un jour franc au moins la recommandation.

Cette signification, pareillement, ne peut être faite que par un huissier commis à cet effet, comme on l'a dit plus haut; et elle doit contenir élection de domicile dans le lieu où siége le tribunal qui a rendu ce jugement, si le créancier n'y demeure pas.

Après ce préalable, pourvu qu'il ne se soit passé, ni moins d'un jour franc, ni plus d'un an, on procède à la recommandation, pour laquelle on observe les mêmes formalités que pour le procès verbal d'emprisonnement. L'huissier se transporte à la prison où est le débiteur, qui lui est représenté à la geole. Il lui fait un itératif commandement de payer ce qui est dû au recommandant; sur le refus du débiteur, de satisfaire à l'instant, il est recommandé; ce que l'huissier constate par un exploit contenant élection de domicile dans le lieu où est la prison. On dresse, en outre, un acte d'écrou dans la forme expliquée plus haut. *Art.* 793.

Une copie de la recommandation et de l'écrou est laissée au détenu, et une autre copie au geolier. *Tarif, art.* 57.

Pareillement, le jugement en vertu duquel est recommandé le débiteur, est transcrit sur le registre destiné à cet usage, par le geolier à qui l'huissier est tenu de le montrer : autrement la recommandation ne serait pas reçue. *Art.* 793.

Quoique, pour recommander, il faille suivre les mêmes formalités que pour emprisonner, cependant l'huissier est dispensé de se faire assister de deux témoins ; comme aussi il n'a pas besoin de consigner somme suffisante pour les alimens, s'il y a été pourvu par le créancier qui a fait faire l'arrestation. *Ibid.*

Par une conséquence de cette disposition, il est décidé que celui qui a fait emprisonner ne peut retirer, ni le tout, ni partie de la consignation des alimens, sous prétexte qu'il est survenu une recommandation. *Art.* 791.

Il est pourtant accordé, au créancier qui a fait emprisonner, action contre le recommandant, pour le forcer à contribuer, par égale portion, aux alimens du détenu. La demande est portée devant le tribunal de première instance du lieu où est située la prison. *Art.* 793.

*Question.* Si l'emprisonnement était déclaré nul, les recommandations seraient-elles également sans effets ? Cette question a été autrefois fort controversée ; mais le Code a tranché toute difficulté, en décidant que la nullité de l'emprisonnement, prononcée pour quelque cause que ce soit, n'emporte point la nullité des recommandations.

On regarde l'acte de recommandation, non pas comme un accessoire de l'incarcération, mais comme un second procès verbal de capture, indépendant du précédent; il en a toute la force, il est assujéti, à cause de cela, aux mêmes formalités, sous les mêmes peines de nullité, il doit en avoir les mêmes effets. *Art.* 796.

### ARTICLE V.

### *De la Demande en nullité de l'Emprisonnement.*

Toutes les formalités prescrites pour l'emprisonnement sont de rigueur; elles doivent être observées ponctuellement : si une seule est omise, le débiteur peût demander la nullité de sa détention. *Art.* 794.

Peut-il recouvrer sa liberté pour former cette demande? Comment et à quel tribunal doit-il se pourvoir, et qu'arrive-t-il quand la nullité a été prononcée? Nous allons expliquer ces questions dans deux paragraphes.

#### §. I^er^.

#### *Comment le Débiteur capturé peut être mis en liberté pour réclamer contre sa détention.*

A défaut d'observation des formalités prescrites, le débiteur peut demander la nullité de son emprisonnement. Mais restera-t-il en détention, en attendant qu'il ait été prononcé sur la demande en nullité? Oui, sans doute; parce que la loi ne charge pas le geolier de décider s'il y a ou non nullité. Dès qu'on lui présente le jugement qui autorise la prise de corps, il devient gardien judiciaire de la personne qui lui est confiée par l'acte d'écrou. Ce n'est donc que la justice qui peut prononcer sur les nullités alléguées.

Cependant le détenu peut consigner, entre

les mains du geolier, somme suffisante pour répondre des causes de l'emprisonnement, et des frais de capture ; alors le geolier rend la liberté au débiteur, qui en profite pour suivre sa demande en nullité. *Art.* 798.

Si l'emprisonnement est déclaré nul, le créancier est condamné en des dommages-intérêts envers le débiteur. *Art.* 799.

*Question.* Que devient la somme consignée? Le geolier ne l'a reçue que pour gage de la liberté du détenu, et non avec charge de la remettre au créancier. En conséquence, elle doit rester en dépôt jusqu'après le jugement de la demande en nullité; c'est seulement par ordre de la justice que le geolier pourra s'en dessaisir. Il faut donc que le jugement prononce, selon les circonstances et les droits des parties, sur le sort de la somme consignée entre les mains du geolier.

Quoique les nullités tirées de la forme de l'emprisonnement soient soumises au tribunal du lieu de la détention, si la question de savoir ce que deviendra la somme consignée tenait aux moyens du fonds, on renverrait cette question devant le tribunal qui a prononcé la contrainte par corps. Pareillement, si des tiers avaient sur cette somme des prétentions manifestées légalement, les parties seraient renvoyées devant les juges compétens. Alors le geolier resterait dépositaire de la somme consignée, jusqu'à ce qu'un jugement eût prescrit la manière dont il doit en disposer : le geolier pourrait aussi consigner la somme, s'il voulait n'en pas rester plus long-temps responsable.

## §. II.

### *Comment et à quel tribunal est portée la Demande en nullité de l'emprisonnement; effet de la nullité prononcée.*

Quand un débiteur prétend que son arrestation est nulle, on distingue si les moyens de nullité sont tirés du fond de la contestation, ou s'ils tiennent simplement à la forme.

C'est, par exemple, du fond de la contestation que sortent les moyens de nullité, lorsque le débiteur soutient qu'il ne doit rien à son adversaire, et qu'il s'est pourvu en conséquence, soit par voie ordinaire, soit par voie extraordinaire, contre le jugement. Alors la demande en nullité est portée devant le tribunal qui connaît de l'exécution du jugement de contrainte par corps. *Art.* 794.

Au contraire, si l'emprisonnement est contesté pour avoir été fait dans un temps, ou dans un lieu prohibé, ou pour l'inobservation de toute autre formalité, c'est uniquement sur la forme que porte la demande; elle appartient au tribunal du lieu où le débiteur est détenu.

Quel que soit le tribunal qu'il faille saisir de la demande en nullité, le débiteur peut assigner à bref délai, après en avoir obtenu du juge la permission, qui, en pareille circonstance, ne doit pas être refusée : rien n'est plus urgent que les causes qui concernent la liberté individuelle des citoyens. *Art.* 795.

L'assignation, pour comparaître sur la demande en nullité, est donnée au domicile élu par le créancier dans l'acte d'écrou; la cause est jugée sommairement, et sur les conclusions du ministère public. *Art.* 795.

Faut-il tenter préalablement la conciliation au bureau de paix, avant que de former la demande en nullité d'emprisonnement? La loi décide précisément que les demandes de mise en liberté sont dispensées du préliminaire de la conciliation. *Art.* 59.

Dès que l'emprisonnement a été déclaré nul pour quelque cause que ce soit, et si des recommandations ne retiennent pas le débiteur, il doit être mis en liberté, sur le vu du jugement représenté au geolier, qui le transcrit sur son registre, et en fait mention à la marge de l'acte d'écrou.

On dit que le débiteur est mis en liberté si des recommandations ne le retiennent pas, parce que suivant l'*art.* 796, la nullité de l'emprisonnement n'emporte pas la nullité des recommandations.

Quand un emprisonnement a été déclaré nul par défaut de forme, le créancier ne perd pas son droit d'exercer la contrainte par corps; il doit seulement s'y prendre une autre fois plus régulièrement. Néanmoins, la faveur de la liberté d'une part, et, de l'autre, pour que le jugement qui prononce la nullité ne soit pas sans effet, le débiteur ne peut pas être arrêté pour la même dette, à moins qu'il ne se soit passé un jour franc au moins depuis sa sortie de prison. *Art.* 797.

*Quest.* Ire. Suivant l'*art.* 795, la demande en nullité peut être formée à bref délai avec permission du juge, et signifiée par un huissier commis, au domicile qui est élu par l'écrou. Cette disposition est facultative; en sorte que, si l'on ne voulait pas assigner à bref délai, il n'y aurait pas lieu d'obtenir la permission du juge. On demande si, en donnant l'assignation dans les délais ordinaires, il faut qu'elle soit signifiée par un huissier commis, et si, au lieu d'être remise au domicile élu par l'acte d'écrou, on ne peut pas la porter au domicile réel du créancier?

Suivant les uns on est tenu, dans tous les cas, de faire assigner par un huissier commis.

D'autres disent que l'*art.* 795 est facultatif dans tout ce qu'il prescrit pour l'assignation; il n'est obligatoire qu'en ce qu'il ordonne de juger la cause sommairement sur les conclusions du ministère public. De là ils concluent qu'on est obligé de se servir d'un huissier commis, dans le cas seulement où on a obtenu permission d'assigner à bref délai.

A l'égard du domicile que le créancier a élu par l'écrou, on n'est pas divisé d'opinion. Il est certain que le débiteur a la faculté d'y faire signifier l'assignation; mais si elle était portée à domicile réel, elle serait valable. Il est évident, en effet, que l'élection de domicile a été exigée pour assurer au débiteur un prompt recours à la justice en cas de besoin. Il est donc libre d'user ou non de cette faveur.

*Quest.* II. Le bref délai dans lequel on peut assigner, avec la permision du juge, pour comparaître sur la demande en nullité, doit-il être augmenté en raison de la distance qu'il y a entre le lieu où siége le tribunal, et celui du domicile soit réel, soit élu du créancier?

Lorsque l'assignation est motivée sur des vices de forme, et qu'elle est remise au domicile élu dans le lieu de la détention, il n'est fait aucune augmentation de délai, parce que le tribunal compétent est celui du lieu où est située la maison d'arrêt. Si l'assignation, quoique donnée à bref délai, avec la permission du juge, était remise au domicile réel du créancier, ce qui n'arrive guère, l'augmentation en raison des distances devrait être observée; car, quelque urgente que soit la cause d'un débiteur incarcéré, il est pourtant d'une nécessité absolue que le créancier ait le temps de venir devant les juges où il est appelé.

On raisonne de même quand les moyens de nullité sont tirés du fond de la contestation: le cas arrive, par exemple, lorsque le débiteur prétend que le créancier n'a pas rempli une condition, avant l'accomplissement de laquelle il ne pouvait user d'aucune voie d'exécution. La demande alors, suivant l'*art.* 794, doit être soumise au tribunal qui a prononcé le jugement où cette condition est imposée. Si donc ce tribunal siége dans la ville où le débiteur est incarcéré, et si l'assignation est donnée au domicile élu par le créancier dans l'acte d'écrou, le bref délai autorisé par le président du tribunal où la demande doit être portée, n'est pas susceptible d'augmentation. Mais si ce tribunal est éloigné du lieu où est située la maison d'arrêt, il faut augmenter le bref délai en raison de la distance, soit du domicile élu par l'écrou, soit du domicile réel du créancier, selon que l'exploit d'ajournement est porté à l'un ou à l'autre domicile.

Il est inutile de faire remarquer ici qu'on ne peut jamais être embarrassé relativement à cette augmentation, quand le créancier demeure en pays étranger. L'obligation imposée à tout poursuivant d'élire domicile dans le lieu de la détention, et la faculté d'assigner au domicile élu, lève toute difficulté.

## ARTICLE VI.

### *De l'Elargissement du débiteur régulièrement incarcéré.*

Dans l'article précédent, on a parlé de l'élargissement que le débiteur peut obtenir pour nullité de l'emprisonnement; voyons comment il peut recouvrer sa liberté quand l'emprisonnement est régulier.

Une personne détenue pour dette peut sortir de prison par cinq moyens différens.

PREMIER MOYEN. Par le consentement du créancier qui a fait faire l'incarcération, le débiteur peut obtenir sa liberté. C'est par la volonté seule du créancier qu'est exécutée la saisie de la personne; par cette même volonté, main levée peut en être donnée, sans qu'il soit besoin d'un jugement. *Art.* 800.

La recommandation ayant les mêmes effets que l'emprisonnement, il ne suffit pas au débiteur d'avoir le consentement du poursuivant pour être élargi; celui des créanciers qui l'ont recommandé, est nécessaire. *Ibid.*

Ce consentement, pour opérer la décharge du gardien de la prison, doit être reçu à son greffe, ou donné pardevant notaire. *Art.* 801.

Peu importe, au surplus, par quelle espèce d'arrangement avec ses créanciers le débiteur obtient leur consentement; dès qu'il en justifie dans la forme prescrite, la liberté doit lui être rendue. S'il y avait difficulté de la part du geolier, le débiteur le traduirait devant le tribunal du lieu de sa détention.

SECOND MOYEN. En payant au créancier qui a fait emprisonner, et aux recommandans, s'il y en a, tout ce qui leur est dû, le débiteur obtient son élargissement, même sans qu'il soit besoin de leur consentement. *Art.* 800.

Pour que les créanciers soient entièrement désintéressés, il faut leur payer le principal et les intérêts échus, et en outre les frais de l'instance, sur laquelle est intervenu le jugement qui a prononcé la contrainte par corps, s'ils sont liquidés. Il faut aussi payer les frais d'emprisonnement, et restituer aux créanciers les sommes par eux consignées pour les alimens du prisonnier, depuis le premier jour de son entrée en prison, jusqu'à celui de la sortie. *Ibid.*

On peut faire ces paiemens directement aux créanciers, et en rapporter les quittances notariées au geolier de la prison; celui-ci en fait mention sur son registre. On peut aussi consigner ces diverses sommes entre les mains du geolier, qui en charge également son registre. *Ibid.*

Dans l'un et l'autre cas, le geolier doit ouvrir au débiteur les portes de la prison, sans qu'il soit nécessaire d'autorisation exprimée de la part des créanciers. Les causes de l'emprisonnement sont connues de ce gardien, tant par l'écrou que par le jugement qu'il a été obligé de transcrire sur son registre.

Les conditions, sous lesquelles il était gardien, sont exprimées dans ces actes; il est donc en état de vérifier lui-même, soit par les quittances authentiques, soit par la consignation qui lui est faite, si les créanciers se trouvent désintéressés en principal, intérêts, frais liquidés, frais d'emprisonnement et alimens. Il n'est donc pas besoin d'autre autorisation pour qu'il mette le débiteur en liberté; la loi dit positivement que la consignation sera faite entre les mains du geolier, sans qu'il soit besoin de le faire ordonner. *Ibid.*

Le même article prévoit le cas où le geolier refuserait, soit de recevoir la consignation, soit d'ouvrir les portes après la consignation faite. Il permet d'assigner ce gardien, à bref délai, devant le tribunal du lieu de la détention, après que, sur le vu de l'acte qui prouve le refus, le président a accordé la permission d'abréger les délais ordinaires, qui sont trop longs, pour une cause aussi urgente.

TROISIÈME MOYEN. Celui qui a des dettes de commerce, et qui se détermine à céder à ses créanciers la totalité de ses biens, obtient la remise de la contrainte par corps. Cette grace accordée par la loi est ce que l'on appelle *bénéfice de cession*. Si donc le débiteur qui fait ainsi l'abandon de tous ses biens est déjà incarcéré pour dette, la prison doit lui être ouverte, en vertu du jugement qui le reçoit à faire cession. *Ibid.*

Il n'est affranchi que de la contrainte par corps; ses créanciers conservent, sur les biens qu'il pourra acquérir par la suite, le droit de se faire payer de ce qui leur reste dû, après la vente des biens qui leur ont été cédés. Ce qui concerne le bénéfice de cession se trouve expliqué dans le chapitre suivant.

QUATRIÈME MOYEN. Pour la validité de l'emprisonnement, le créancier doit consigner, comme on l'a dit, entre les mains du geolier, la somme nécessaire au paiement des alimens du débiteur pendant un mois au moins. Pareillement, avant que le second mois soit commencé, le prix des alimens qu'il faudra fournir au débiteur doit être consigné, et ainsi de mois en mois, par avance.

A l'expiration d'un mois, si les alimens du mois suivant n'étaient pas consignés, le débiteur serait mis en liberté; l'humanité ne permet pas, en effet, de tenir une personne en prison, sans la certitude qu'elle y sera nourrie. *Art.* 800.

A cet effet, le geolier délivre un certificat qui atteste que la consignation des alimens, pour le mois commencé, n'a point été effectuée. Ce certificat est annexé à une requête présentée, de la part du débiteur, au président du tribunal dans le ressort duquel est la prison. Au bas de cette requête, et sans qu'il soit besoin de sommation préalable, le président ordonne l'élargissement. Cette ordonnance, représentée au geolier, et mentionnée sur son registre, l'autorise suffisamment à ouvrir les portes au débiteur. *Art.* 803.

Dès que la requête est présentée, inutilement le créancier en retard consignerait les alimens du mois commencé; la liberté étant acquise de plein droit au détenu, par le manque de consignation dans le temps utile, il doit obtenir son élargissement. Cependant, si le défaut de consignation des alimens était réparé avant que la demande en liberté fût formée, cette demande ne serait plus recevable; le débiteur serait censé, par son silence, avoir renoncé au droit qu'il avait de se plaindre. *Ibid.*

Peu importe que les alimens ayent été consignés en temps utile par le créancier qui a fait emprisonner ou par un des recommandans, cette consignation suffit pour maintenir la détention.

Quand l'élargissement a été ordonné, faute de consignation des alimens, le créancier ne perd pas le droit de faire saisir de nouveau la personne de son débiteur; mais il ne peut y parvenir, si préalablement il ne lui rembourse les frais par lui faits pour obtenir sa liberté. Le débiteur refuse-t-il de recevoir le montant de ces mêmes frais? le créancier en est suffisamment libéré, en les consignant entre les mains du gardien de la prison. *Art.* 804.

Avant d'exécuter de nouveau la contrainte par corps, le créancier doit, en outre, consigner des alimens d'avance, non pas pour un mois, comme lors du premier emprisonnement, mais pour six mois: c'est une précaution que la loi exige contre le créancier qui a manqué une première fois d'assurer d'avance les alimens de son débiteur. *Ibid.*

Lorsqu'un créancier veut faire emprisonner de nouveau son débiteur, qui a été élargi faute de consignation d'alimens, il n'est plus tenu à recommencer ce qui précède la capture, si la seconde incarcération s'exécute dans le cours de l'année, à compter du jour où le commandement a été signifié. *Art.* 804.

Lorsqu'on veut faire remettre en prison un débiteur qui en est sorti, faute d'alimens consignés, il est donc nécessaire de distinguer si, depuis le commandement qui a précédé le premier emprisonnement, il ne s'est pas encore écoulé un an, ou s'il s'est passé plus d'une année. Dans le premier cas, la saisie de la personne, pour la même dette, peut se faire sans commandement préalable; mais, dans le dernier cas, la formalité du commandement doit être recommencée.

Le droit de faire incarcérer de nouveau le débiteur, dans l'espèce dont il s'agit, appartient également et au créancier qui l'avait fait emprisonner, et à ceux qui l'avaient ensuite recommandé. Le plus diligent qui rembourse les frais faits pour l'élargissement, et qui consigne six mois d'alimens, peut donc exercer de nouveau la contrainte par corps, pour la même dette.

Cinquième moyen. Il est de principe, comme nous l'avons dit plus haut, que la contrainte par corps, pour dettes, n'a pas lieu contre les personnes âgées de soixante-dix ans commencés, si ce n'est en matière de stellionat. Par une conséquence nécessaire, celui qui, étant emprisonné pour dette, hors du cas de stellionat, atteint le premier jour de sa soixante-dixième année, doit être de plein droit élargi, parce qu'il cesse d'être sujet à la contrainte par corps. Ce débiteur présente, au tribunal du lieu où il est détenu, une requête à laquelle est joint son acte de naissance; et il obtient un jugement qui autorise sa mise en liberté. *Art.* 800.

Quand une demande en élargissement est fondée sur un de ces cinq moyens, l'assignation peut être donnée à bref délai, devant le tribunal du lieu de la détention, après en avoir obtenu la permission du président, sur requête qui lui est présentée à cet effet. *Art.* 805.

L'exploit est signifié, de la part du débiteur, tant au créancier qui a fait faire l'emprisonnement qu'à ceux qui ont recommandé; car, c'est contre les uns et les autres qu'il faut toujours que l'élargissement soit demandé. Cette signification est faite au domicile élu dans le lieu de la détention, par l'acte d'écrou de chaque créancier. *Ibid.*

En faveur de la liberté réclamée, le même

article établit que les demandes en élargissement doivent être communiquées au ministère public, et jugées sans instruction, à la première audience, préférablement à toutes les autres causes. Il n'est pas permis d'en remettre la décision à une autre audience, ni de les consigner sur un rôle, pour les juger à leur tour. En cette matière, l'urgence est si grande, qu'on ne peut ni raisonnablement, ni humainement, en différer le jugement. *Ibid.*

*Quest.* Quand le débiteur est incarcéré, peut-il, en interjetant appel du jugement qui a prononcé la contrainte par corps, obtenir sa liberté, jusqu'à ce qu'il ait été statué par la cour?

La raison de douter vient de ce que tout appel est suspensif: si l'appel eût précédé l'emprisonnement, la contrainte par corps n'aurait pas pu être exécutée jusqu'à l'arrêt confirmatif. Or, il semble que si l'appel est formé dans le délai prescrit, son effet est de détruire les voies d'exécution qui ont pu être commencées, sauf à les reprendre, dans le cas où le jugement serait confirmé.

La raison de décider est que l'appel n'a point d'effet rétroactif; il n'est que suspensif: il empêche de continuer les poursuites, mais il ne détruit point celles qui ont été faites dans un temps où le jugement n'était pas encore attaqué, et où il avait toute force d'exécution. Quand le débiteur interjete appel, après que ses meubles ont été mis sous la main de justice par une saisie-exécution, on ne peut pas procéder à la vente, tant que la cour n'a pas prononcé; mais la saisie reste en état, et n'est point levée. Il en est de même de la saisie de la personne; elle est valablement opérée avant l'appel. Il faut donc que les choses restent dans le même état jusqu'à ce qu'il ait été statué en dernier ressort. Le débiteur doit se reprocher de ne s'être pas pourvu plus tôt contre le jugement qu'on a mis à exécution.

Si, postérieurement à l'appel, un emprisonnement avait été opéré en vertu d'un jugement qui, mal à propos, aurait ordonné l'exécution provisoire, le débiteur pourrait alors réclamer sa liberté, dans la forme prescrite par l'*art.* 459 : il règle la manière de se pourvoir, à bref délai, contre toute exécution provisoire ordonnée hors des cas prévus par la loi.

## ARTICLE VII.

### *Modèles pour l'Emprisonnement.*

### §. Ier.

### *Requête pour Nomination d'un Huissier, et Commandement préalable.*

« A Monsieur le président du tribunal de première instance, séant à Amiens.

» Nicolas D..., marchand quincaillier, demeurant à Versailles, rue St. Louis, n°. 187,

» Expose qu'il a obtenu, le trois février dernier, du tribunal de commerce, à Paris, un jugement qui condamne par corps le sieur Aignan C...., marchand tapissier, demeurant alors à Paris, rue du Sépulcre, n°. 12, à payer une somme de huit cents francs, montant d'un billet à ordre souscrit par ce dernier, plus les intérêts à compter du jour de la demande et les dépens. Le sieur C...., pour se soustraire aux poursuites que ce jugement autorise, est venu habiter la ville d'Amiens, rue du Regard, n°. 5.

» Le requérant demande donc qu'il vous plaise, Monsieur, commettre un huissier pour faire la signification du jugement dont il s'agit, audit sieur C...., en sa demeure actuelle à Amiens, avec commandement; cette formalité préalable étant nécessaire avant d'exercer contre lui la contrainte par corps.

» Vous ferez justice.

» *Signé* G...., avoué ».

» Nous commettons P...., huissier audiencier du tribunal, pour instrumenter au desir de la requête ci-dessus.

» Fait à Amiens, ce huit mars mil huit cent cinq. *Signé* M ..., président ».

Cette requête à fin de faire commettre un huissier n'est pas grossoyée, et elle est payée à l'avoué qui la rédige, y compris la vacation pour la présenter, et obtenir au bas l'ordonnance du juge, savoir: à Paris et dans les quatre villes assimilées, 2 francs; dans les villes du second ordre, 1 fr. 80 c.

Partout ailleurs, 1 fr. 50 c., *Tarif, art.* 76; *Décret, art.* 2 et 3.

L'huissier copie d'abord le jugement qui prononce la contrainte par corps, ensuite la requête et la commission apposées au bas, comme on vient d'en donner le modèle; après quoi, il dresse son exploit en ces termes:

« L'an mil huit cent cinq, le neuf mars, à la requête du sieur Nicolas D...., marchand quincaillier, demeurant à Versailles, rue St. Louis, n°. 187, pour lequel domicile est élu en la ville de Paris, chez M<sup></sup>e. E...., avoué, demeurant rue de la Loi, n°. 26; moi, Maclou P...., huissier audiencier du tribunal de première instance, séant à Amiens, y demeurant, rue de l'Arbre Noir, n°. 11, commis à cet effet par l'ordonnance rendue sur requête par M. le président, et dont copie est ci-dessus, j'ai signifié au sieur Aignan C...., marchand tapissier, à Paris, rue du Sépulcre, n°. 12, et habitant actuellement la ville d'Amiens, rue du Regard, n°. 5, le jugement obtenu contre lui par le requérant, au tribunal de commerce de Paris, le trois février dernier, et dont copie est ci-dessus.

» En même temps, en vertu dudit jugement, et à la même requête, j'ai fait audit sieur G...., commandement de payer au requérant, ou à moi, huissier, porteur des pièces, la somme de huit cents francs, à quoi, par ledit jugement, il a été condamné, même par corps, sans préjudice des autres dus, droits, actions, intérêts, frais et mise d'exécution.

» Le sieur C.... ayant refusé de satisfaire au présent commandement, je lui ai déclaré que le requérant se pourvoirait par les voies de droit. Copie dudit jugement, de la requête et de l'ordonnance ci-dessus énoncés, ainsi que du présent exploit, a été laissée par moi, audit sieur C.... en la maison qu'il habite à Amiens, et ci-dessus désignée, en parlant à une femme qui m'a dit être sa belle-sœur.

» Le coût du présent acte est de......

» *Signé* P....., huissier ».

Cette signification du jugement avec commandement par l'huissier commis, est taxée à Paris et dans les quatre villes du premier ordre, 3 fr.

Dans les villes du second ordre, un dixième de moins, 2 fr. 90 c.

Partout ailleurs, 2 fr. 25 c.

La copie de cet exploit est payée le quart de l'original. *Tarif, art.* 51; *Décret, art.* 2 *et* 3.

## §. II.

### *Procès verbal d'Emprisonnement, et Acte d'écrou.*

« L'an mil huit cent cinq, le onze mars, en vertu d'un jugement rendu par le tribunal de commerce, séant à Paris, le trois février dernier, et à la requête du sieur Nicolas D...., marchand clincailler, demeurant à Versailles, rue St. Louis, n°. 187, pour lequel domicile est élu en la ville d'Amiens, chez Me. G...., avoué, y demeurant, rue de la Lanterne, n°. 15; moi, Maclou P...., huissier audiencier au tribunal civil d'Amiens, y demeurant, rue de l'Arbre Noir, n°. 11, assisté des deux témoins ci-après nommés, j'ai fait itératif commandement au sieur Aignan C...., marchand tapissier, demeurant à Paris, rue du Sépulcre, n°. 12, et présentement à Amiens, rue du Regard, n°. 5, en parlant à sa personne trouvée à Amiens, sur la place aux Veaux, de présentement payer au requérant, ou à moi, pour lui porteur de pièces, la somme de huit cents francs, à quoi il a été condamné, par corps, par ledit jugement, sans préjudice des autres dus, droits, actions, intérêts, frais et mise d'exécution.

» Ledit sieur C.... ayant refusé de payer, je lui ai déclaré qu'il était appréhendé au corps, en vertu du même jugement, et je l'ai sommé de me suivre dans la prison du tribunal d'Amiens, où je l'ai conduit assisté desdits témoins, et où je l'ai remis sous la garde de Pierre N...., geolier. J'ai en même temps remis audit N.... la somme de..... pour le paiement d'avance des alimens dudit sieur C.... pendant le premier mois de sa détention.

» Tout ce que dessus s'est passé en présence de Paul B...., français, marchand fruitier, demeurant à Amiens, rue du Château, n°. 8, et de Jacques F...., français, homme de journée, demeurant à Amiens, rue des Gourdes, n°. 17; ces deux témoins, qui ne sont ni parens, ni alliés, ni domestiques, soit des parties, soit de moi, huissier, ont signé avec moi, tant l'original que la copie du présent procès verbal, laquelle copie a été par moi laissée audit sieur C..., en parlant à sa personne.

» Le coût du présent acte est de....

» *Signé* B..... et F...., recors; P...., huissier ».

Aussitôt est dressé sur le registre des écrous, l'acte d'incarcération comme il suit:

« Du onze mars mil huit cent cinq, à midi et demi.

» En vertu d'un jugement obtenu au tribunal de commerce, séant à Paris, le trois février, par le sieur Nicolas D...., marchand clincailler, demeurant à Versailles, rue St. Louis, n°. 187, pour lequel domicile est élu en la ville d'Amiens, chez Me. G...., avoué, y demeurant, rue de la Lanterne, n°. 15;

« Le sieur Aignan C..., marchand tapissier, établi à Paris, rue du Sépulcre, n°. 12, et aujourd'hui trouvé à Amiens, a été appréhendé au corps, et amené dans la prison du tribunal civil d'Amiens, par procès verbal de capture dressé aujourd'hui par Maclou P..., huissier audiencier au tribunal d'Amiens, qui a représenté ledit jugement en bonne forme, et qui a requis, pour sa décharge, que, par moi soussigné, Pierre N..., geolier, ledit sieur C..., fût écroué sur le registre à ce destiné.

» A cet effet, ledit P..., huissier, a consigné en mes mains la somme de...., pour payer par avance les alimens dudit sieur C..., pendant un mois.

» En foi de quoi le présent acte d'écrou a été dressé, et copie en a été laissée, avec celle du procès verbal de capture ci-dessus mentionné, audit sieur C..., en parlant à sa personne.

» Le présent acte a été signé tant sur l'original que sur la copie, par P...., huissier, et par moi geolier.

» *Signé*, P...., huissier; N...., geolier. »

Pour le procès verbal d'emprisonnement, y compris l'assistance des deux recors, et la vacation de l'huissier à l'écrou, il est alloué à cet officier, à Paris et dans les quatre villes du premier ordre, 60 fr. 25 c.

Dans les villes du second ordre, un dixième de moins, 54 fr. 23 c.

Dans les villes ayant tribunal de première instance, 40 fr.

Partout ailleurs, 30 fr.

Cette taxe est portée à ce prix, en considération des démarches que pourrait faire l'huissier, pour trouver le débiteur; en conséquence, il n'est rien dû au-delà, même sous prétexte de procès verbal de perquisition. *Tarif, art.* 53; *Décret, art.* 2 *et* 3.

Pour la copie du procès verbal d'emprisonnement, et celle de l'écrou, l'une et l'autre laissée au débiteur, il est alloué à l'huissier pour le tout ensemble, à Paris et autres villes assimilées, 3 fr.

Dans les villes du second ordre, 2 fr. 70 c.

Partout ailleurs, 2 fr. 25 c. *Tarif, art.* 55; *Décret, ibid.*

Il appartient au geolier pour transcrire le jugement qui prononce la contrainte par corps un droit taxé par chaque rôle de l'expédition de ce jugement, à Paris et autres villes du premier ordre, 25 c.

Dans les villes du second ordre, un dixième de moins, ci 23 c.

Partout ailleurs, 20 c. *Tarif, art* 56; *Décret, Ibid.*

Le jugement est ensuite transcrit par le geolier sur son registre.

## §. III.

### *Procès verbal de Recommandation.*

» L'an mil huit cent cinq, le vingt-deux de mars, en vertu d'un jugement rendu par le tribunal de premier instance séant à Blois, le neuf décembre dernier, à la requête du sieur Sébastien A...., horloger, demeurant à Blois, rue de la Pierre Percée, n°. 40, pour lequel domicile est élu en la ville d'Amiens, en ma demeure, ci-après désignée; moi, Etienne T...., huissier reçu au tribunal civil d'Amiens, y demeurant, rue du Cadran, n°. 7, j'ai fait itératif commandement au sieur Aignan C...., marchand tapissier, demeurant à Paris, rue du Sépulcre, n°. 12, actuellement détenu en la prison du tribunal civil d'Amiens, en parlant à sa personne, amenée exprès à la geôle, de présentement payer au requérant, ou à moi, pour lui porteur de pièces, la somme de six cent cinquante francs, à quoi il a été condamné par le jugement susénoncé, même par corps, sans préjudice des autres dus, droits, actions, frais et mise d'exécution.

» Ledit sieur C...., ayant refusé de payer ladite somme, je lui ai déclaré que j'allais le recommander, et le faire écrouer en vertu dudit jugement.

» En conséquence, à la même requête, et à même élection de domicile, j'ai recommandé ledit sieur C...., à Pierre N...., geolier, et l'ai requis de l'écrouer sur les registres de ladite prison.

» Attendu qu'il s'est trouvé des alimens consignés d'avance pour le mois, je n'en ai remis aucuns pour cet objet.

» Du présent procès verbal, et de l'acte d'écrou fait en conséquence, une copie a été par moi laissée au sieur C...., et une autre audit Pierre N.... en parlant à la personne de chacun.

» Le coût du présent acte, est de .....

*Signé* T...., huissier.

Cet acte de recommandation, qui se fait sans assistance de recors, est taxé à Paris, et autres villes du premier ordre, 4 fr.

Dans les villes du second ordre, 3 fr. 60 c.

Partout ailleurs, 3 fr.

Chacune des deux copies données, l'une au débiteur, et l'autre au geolier, est payée le quart de l'original. *Tarif, art.* 57; *Décret, art.* 2 *et* 3.

Après cet exploit est fait l'acte d'écrou; ensuite est copié sur le registre de la geole le jugement qui autorise la recommandation.

## §. IV.

### *Demande en Élargissement.*

« A M. le président du tribunal civil séant à Amiens.

» Expose Aignan C...., marchand tapissier, demeurant à Paris, et détenu dans la prison civile d'Amiens ;

» Qu'il a accompli la soixante-neuvième année de son âge, et que la soixante-dixième est commencée depuis deux jours, comme le prouve l'acte de naissance joint à la présente requête ; il n'est donc plus assujéti à la contrainte par corps ; elle a été exercée contre lui en vertu d'un jugement du tribunal de commerce, séant à Paris, en date du trois février dernier, obtenu par le sieur D...., marchand clincailler, demeurant à Versailles, et pour lequel domicile a été élu à Amiens, chez Me. G...., avoué.

» L'exposant a aussi été recommandé en vertu d'un autre jugement rendu le neuf décembre dernier, par le tribunal civil de Blois, à la requête du sieur Sébastien A...., horloger à Blois, qui a élu domicile à Amiens, en la demeure de T...., huissier.

» Pour obtenir en conséquence son élargissement, attendu que la contrainte par corps n'a point été prononcée pour cause de stellionat, l'exposant demande qu'il vous plaise, Monsieur, lui permettre d'assigner à demain lesdits sieurs D.... et A.... à leur domicile élu à Amiens, pour voir prononcer sa mise en liberté.

*Signé* R...., avoué.

» Permis d'assigner à vingt-quatre heures, aux fins de la requête ci-dessus.

» Fait à Amiens, ce treize août mil huit cent cinq. *Signé* M...., président.

La taxe de cette requête tendant à abréger les délais de l'assignation, est, pour Paris, et villes assimilées, de 3 fr.

Dans les villes du second ordre, 2 fr. 70 c.

Partout ailleurs, de 2 fr. 25 c.

Cette requête n'est point grossoyée; et la vacation pour obtenir, au bas, l'ordonnance du président, est comprise dans la taxe. *Tarif, art.* 77; *Décret, art.* 2 *et* 3.

La requête pour demander la permission d'assigner en nullité de l'emprisonnement, est dans la même forme.

En vertu de l'ordonnance que l'on copie, ainsi que la requête, l'assignation est donnée en ces termes :

» L'an mil huit cent cinq, le quatorze août, en vertu de l'ordonnance dont copie est ci-dessus, à la requête du sieur Aignan G...., marchand tapissier, demeurant à Paris, rue du sépulcre, n°. 12, et présentement détenu pour dette en la prison civile d'Amiens; moi, Eugène V...., huissier reçu au tribunal civil d'Amiens, y demeurant, rue Serpente, n°. 14, j'ai donné assignation au sieur Nicolas D...., marchand clincailler à Versailles, rue Saint Louis, n°. 187, en son domicile élu à Amiens, chez Me. G...., avoué, y demeurant, rue de la Lanterne, n°. 15, et au sieur Sébastien A...., horloger, demeurant à Blois, rue de la Pierre Percée, n°. 40, en son domicile élu à Amiens, chez T...., huissier, rue du Cadran, n°. 7, à comparoir, dans le délai de vingt quatre heures, à l'audience du tribunal civil d'Amiens, pour y répondre aux fins de la requête ci-dessus transcrite;

en conséquence voir dire que le requérant, pour qui occupera Me. R...., avoué, sera mis en liberté; à quoi faire sera contraint le geolier, et quoi faisant il sera valablement déchargé, en vertu du jugement à intervenir, et procéder à fin de dépens.

» Copie de la requête, de l'ordonnance et de l'acte de naissance y mentionnés, a été par moi laissée au domicile élu du sieur D..., en parlant à un clerc dudit Me. G..., avoué, et au domicile élu du sieur A..., en parlant à une femme qui m'a dit être l'épouse dudit sieur T..., huissier.

» Le présent exploit coûte..... *Signé* V...., huissier. »

Cet exploit est du nombre de ceux compris dans la première classe, et taxé comme tout ajournement, à Paris et autres villes du premier ordre, 2 francs.

Dans les villes du second ordre, un dixième de moins, 1 fr. 80 c.

Partout ailleurs, 1 fr. 50 c.

Pour la copie, le quart de l'original. *Tarif, art.* 27; *Décret, art.* 2 *et* 3.

## §. V.

### *Jugement d'Élargissement.*

« Entre Aignan C..., marchand tapissier, demeurant à Paris, rue du Sépulcre, no. 12, détenu pour dette dans la prison civile d'Amiens, demandeur, par exploit du quatre août présent mois, comparant par R..., avoué, d'une part;

» Contre Nicolas D...., marchand clincailler à Versailles, défendeur, comparant par G...., avoué;

» Et Sébastien G..., horlorger à Blois, aussi défendeur, comparant par S..., avoué, d'autre part.

» La partie de R..., attendu que les contraintes par corps exercées contre elle par les deux défendeurs, n'ont pas pour cause le stellionat, et que ladite partie est dans la soixante-dixième année de son âge, demande à être mise en liberté; à quoi faire, en vertu du jugement à intervenir, le geolier sera contraint, et quoi faisant, valablement déchargé; il conclut en outre aux dépens, en cas de constestation.

» Pour la partie de G..., il a été observé que la soixante-dixième année de l'âge du détenu n'étant que commencée et non pas accomplie, il n'y avait pas lieu à le décharger de la contrainte par corps; en conséquence, ladite partie de G..., a conclu à ce que le demandeur fût débouté de sa demande, ou, en tous cas, qu'il y fût déclaré non recevable, et condamné aux dépens.

» A l'égard de la partie de S...., elle demande acte de ce qu'elle s'en rapporte à la prudence de la Cour.

» Le procureur impérial a été entendu dans ses conclusions tendantes à ce que, faisant droit sur la demande, le détenu fût élargi.

» En point de fait, le demandeur a été emprisonné pour dette le onze mars dernier, à la requête de la partie de G..., en vertu d'un jugement du tribunal de commerce de Paris, du trois février dernier; il a été recommandé pour même cause, le vingt-deux de mars suivant, à la requête de la partie de S.., en vertu d'un jugement du tribunal civil de Blois, rendu le neuf décembre précédent.

» Arrivé à la fin de la soixante-neuvième année de son âge, et la soixante-dixième étant commencée depuis deux jours, le détenu réclame son élargissement. Cette demande est appuyée par l'acte de naissance du détenu.

» En point de droit, il est constant qu'à la soixante-dixième année de son âge, un débiteur n'est plus contraignable par corps; mais faut-il que la soixante-dixième année soit accomplie, ou suffit-il qu'elle soit commencée?

» Considérant que l'article 2066 du Code civil décide que la contrainte par corps cesse contre ceux dont la soixante-dixième année est commencée; que l'acte de naissance du demandeur atteste qu'il est dans le cas prévu par cet article, et que ce demandeur n'a point été incarcéré pour cause de stellionat:

» Le tribunal donne acte à la partie de S...., de la déclaration par elle faite qu'elle s'en rapporte à la prudence du tribunal; ayant égard à la demande de la partie de R..., sans s'arrêter aux défenses proposées par la partie de G..., ordonne que ladite partie de R.... sera mise en liberté, à quoi faire le geolier sera contraint, en vertu du présent jugement; quoi faisant, valablement déchargé; condamne ladite partie de R..., aux dépens, liquidés à....

» Jugé à Paris, etc. »

La signification de ce jugement et de tout autre qui ordonne l'élargissement du débiteur incarcéré, ou qui déclare nul son emprisonnement est mise au nombre des exploits de seconde classe, et taxé à Paris et autres villes du premier ordre, 4 fr.

Dans les villes du second ordre, un dixième de moins, 3 fr. 60 c.

Partout ailleurs, 3 fr.

La copie qu'il faut laisser au geolier est payée le quart de l'original. *Tarif, art* 58; *Décret, art.* 2 *et* 3.

## §. VI.

### *Sauf-Conduit.*

Au nom du témoin qu'une contrainte par corps empêche de se montrer, ou au nom de la partie qui l'a fait assigner, un avoué présente une requête au juge qui en ordonne la communication au ministère public, sur les conclusions duquel le sauf-conduit est accordé. Le tout se fait comme au modèle suivant :

» A Monsieur le président du tribunal de première instance de Paris.

» Le sieur Jacques B...., marchand parfumeur, demeurant à Amiens, département de la Somme ;

» Expose que, par exploit du quinze de ce mois, il a été assigné, à la requête du sieur Adrien C...., pour venir déposer, le vingt, dans l'enquête ordonnée par jugement du dix du même mois. Il s'empresserait de comparaître, s'il n'avait à craindre les effets d'une contrainte par corps prononcée contre lui, par jugement du tribunal de commerce d'Amiens, le premier avril dernier.

» Pour justifier ce que l'exposant déclare, il joint à la présente requête la copie, signifiée le douze avril dernier, du commandement qui lui a été fait en vertu du jugement de contrainte par corps ci-dessus mentionné ; et la copie de l'ajournement, en date du quinze de ce mois, qui l'appelle en témoignage.

» A ces causes, l'exposant, pour venir faire sa déposition avec sécurité, vous prie, M. le président, de lui accorder un sauf-conduit pour un mois, temps nécessaire au voyage d'Amiens à Paris, et pour le retour.

» Paris, ce 20 juin 1806. *Signé* D... avoué.

» Soit communiqué au procureur impérial, ce 20 juin 1806. *Signé* E... président.

» Vu la requête et les pièces y jointes, je n'empêche l'obtention du sauf-conduit. Paris, ce 21 juin 1806. *Signé* F... procureur impérial.

» Nous président du tribunal de première instance de Paris, vu les conclusions du procureur impérial, nous accordons à Jacques B..., marchand parfumeur, demeurant à Amiens, département de la Somme, un sauf-conduit jusqu'au 12 du mois prochain, pour venir à Paris et s'en retourner. En conséquence, défendons de mettre à exécution contre lui, pendant ledit délai, aucune contrainte par corps pour dettes.

» Fait à Paris, ce 22 juin 1806.

*Signé* E... président. »

Les pièces et la requête au bas de laquelle est apposée l'ordonnance sont remises à l'avoué, et envoyées au débiteur appellé en témoignage. Porteur de ce sauf-conduit, le débiteur peut faire le voyage d'Amiens à Paris, et revenir de Paris à Amiens, en sécurité, pendant le délai fixé.

La requête pour demander un sauf-conduit, et la vacation pour obtenir l'ordonnance qui contient le sauf-conduit, sont taxées, le tout ensemble, à Paris et dans les villes du premier ordre, 3 fr.

Dans les villes du second ordre, 2 fr. 70 c.
Partout ailleurs, 2 fr. 25 c.

## CHAPITRE II.

### *Du Bénéfice de Cession.*

Le code de la procédure ne s'occupe du bénéfice de cession, que pour en régulariser les formes, lesquelles sont indiquées par le code civil où se trouvent les principes relatifs à cette matière. Nous prendrons donc dans ces deux lois ce qui est nécessaire pour l'intelligence de l'objet que nous traitons.

Ce chapitre sera divisé en trois articles ; l'un dira ce que c'est que le bénéfice de cession, quelles personnes l'obtiennent, et pour quelles dettes. Un second prescrira la procédure à suivre pour jouir de ce bénéfice. Enfin, dans un troisième, on en expliquera les effets.

### ARTICLE Ier.

### *Qu'est-ce que le Bénéfice de cession, qui peut l'obtenir, et pour quelles dettes ?*

Le bénéfice de cession est la remise que la loi fait de la contrainte par corps, au débiteur malheureux et de bonne foi qui fait l'abandon de tous ses biens à ses créanciers. *Cod. civ.*, *art.* 1268.

Par cette définition, le bénéfice de cession est limité aux dettes qui assujétissent à la contrainte par corps, quand celui qui les a contractées n'a pas cessé d'être de bonne foi. Il n'en est guère de ce genre qui ne soit contractée pour objet de commerce, ou pour fermages. En effet, lorsque les lois prononcent la contrainte par corps pour dettes de toute autre nature, c'est toujours pour punir la mauvaise foi, et quand le débiteur ne peut inspirer l'intérêt dû au malheur.

Par exemple, nous avons vu, en parlant de la saisie de la personne, qu'elle est prononcée en toute matière, pour contraindre à la restitution d'un dépôt, soit judiciaire, soit nécessaire ; en pareil cas, il n'y a pas de bonne foi de la part du débiteur. Il en est de même des officiers publics qui refusent soit de rendre des pièces, soit de représenter des minutes; ils ne méritent pas le secours de la loi.

On distingue la cession volontaire, de la cession judiciaire ou forcée. La première a lieu, lorsqu'un débiteur offre d'abandonner tous ses biens à ses créanciers, qui veulent bien accepter les conditions dont les parties conviennent. Cette espèce de cession est appelée *abandon* par les praticiens, pour la distinguer de l'autre. Comme elle suppose un accord entre les intéressés, son effet n'est pas autre que celui résultant naturellement des conventions faites par le contrat d'union. *Cod. civ., art.* 1267.

La cession judiciaire est celle que le débiteur, poursuivi par la saisie de sa personne, fait à ses créanciers sans les consulter, pour les obliger à lui laisser sa liberté. Cet acte qu'on appelle proprement *cession*, est forcé, parce que les créanciers ne peuvent pas le refuser quand il est fait en justice, dans les formes prescrites par la loi qui en règle également les effets. *Cod. civ., art.* 1270.

Dans l'ancienne jurisprudence, on n'admettait pas au bénéfice de cession les stellionataires, ni les banqueroutiers frauduleux, ni les étrangers. Le code de la procédure porte la même exclusion; il l'étend même aux personnes comptables, aux tuteurs, administrateurs et dépositaires, et aux personnes déjà condamnées pour cause de vol ou d'escroquerie. *Art.* 905.

A l'égard des étrangers, cette exclusion est une conséquence de la privation où ils sont des droits civils. Le bénéfice de cession est vraiment une faveur de la loi ; elle ne dérive ni du droit naturel, ni du droit des gens ; ce sont les seuls auxquels participent les étrangers. La cession est donc une institution à laquelle ne peuvent prétendre ceux qui ne jouissent pas des droits civils.

Quant aux autres personnes que la loi ne permet pas d'admettre au bénéfice de cession, il est évident qu'elles ne peuvent s'excuser ni sur leur bonne foi, ni sur des malheurs.

Au reste, il est bon d'avertir ici que, dans toutes ses dispositions sur le bénéfice de cession, la loi ne veut rien innover, quant à présent, aux usages du commerce, s'il en existe qui ne soit pas conforme à ce qu'elle prescrit. *Art.* 906.

## ARTICLE II.

### *Formalités pour obtenir le Bénéfice de cession.*

C'est en justice que la cession peut être faite, quand elle est forcée ; des formalités ont donc été établies, pour s'assurer que celui qui demande à jouir de ce bénéfice est de bonne foi.

Dans un premier paragraphe, nous verrons comment on demande à faire cession ; et dans un second, ce qu'il faut observer après avoir obtenu la faculté de faire cession.

### §. Ier.

### *De la Demande à fin d'être reçu au bénéfice de cession.*

Le débiteur qui veut avoir la liberté de sa personne, par l'effet de la cession, soit que déjà il se trouve incarcéré, soit qu'il craigne de l'être, commence par déposer au greffe du tribunal son bilan, ses registres, s'il en a, et les titres de son actif. *Art.* 898.

Le *bilan*, du mot latin *bilanx*, qui signifie balance, est un état contenant l'actif et le passif qui constituent la fortune du débiteur. Celui-ci doit le certifier véritable et le signer; il doit y joindre toutes les pièces qui servent à établir en quoi consiste son actif, et à justifier que les objets, soit mobiliers, soit immobiliers qu'elles concernent, lui appartiennent.

Les livres et les registres sont également nécessaires à produire, pour vérifier si le bilan est fait avec exactitude et bonne foi. Tous ceux qui font le commerce ont nécessairement des registres; mais le fermier qui s'est obligé par son bail à la contrainte par corps; celui qui a signé des lettres de change, sans être commerçant, peut n'avoir pas de registres; il ne sera pourtant pas exclu du bénéfice de cession, s'il est de bonne foi. Voilà pourquoi la loi n'oblige à produire des registres que quand il y en a.

Le dépôt du bilan et des pièces qui l'accompagnent se fait au greffe du tribunal de première instance du domicile du débiteur. *Art* 899.

On demande si celui qui faisait le négoce ne doit pas déposer son bilan au tribunal de commerce. La réponse est négative, parce que la loi, avec raison, ne désigne point cette sorte de tribunal. La cession a des effets qui ne sont nullement de la compétence des tribunaux de commerce. Les difficultés qui peuvent s'élever entre le créancier et le débiteur sur la demande à fin de faire cession, ne sont pas non plus de nature à y être portées; c'est donc aux juges ordinaires qu'appartient la connaissance de cette matière.

Après le dépôt de son bilan, le débiteur peut former sa demande, comme toutes les autres, en ajournant ses créanciers dans les délais ordinaires; mais l'intérêt du débiteur est de suivre une marche plus expéditive.

Muni de l'acte qui prouve son dépôt fait au greffe, il présente au président une requête qui explique sa demande, et au bas de laquelle le magistrat ordonne la communication au ministère public, nomme un rapporteur, et permet d'assigner les créanciers à bref délai, attendu que ce qui concerne la liberté personnelle est toujours dans un cas d'urgence. Cette précaution d'obtenir la permission d'assigner à bref délai, est d'autant plus nécessaire que, suivant l'*art.* 900., la demande ne suspend pas l'effet des poursuites; le débiteur pourrait être emprisonné, en attendant que la cession fût jugée. Il est donc toujours bon de suivre la marche que nous indiquons; d'abord, pour accélérer la demande principale, mais surtout pour faire prononcer promptement, et par provision, qu'il sera sursis aux poursuites. En effet, si la demande de faire cession ne les suspend pas, du moins le même article dit-il que le tribunal peut ordonner une surséance quand les créanciers auront été appelés.

Ainsi l'ajournement que donne le débiteur à ses créanciers, a pour but de voir dire, au principal, qu'au moyen du dépôt de son bilan, de ses registres, et de ses titres actifs, il sera reçu à faire cession de ses biens, dans les formes prescrites; qu'en conséquence, s'il est en prison, il sera mis en liberté. Au provisoire, il conclut à ce qu'il soit sursis à toutes poursuites contre lui, et notamment contre sa personne, s'il n'est pas encore détenu.

Quand le principal est en état, en même temps que le provisoire, ce qui dépend de la résistance plus ou moins longue des créanciers, on prononce sur le tout par un seul et même jugement. Si le principal n'est pas instruit assez tôt, on prononce d'abord sur le provisoire; et le sursis est ordonné, si les circonstances permettent de venir d'avance au secours du débiteur. Dans le cas contraire, par exemple, quand la bonne foi du débiteur est contestée et n'est pas évidente, le provisoire est joint au fond; en sorte que le débiteur reste, jusqu'au jugement définitif, exposé aux poursuites, même à la contrainte par corps. *Art.* 900.

Dans l'ancienne jurisprudece, avant de prononcer, on ordonnait la comparution du débiteur en personne, pour affirmer à l'audience la sincérité de son bilan, et faire la déclaration précise de l'intention où il est de faire cession. Le nouveau Code n'a point adopté le serment, dans cette occasion. Néanmoins, il n'a pas dispensé le débiteur de réitérer sa cession en personne; on verra, au paragraphe suivant, que cette réitération ne se fait pas au tribunal ordinaire, et qu'elle a lieu seulement après le jugement qui accueille la demande. Pourquoi, en effet, l'exiger avant de savoir si la faveur de la loi sera accordée?

Remarquez que nul jugement ne peut être rendu dans l'instance, concernant le bénéfice de cession, que sur les conclusions du ministère public, parce qu'il y est question de la liberté d'une personne; ce qui intéresse toujours l'ordre public *Art.* 900.

Après les plaidoiries, et les conclusions du procureur impérial, le fond étant en état, jugement définitif intervient; il autorise le débiteur à faire cession de tous ses biens à ses créanciers, en observant les formes de la loi, dans un délai que les juges déterminent. Ils ordonnent aussi que les créanciers seront tenus d'accepter la cession, et défenses leur sont faites d'attenter à la liberté de leur débiteur, qui, au surplus, est condamné aux dépens, si les créanciers n'ont point contesté; car, s'ils opposaient une résistance injuste, ils supporteraient les dépens.

Autrefois, le jugement imposait à celui qui a fait cession la condition de porter un bonnet vert, que les créanciers étaient obligés de lui fournir; mais cet usage est tombé en désuétude, sans doute, par la difficulté de faire exécuter une pareille disposition: le Code nouveau n'a pas voulu l'adopter.

*Quest.* Ire. Suivant l'*art.* 899, la demande à fin d'être admis au bénéfice de cession doit être portée au tribunal du domicile du débiteur; celui qui se détermine à faire cession pour se soustraire à la contrainte par corps, est le plus souvent réduit à fuir sa demeure, et c'est dans le lieu de sa retraite qu'il négocie avec ses créanciers par l'organe d'un fondé de pouvoirs.

On demande si le bénéfice de cession sera accordé par le tribunal du lieu où le débiteur s'est réfugié, ou bien devant le tribunal du lieu où était son établissement.

Les uns disent que le bénéfice de cession ne devant être obtenu que par un débiteur de bonne foi et malheureux, c'est principalement sur les lieux où était le siége de ses affaires, que l'on peut plus aisément trouver la preuve des faits qu'il allègue pour attester sa loyauté, et ceux qui lui sont opposés par ses créanciers, pour soutenir qu'il ne mérite pas la faveur de la loi. Delà ils concluent que la procédure relative au bénéfice de cession, doit se faire dans le tribunal ou le débiteur avait son établissement, lorsque le dérangement de ses affaires à eu de l'éclat. C'est pour cette raison ajoutent-ils, que dans la rédaction qu'avait adoptée la section de législation du conseil d'état, il était dit que le débiteur qui veut obtenir le bénéfice de cession, se pourvoira au tribunal de son *premier* domicile. Cette expression faisait assez entendre qu'il n'était pas permis au débiteur de s'adresser au tribunal du lieu où il s'est réfugié pendant que ses affaires s'arrangent. Il est vrai que le mot *premier* a été supprimé dans le texte, parce qu'il n'exprimait pas assez précisément le domicile qu'avait le débiteur immédiatement avant sa fuite; mais, on voit du moins que l'intention des rédacteurs de la loi, a été d'attribuer la connaissance du bénéfice de cession, au tribunal du domicile où le mauvais état des affaires du débiteur a éclaté.

D'autres, sans chercher quelle a pu être l'intention des magistrats chargés de préparer la loi, ne voyent que sa disposition précise, qui veut que le débiteur, pour obtenir le bénéfice de cession, s'adresse au tribunal où il a son domicile, dans le moment où la demande est formée. En conséquence, ici s'appliquent les principes généraux en matière de domicile; en sorte que, dans le cas où le débiteur réclamerait le bénéfice de cession devant le tribunal du lieu où il s'est retiré, il faudrait, pour prononcer sur la compétence, examiner si le débiteur a suffisamment manifesté par le fait et par l'intention, son changement de domicile.

*Quest.* II. Après avoir déposé son bilan et les pièces justificatives au greffe, le débiteur fait assigner ses créanciers. S'ils ne comparaissent pas, le jugement de cession est rendu par défaut contre eux; mais ordinairement il en est quelques-uns qui comparaissent, et d'autres qui ne se présentent pas : on demande comment la procédure est conduite dans ce dernier cas.

Ici s'applique l'*art.* 153, qui détermine la marche qu'il faut suivre quand, de plusieurs défendeurs, il y en a qui ne se présentent pas sur l'ajournement. Un premier défaut est donné contre ceux-ci, et le profit du défaut est joint au fond. En faisant signifier ce premier jugement aux défaillans, ils sont assignés de nouveau, et s'ils ne comparaissent pas au jour fixé, la cause reçoit son instruction sans eux. Le jugement définitif qui intervient ensuite adjuge contre eux le profit du défaut, et il est considéré comme s'il était rendu contradictoirement avec eux.

*Quest. III.* On demande si les créanciers qui ont fait défaut doivent être appelés pour être présens à la réitération de la cession?

Ce qui donne lieu de douter, c'est qu'on ne leur fait aucune des significations qui ont lieu dans le cours de la procédure; or, la réitération de la cession est une suite de la demande, elle en est le complément.

On décide que les créanciers défaillans doivent être appelés, parce que les significations qu'on ne doit pas leur faire, sont celles qui n'ont lieu que d'avoué à avoué ; à l'égard des actes qu'on doit donner à personne ou domicile, quand il n'y a pas d'avoué constitué, il faut les faire signifier aux défaillans. C'est ce qui arrive quand, dans le cours d'une instance, il est ordonné une opération, telle qu'une enquête : assignation doit être donnée aux parties défaillantes, par exploit, pour être présentes à l'opération, tandis que les autres parties y sont appelées par acte d'avoué.

Il est donc nécessaire d'appeler les créanciers défaillans, pour être présens à la réitération de la cession ; ce qui se fait par exploit à personne ou domicile.

*Quest. IV.* Dans quelle forme faut-il appeler à la réitération de la cession, les créanciers qui ont comparu lors du jugement ?

Comme cette réitération est une suite de la même procédure, quelques personnes disent que la sommation d'être présens doit être faite par acte d'avoué.

Ceux qui pensent que la sommation doit être faite, par exploit, même aux créanciers qui ont paru dans l'instance, se fondent sur ce que la réitération de la cession est une opération à laquelle chaque créancier peut desirer d'être présent par lui-même : elle n'exige pas le ministère d'un avoué ; elle se confond d'autant moins avec la procédure ministérielle, qu'elle n'a lieu qu'après le jugement définitif, dont elle est une exécution. Le jugement doit être signifié au domicile de toutes les parties, même à celles défaillantes ; parce que c'est avec toutes qu'il faut l'exécuter ; or, la déclaration du débiteur à l'audience du tribunal de commerce, ou à la séance municipale, est le premier acte d'exécution de ce jugement de cession ; il est donc nécessaire d'y appeler par exploit, tant les créanciers qui ont comparu sur la demande, que ceux qui ne se sont pas présentés.

## §. II.

### *De l'Exécution du jugement de Cession.*

Pour jouir du bénéfice de cession, auquel il est admis par jugement, le débiteur doit appeler ses créanciers à l'audience du tribunal de commerce de l'arrondissement où il demeure, et y déclarer, en personne, qu'il leur cède ses biens. S'il n'y a pas de tribunal de commerce dans l'arrondissement, cette réitération de la cession doit être faite par le débiteur, à une séance du corps municipal de la commune de son domicile. *Art.* 901.

Il n'est pas permis de remplir cette formalité par un mandataire ; c'est en personne que le débiteur doit comparaître. Sans doute qu'une pareille condition est pénible ; mais on a voulu que la crainte de passer par une épreuve aussi humiliante, pût empêcher de recourir au bénéfice de cession trop facilement, et que ce secours ne fût invoqué que quand on n'a pas d'autre ressource.

Lorsque la cession est réitérée à l'audience du tribunal de commerce, il est donné acte de la comparution personnelle du débiteur et de sa déclaration; ce qui est constaté sur la feuille d'audience, dont ensuite le greffier donne expédition.

A défaut d'un tribunal de commerce dans l'arrondissement, c'est à la maison commune que se fait la déclaration, comme on l'a dit; dans ce cas, le débiteur fait dresser procès verbal de sa comparution et de sa déclaration par un huissier : le maire, ou celui qui le représente, signe ce procès verbal. *Ibid.*

Pour que la comparution et la déclaration dont il s'agit se fassent régulièrement, le même article veut que les créanciers soient appelés. En conséquence, en vertu du jugement qui l'admet au bénéfice de cession, le débiteur les fait sommer, par exploit, de se trouver à l'audience du tribunal de commerce, ou à la séance de la municipalité, à jour et heure fixes, pour être présens, si bon leur semble, à la déclaration qu'il se propose d'y faire.

Entre la sommation et le jour qui y est fixé, le débiteur doit laisser un intervalle suffisant, pour que le creancier qui demeure le plus loin, ait le temps de venir dans le lieu où se fera la déclaration en personne.

Le jugement du tribunal de commerce, qui donne acte au débiteur de sa déclaration, mentionne la sommation faite aux créanciers, et s'ils ont comparu ou fait défaut. Il en est de même du procès verbal de l'huissier, qui constate la déclaration, quand elle a lieu à la maison commune.

Quand le débiteur est en liberté, il n'y a aucune difficulté de sa part à comparaître au jour indiqué par la sommation qu'il donne aux créanciers pour être présens à sa déclaration.

Mais, lorsque le débiteur est déjà sous la main de la justice, le jugement qui l'admet au bénéfice de cession, ordonne que l'extraction du détenu sera faite avec les précautions requises en pareils cas, et qu'il sera amené dans le lieu où sa déclaration doit être faite. *Art.* 902.

A cet effet, un huissier se présente à la prison, signifie le jugement au geolier, et par le même exploit, le somme de lui confier le détenu dont il se charge sur le registre. Pour la sureté du geolier, ou de l'huissier, l'un ou l'autre peut faire garder le détenu dans le chemin, tant pour aller que pour revenir. Quand la déclaration est faite, le détenu est ramené à la prison, où, on exhibe au geolier, soit l'expédition du jugement qui donne acte de la déclaration, faite au tribunal de commerce, soit le procès verbal de l'huissier qui constate la même déclaration, si elle a été faite à la maison commune. Le geolier est sommé, en conséquence, d'élargir le débiteur; ce qu'il est tenu d'exécuter, après que les mentions et transcriptions nécessaires sur les registres de la geole ont été faites.

Une dernière formalité est que les noms et prénoms, la profession et la demeure du débiteur soient insérés en un tableau à ce destiné, et placé dans l'auditoire du tribunal de commerce du lieu de son domicile, ou, à défaut, dans l'auditoire du tribunal de première instance, qui en fait fonctions. Une pareille insertion est faite en un autre tableau placé dans le lieu des séances de la maison commune. *Art.* 903.

Le soin de cette insertion est confié au greffier du tribunal, dans l'auditoire duquel se fait l'exposition au tableau. Pareillement, c'est le secrétaire de la commune qui insère les noms et qualités du débiteur, au tableau à ce destiné dans le lieu des séances municipales.

Cependant c'est l'avoué du débiteur, qui remet au greffe du tribunal et du secrétariat de la municipalité l'extrait du jugement, qu'il faut insérer au tableau.

Pour la vacation employée à cet effet par l'avoué, il lui est attribué à Paris et villes assimilées, 6 francs.

Dans les villes du second ordre un dixième de moins, ci 5 fr. 40 cent.

Partout ailleurs, 4 fr. 50 cent.

*Question.* La réitération de la cession ne doit être faite, suivant l'art. 901, qu'après avoir appelé les créanciers, à l'effet d'être présens à cette formalité : on demande quel délai il faut observer entre la signification qui leur sert d'avertissement, et le jour où la cession doit être réitérée ?

On dit, d'un côté, que cet avertissement est une véritable assignation ; d'où on conclut qu'on doit se conformer aux délais prescrits pour les ajournemens.

On soutient, d'autre part, que la sommation qu'il s'agit ici de donner aux créanciers n'a pas le caractère d'un ajournement ; ils ne sont pas appelés pour se défendre, comme lorsqu'ils ont été assignés sur la demande à fin de cession ; il n'est ici question que de leur présence à la déclaration qui doit être faite par le débiteur, en exécution du jugement ; or, les créanciers n'ont point à préparer des moyens, des titres pour assister, si bon leur semble, à cette formalité. Ainsi, la loi n'ayant pas fixé de délai, le débiteur peut indiquer, pour réitérer sa cession, le jour qui lui convient ; il doit seulement donner aux créanciers un temps suffisant pour venir du lieu où chacun reçoit la sommation à celui où doit se faire la réitération de la cession.

Delà il suit que cette formalité ne peut pas être remplie avant l'échéance du délai nécessaire au créancier le plus éloigné, pour se rendre au lieu indiqué.

## ARTICLE III.

### *Effets du Bénéfice de Cession.*

Le premier effet du bénéfice de cession est d'opérer la décharge de la contrainte par corps. Les créanciers du cédant n'ont plus le droit de le faire emprisonner, pour raison des dettes énoncées en son bilan. *Cod. civ., art.* 1270.

Si le cédant contractait de nouvelles dettes, la cession de biens par lui faite antérieurement, ne pourrait pas le garantir de la contrainte par corps qu'elles auraient occasionnée.

Celui qui fait cession de biens n'est déchargé de sa dette que jusqu'à concurrence de ce que les créanciers reçoivent sur le prix de la vente de ses biens. Par conséquent, s'il lui survient d'autres biens par la suite, il est tenu de les abandonner encore, jusqu'à parfait paiement. *Ibid.*

Si le débiteur n'abandonnait pas ses biens nouvellement acquis, il serait poursuivi, non seulement par la saisie qui en serait faite, mais encore par l'emprisonnement. En effet, la décharge de la contrainte par corps n'est opérée par le bénéfice de cession que sous la condition d'abandonner les biens présens et à venir, jusqu'à parfait paiement.

Au reste, l'abandon que le débiteur doit faire des biens qui lui arrivent par la suite, n'est assujéti à aucune formalité. Il les livre à ses créanciers, qui s'en chargent, par un acte passé devant notaire; il n'est pas besoin de recourir pour cela au tribunal.

Un autre effet du bénéfice de cession est

d'autoriser les créanciers à se mettre en possession des biens du débiteur, seulement pour les faire vendre, et en toucher les revenus jusqu'à la vente. *Cod. civ., art.* 1269.

La propriété des biens du débiteur ne devient donc pas celle des créanciers; la cession n'est pour eux qu'un mandat qui leur confère les pouvoirs nécessaires de se payer avec les biens qui leur sont abandonnés. De là il suit que, s'il arrivait de la perte, elle serait au préjudice du débiteur, suivant cet axiôme : *Res perit domino.*

Il suit encore de là, que les créanciers ne peuvent s'arranger entr'eux, et sans la participation du débiteur, pour se partager les biens; leur mandat est de les faire vendre le plus avantageusement possible; ils n'ont besoin d'autre titre que du jugement de cession; il leur sert de pouvoir suffisant pour vendre les meubles et immeubles. Les formes qu'ils doivent suivre pour cette vente, d'après l'*art.* 904 du Code judiciaire, sont celles qui sont prescrites aux héritiers sous bénéfice d'inventaire.

Enfin, de ce même principe il résulte que les créanciers doivent compte au débiteur de la manière dont ils ont disposé de ses biens, et que celui-ci peut veiller à ce que les procédures, pour la vente, soient faites régulièrement. Par le compte que rendent les créanciers, se trouve constatée la portion de la dette dont le débiteur est déchargé.

Pour se mettre en possession des biens abandonnés, les gérer et les faire vendre, les créanciers doivent se réunir, nommer des syndics, et procéder en nom collectif. Si les créanciers ne pouvaient pas s'accorder, le débiteur, ou un des créanciers, formerait une demande au tribunal, où il assignerait les parties intéressées pour y voir nommer d'office un séquestre. Le jugement autoriserait celui-ci à gérer les biens abandonnés, à les faire vendre, et à provoquer la distribution du prix, le tout suivant les régles prescrites.

FIN.

# TABLE
# DES CHAPITRES,
## ARTICLES, PARAGRAPHES
## ET QUESTIONS
### CONTENUS DANS CE DEUXIÈME VOLUME.

---

## SECTION DEUXIÈME.

## SECTION TROISIÈME.

Fin de la Table du Tome Deuxième.

# TABLE
## ALPHABÉTIQUE

*Des Matières contenues dans les deux Volumes de cet Ouvrage.*

---

*Nota.* Le chifre *Romain* désigne le Tome, et le chifre *Arabe* la Page.

## A

## B

# C

D

## E

## F



## G



## H

## I

## O

## P

## R



## S

## T

## V



Fin de la Table Alphabétique.

www.ingramcontent.com/pod-product-compliance
Ingram Content Group UK Ltd.
Pitfield, Milton Keynes, MK11 3LW, UK
UKHW020257230726
13925UKWH00001B/103

9 782013 566957